洗脳大全

パブロフから
ソーシャルメディアまで

ジョエル・ディムズデイール
松田和也 訳

青土社

洗脳大全

目次

洗脳大全

バブロフからソーシャルメディアまで

序

図書館で作業をしていた時、かつての患者と出くわした。たぶん五年ぶりだ。互いに相手を品定めする。私は引退した精神科の教授で、書物の山を抱えている。彼女は聡明な若い学者で、過去からのたくさんの重荷をひきずっていた。しばらくお喋りをする。本の山に取り囲まれて。今は何をなさっているのですか、と彼女は訊ねた。今は洗脳に興味があってね、と答える。

「うーん」と彼女は言った。「古臭い陳腐な主題じゃありませんか——共産主義者、悪の科学、そんな感じですよね?」。前述のように彼女は聡明で、単刀直入な物言いをする傾向がある——如才なさとは無縁だ。何故私はこの古臭い主題にこれほど長い時間を費やしているのか? 確かに私は変わり者だ。だが、何故私は、他の人もまたこの主題に興味を持つだろうなんて考えたのか?

帰宅して夕方のニュースを見る。いつものように自爆テロ、銃乱射、それから政治権力者たちの戯言(「ワクチンは自閉症を惹き起こす」「地球温暖化は嘘っぱちだ」「新型コロナ・ウィルスは大した問題ではない」)。権力者たちがこんな馬鹿げたことを言うだけでもうたくさんなのに、さらに困ったことに、彼らは多くの人を説得して、世界に関する彼らの誤解を信じ込ませてしまうのである。私は元患者のことを思い出した。人々が戯言を信じ込まされ、自己破壊的な暴力によってそれに追い打ちを掛けるような世界を、彼女はどう理解しているのだろう?

精神科医たる私は、世界が合理的に運営されているなどと絶対に信じてはならない。それくらいのことは弁えている。権力者なんてこれまでも、常にハーメルンの笛吹き男だったのだ。だが二〇世紀、新しい何かが生まれた。私は今なお、この現象を何と呼んで良いか解らない。洗脳、強圧的説得、思考コントロール、闇の説得術――これらの用語はいずれも、特定の技術を用いれば人は衝撃的なまでに脆弱に教化されてしまうという事実に言及している。

洗脳は確かに長い歴史を持つが、私はそれが古臭い主題だとは思わない。それに陳腐だとも。洗脳が二〇世紀に花開いたのは、行動科学、神経科学、薬理学の進歩のお陰だ。間違いなく二一世紀にはさらなる発達を遂げるだろう。確かにソヴィエト連邦はこの現象に巻き込まれたが、グレイトブリテンやフランス、ドイツ、中国、北朝鮮、カナダ、カンボジア、ヴァティカン、それに合衆国だってそうである。それにそう、*brainwashing*という用語自体、馬鹿げていて非科学的だ。それを字義通りに受け取る者は誰もいない。だがそのメタファーは強力だ。

二〇世紀を通じて各国政府は洗脳の研究に血道を上げ、結果、それは「精神のマンハッタン計画」として知られるものとなっている。だが、この技術を導入したのは単に軍部や諜報機関だけではない。多くのカルトもまたその使用に行き着いた。われわれは毎日のようにこの負の遺産に直面する。

それでも、もしもわが隣人たちがいなければ、私がこの主題にこれほどまでに興味を持つことはなかっただろう。

サンディエゴ北部丘陵に移った私たちを待っていたのは、眩いばかりの光だった。ユーカリ、アヴォカド、オレンジの木立。コヨーテに雷鳥、白鷺、孔雀などの禽獣。全てが輝かしいエデンの園に見えた。

だが、僅か数マイル離れた所で、わが隣人たちは自らを去勢していたのだ。しかもそれは単なる始まりに過ぎなかったのである。

彼らは九〇〇〇平方フィートの大邸宅を借りていて、門を固く閉ざしてひっそりと生活し、自らを霊的啓発の学徒と見做していた。「何らかの宗教的コミューンらしいですよ」というのが近所の噂だった。だが彼らはきちんと賃料を支払い、誰に迷惑を掛けるでもなく、ウェブサイト・デザインのコンサルタントとして生計を立てていた。非因習的な宗教集団のわりには、真面なクライアントを確保していたのだ。つい最近も、フェアバンクス・ランチ・ポロ・クラブからデザインの委託を受けている。[1]

彼らはこの世界で迷子になった〈ニューエイジ〉の探求者だった。行き詰まりを感じ、自分たちは宇宙の異星から来た者で、肉体は単なる「乗物」に過ぎないと信じていた。彼らは天界から来た「アウェイ・チーム」の一員なのだった。

一九九五年にヘール・ボップ彗星が発見されると、探求者たちはそれが天から遣わされたものであり、その背後には不可視の宇宙船がいて、自分たちを迎えに来たのだと信じた。そこで入念な準備をした。正しい時——彗星が地球に最接近した時——に地上の乗物である肉体を脱することができれば、

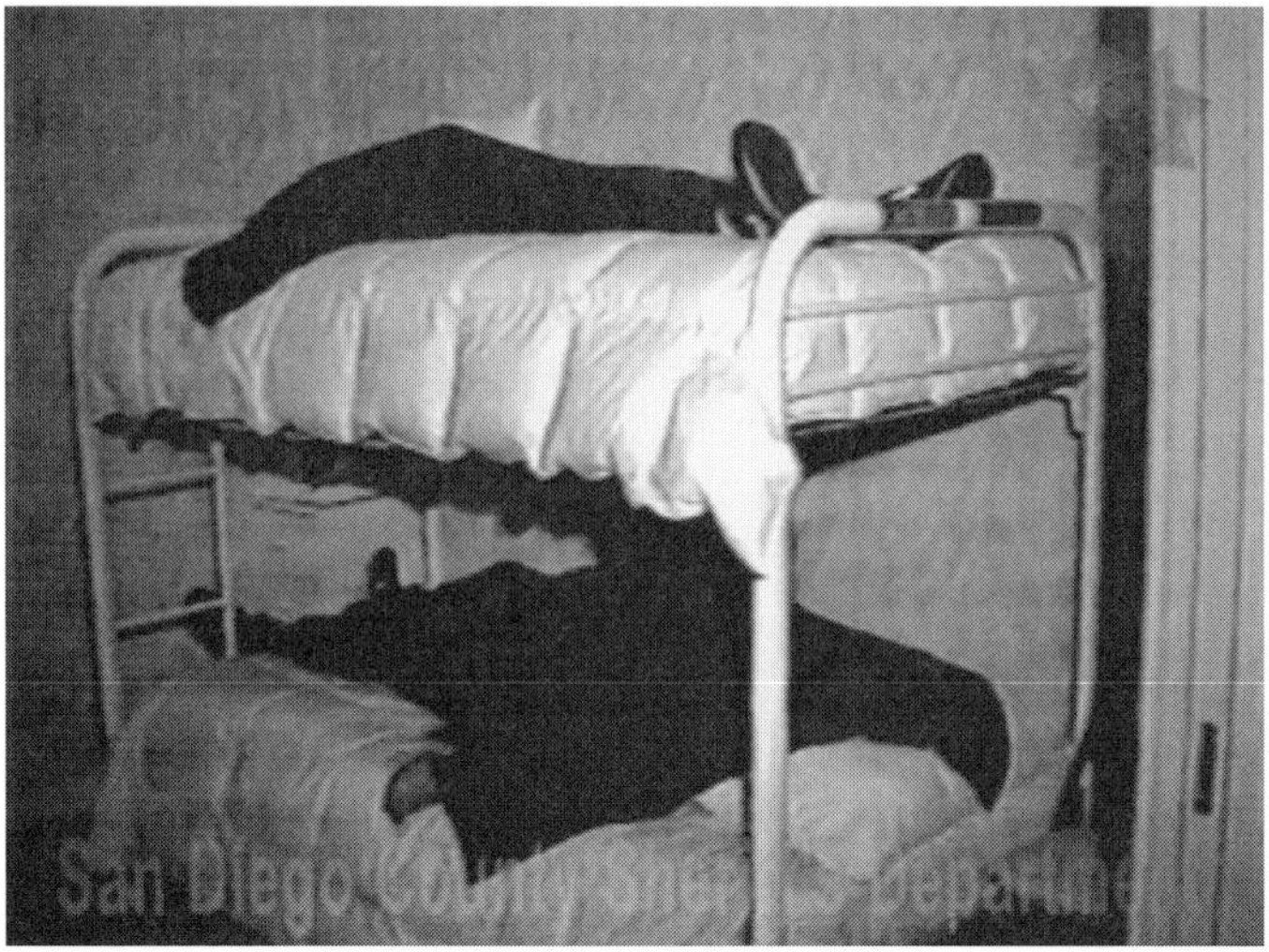

丁重に包まれた〈ヘヴンズゲイト〉の遺体（提供：サンディエゴ郡保安官事務所、Ｂロール映像）

彼らは天に挙げられて接近する宇宙船に乗り込める。そうすれば次のレヴェルに昇級できる、というのである。待ち望んだ日は一九九七年三月二二日であった。彼らのウェブサイトに曰く「ヘール・ボップの接近は私たちが待ち望んでいた〈指標〉です――私たちを……文字通り天へと……連れ戻してくれる宇宙船到来の。二二年に及ぶ地球での学習は遂に結末に達しました――〈人類の進化レヴェル〉からの〈卒業〉です。私たちは喜んで、この世界を去る準備をしています[2]」。

旅立ちの準備として、侍者たちは左手の薬指にお揃いの黄色い指輪を嵌め、新品のナイキを履き、「ヘヴンズゲイト・アウェイ・チーム[3]」と記された三角形の布を縫い付けた黒いトラックスーツを着た。荷物は雑嚢に詰めて二段ベッドの下に入れ、パスポートと運転免許証はポケットに、最後の晩餐としてウォツカを呑み、大量のバルビツールを混入したプリンもしくはアップルソースを摂った。検死官は現場に、この集団の入念な自殺計画を記したメモを発見した。「ウォツカを呑み、粉薬を混ぜて掻き混ぜた数匙のプリンもしくはアップルソースを食す。素速く。それから追加の〈ウォツカ薬〉を飲み、横になってリラックスする。呼吸が緩やかになれば、確実に遂行するためにビニール袋を用いる」[4]。

宇宙への移動をつつがなく遂行するため、この集団は一連の自殺および殺人を実行した。最初の一団がプリンを食べて深い眠りに陥ると、仲間たちが死に行く同志の頭にビニール袋を被せ、窒息を確実なものとしたのだ。遺体は敬意を以て扱われ、紫の布が掛けられた。翌日、信者の第二陣が同じようにして肉体という乗物を降りた。さらに翌日、最後の一陣が薬物を過剰摂取した。だが既に、生きて彼らの頭部にビニール袋を被せたり、紫の屍衣で包んだりする者は一人も残っていなかった。これを予想していた彼らは、完璧を期すために追加の薬物（ヒドロコドン）を摂取した。彼らは全員死亡し、その地上の乗物は蛻《もぬけ》の殻となった。

信者たちは彼らの信仰に関する詳細な記録を残していた。これについては後述する。彼らの死は、私を大いに困惑させた。どこかのカルトの信者が時間的にも空間的にも遙か遠いところで集団自殺するのは別に良いのである。だがそれがすぐ隣で起きたとなれば話は別だ。一体、どうやったら他人にこんなことをするように説得できる？　自らを去勢し、仲間たちの殺害に手を貸し、それから自分たち自身も自殺するよう仕向けるなんて。彼らの信仰の細目は奇妙だが、人は多くの途方もないことを信じるものだ。〈ヘヴンズゲイト〉で起ったことを理解しようと必死だった私は、強圧的説得というものが痛ましいほど一般的に存在していることに気づいた。実際、それは繰り返される悪夢のように二〇世紀に取り憑いていたのだ。

洗脳がどのように発達したかを述べるために、私は過去一〇〇年間の、軍事史から宗教学、医学から社会・行動科学に及ぶ諸領域での研究を論ずる。極めて幅広い分野の話になるため、まずはあらましとして簡単なロードマップを示そう。二〇世紀における洗脳のあらゆる事例を分析するとなると、大変な難行苦行となる。なので、私は最も有益と思われる事例にのみ焦点を当てた。同時に、催眠やメスメリズムのような事柄を論じるのは省略した。それらは二〇世紀というより、一八世紀に登場したものだからである。[5]

二〇世紀に先んじて、強圧的説得は二つの、ありそうもない場所から生じてきた——地下牢と教会である。数世紀もの間に、拷問吏たちは拷問の心理的側面の方が苦痛それ自体よりも説得的であるということを見出していた。そして教会権力は、どのような要素が人に改宗を受け入れさせるのかを学んでいた。二〇世紀におけるほとんどの洗脳の事例で、人は法悦的信仰と結びついた拷問の残響を聴くだろう。

二〇世紀初頭、行動の条件付けと強度のストレスに関するパブロフの研究が、科学実験の導入によって強圧的説得の技法に革命をもたらした。パブロフはレーニンおよびスターリンとよろしくない取引をして、「新しいソヴィエト人」の形成を手助けする代わりに研究所への莫大な援助を得た。歴史家たちはスターリンの粛正裁判における異常な自供に、パブロフの隠然たる影響を指摘している。

第二次世界大戦中、ナチスも連合国も、公の自供を引き出すことには興味を抱いていなかった。そ

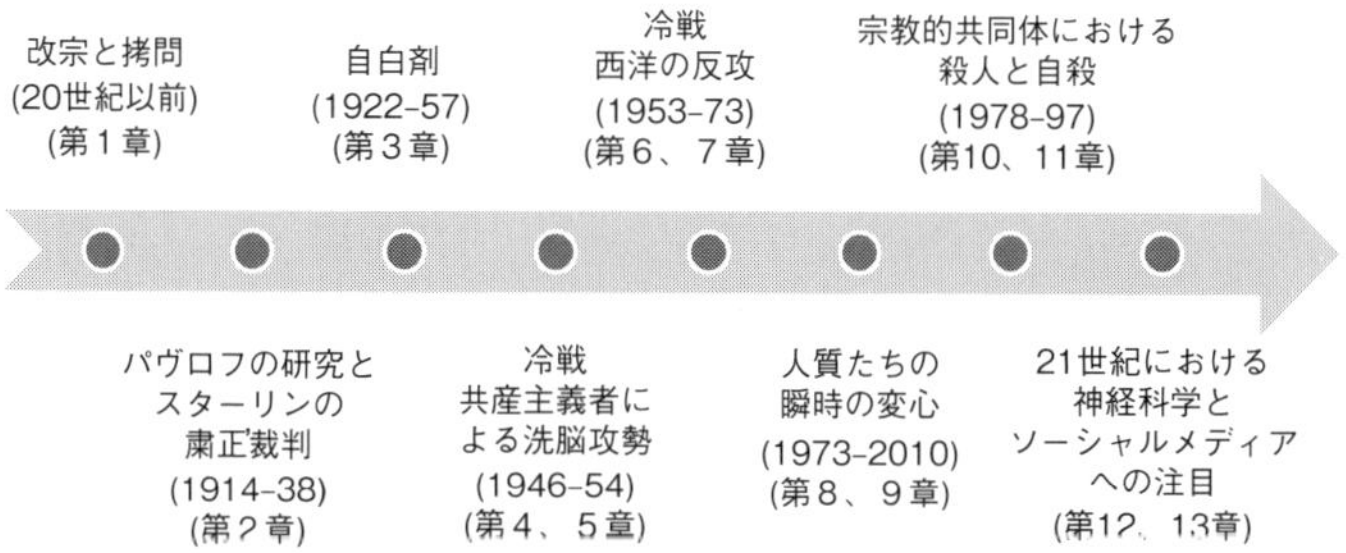

本書で概略する 20 世紀における洗脳のガイドライン

の代り、彼らはこぞって、訊問中に情報を暴露させるための自白剤の開発に邁進した。軍と警察は医師と共同で、元来は産科や精神科の患者のために開発された薬物の転用を研究した。一方、学界は薬物が信頼に足る訊問手段であるか否かを確立しようとし、法曹はその使用の倫理性を議論した。

冷戦が勃発すると、それは宗教的な熱狂性を以て戦われるようになり、その目的は領土拡張の他に、敵の自供と寝返りを引き出すことに主眼が置かれるようになった。公開裁判が再開され、被告人はまたもや、ありえないような自供を行なった。

朝鮮戦争の際、帰国したアメリカ人捕虜は、朝鮮と中国の「思想改造」収容所の再教育によって深く傷つけられていた。「洗脳 *brainwashing*」という用語が誕生したのはこの文脈においてである。これに対して、一九五〇年代および一九六〇年代、各国政府は躍起になって、感覚遮断、幻覚剤、集団的教化、神経科学などに関する研究を加速させた。共産主義者は、どのような類いの闇の説得術を採用したのだろうか？　われわれは、如何にすれば自軍の兵をこれらの技術から守れるのだろうか？　われわれは如何にすれば敵から情報をほじくり出し、あるいは、自国の兵士の頭から思い出すべきではない記憶を消去できるのだろうか？　実際にこれらの技術は記憶を破壊することも、命を奪うこともできたのだ。

冷戦中の研究の結果、強圧的説得は強力なツールとなりうるが、それには時間と忍耐が必要であることが判明した。だがその後、一九七〇年代になると、人質になった人間が不可解にも犯人に共感を示すようになる、即時的説得という驚くべき話が浮上してきたのである。世界中のデータが、このような現象があり得ることを確証していた。パトリシア・ハーストの銀行強盗の裁判は、果して洗脳なるものは存在するのか、そしてもし存在するなら、それを理由に被告人を解放できるのかという問題で国を沸かせた。

ガイアナのジャングルやアメリカで最も豊かな郊外の街など、実に多様な場所の宗教指導者たちが、信者たちを大量殺人や自殺に導いた。彼らは如何にして信者たちを説得し、そのような所業に及ばせることができたのか？　このような致命的な結末に向かわせるのに、これらの集団に共通する手段とは何なのか？

二〇世紀を俯瞰すると、無数の洗脳の事例が見つかる。確かにその用語自体は漠然としているが。外界からの隔離、睡眠遮断、消耗、そして集団での告白という状況においては、人々は幾度も説得に負けて偽情報を信じ込み、自己破壊的な行為に及んできた。二〇世紀における洗脳の進歩には、奇妙なほど多様な人々が関わってきた。この反復性の悪夢はワシントンやニューヨーク、モントリオールと言った大都市でも、またテキサス州フェリスのような小さな町でも、またこの国の最高学府でも起っている。私は、二一世紀の神経科学とソーシャルメディアの発展によって、より強力な説得ツールが生み出されるのではないかと懸念するものである。その危険を無視することは愚行と言わざるを得ない。

ある者は、歴史を一つの治療の形、この世界を理解するための努力の一つとして描く。私の前著『悪意の解剖学』（未訳）では、ナチスの高官たちの心理を研究した。[6] 同書を上梓した後、私は新たな疑問に取り憑かれた——いかにして一つの国家は、カリスマ的な指導者によって残虐行為に及び、最終的には自己破壊に至らしめるのか？ 考え得る解答はたくさんあるが、私はその一つの説明として、洗脳という観念を弄び始めた。本書は二〇世紀における洗脳の発展を辿り、それが二一世紀にどのような発達を遂げるのかを推測するものである。この調査に当たって私は、驚くほど多様な資料に当たることとなった——教会権力、犯罪者、スパイ、教授、医師、そして慈善団体。彼らは出版物や未公開の書庫、機密文書などに記録を残している。

最後になったが、ひとつ告白しておこう。私がこの研究を開始したのは、単なる知的好奇心からである。ところが全くの予想外にも、これらの書庫の中には私の同僚や学界、大学が全て結びついていたのだ。本書は洗脳を研究した人々が共有する観念と関係性のネットワークを語っている。その貢献を賞賛するものもあれば、その行為に顔色を変えるものもある。愛国者もいれば日和見主義者もいる。才気煥発な者もいればゴロツキもいる。これらの人々、および彼らが属した社会的勢力の歴史こそが、洗脳を生み出したのである。

第1章　パブロフ以前

拷問と改宗

説得はしばしば、力よりも効果的である。

――アイソプス、紀元前六世紀

この脳という器官を通じて、神もしくは悪魔の使者――独裁者、警官、政治家、司祭、医者およびさまざまなサイコセラピスト――は人間にその意志を強制しようとする。

――ウィリアム・サーガント、一九五七年

洗脳は、ソヴィエト連邦の揺籃期にパブロフの犬の研究室で「生まれた」。だがそれは無から突然生じたというわけではない。パブロフは説得の効果を高めるために科学実験を導入したが、洗脳のルーツは拷問および改宗における伝統的な手法に遡ることができる。

拷問の技術は何世紀にもわたって存在してきた。例えば水責めは何も二〇〇三年にアブグレイブで発明されたわけではない。第二次世界大戦中には日本人が、アルジェリアではフランス人が、パレスチナでは英国人がそれを用いた。さらに遡ればスペインの異端審問である。当時のそれは *toca* もしくは *tortura del agua*、後には *submarino* と呼ばれた。[1]

拷問の効果については常に疑念が存在した。二〇〇四年にアメリカにおける拷問の使用について質問を受けた上院議員トレント・ロットは、こう応えた。「訊問は日曜学校の授業じゃない。パンケーキを控えていては、アメリカ人の命を救う情報は得られない」[2]。上院議員の信念がどうであれ、二千年に及ぶ観察によれば、拷問は当てにはならない。それで得られた情報の信憑性に疑問があるだけではなく、中には拷問に対して驚くほどの耐性を持つ人間もいるのである。三世紀ローマの法学者ウルピアーヌスは次のように述べている。「［それは］慎重を要する、危険で疑わしい事柄である。……多くの者が、苦痛をものともせぬ肉体と精神の強さを持っているが故に、彼らから真実を聞き出す手段はないのである……一方で、苦痛に対して脆弱すぎるが故に、それを回避するためならどんな嘘でも喜んで吐いてしまう者もいる」[3]。

数世紀後、カトリック教会もまた拷問に対する個々人の耐性の違いに悩まされていた。この問題に決着を付けるため、拷問に耐えて自供しない者は悪魔の援助を受けた罪人である、故にいずれにせよ処刑するとの規定が導入されたのである[4]。

一五一〇年から一七五〇年のフランスの裁判記録によれば、拷問は、真偽を問わず、自供を引き出すことを保証するものではない。拷問を受けた六二五名の内、九〇％の者は水責めや関節破壊、その他の恐怖に直面しても自供を拒否した[5]。

数世紀に及ぶデータによれば、拷問に掛けるという脅迫だけでも、身体的苦痛それ自体と同様の効果が発揮される。そんなわけで、自供を引き出したいと思えば単に拷問器具を持ち込むだけで十分であって、実際にそれを使用する必要はないという場合もある。犠牲者は自らの想像力を用いて自らを拷問するのである。

支配者は拷問を正当化するのに自己防衛を主張する。スターリン曰く、「資本家の間諜は社会主義プロレタリアートの代表者に対して身体的暴力を行使する……ならば何ゆえに社会主義の間諜が資本家の狂った走狗に対してより人道的に接する必要があろうか？」[6]。現代では、拷問を受けたと申立てようものなら、言下に否定されたり、あるいはあれは一度限りの過ちだったとか、誇張された報告だとか、その技術は「本当の拷問」ではない、等々の弁明が為される。因みに、この「本当の拷問」の問題は、権力者が強圧的説得の圧力に屈した者の罪の度合いや責任を決定しようとする際に何度も表面化する問題である。この議論には今後、一九五〇年代の朝鮮戦争の捕虜の事例や一九七〇年代のパトリシア・ハーストの銀行強盗の裁判の事例など、さまざまな場合に遭遇することとなる。

政府は一般的に、拷問への反対を無邪気な理想主義として一蹴する。一九四一年のナチス・ドイツにおいて、海軍大将ヴィルヘルム・カナリスはソヴィエト人捕虜に対する拷問と虐待に反対したが、ヴィルヘルム・カイテル元帥によって却下された。元帥曰く、「これらの反対は……戦争の騎士道精神に鼓舞されたものであるが、われわれがここで相手にしているのはイデオロギーである。故にわれわれはこれらの技術を是認するし、今後も使用し続けるであろう」[7]。

人はしばしば、拷問用の化物じみた器具やその動機に目を奪われる。犠牲者に苦痛と屈辱を加えている時、拷問吏は何を体験したのか？　復讐か、性的刺激か、鬱積した怒りの解放の愉悦か？　このような問いは重要だが、本書の領分を越えている。われわれが焦点を当てるのはむしろ、ほとんどの法域で拷問吏が歴史的に採用してきた心理的ツールの方である。これらの技術の多くは二一世紀の強圧的説得に組み込まれることとなるだろう。

洗脳に関する研究を開始する以前の私は、異端審問はどこでも標準的な拷問の技術――鞭打ちや圧搾、殴打等――に依拠していたと考えていたのだが、実際にはそれは年代や場所によって様々であった。裁判官もまた、拷問の使用に関しては人それぞれであり、中には極めて苛酷な者もいた（*judices malitiosi*、すなわち「縛り首判事」）。一部の法域では、拷問の継続時間が厳密に定められていた。例えば、囚人の拷問は判事が天使祝詞を一回（あるいは一〇回）唱える間のみとする、等。[8]

異端審問の恐怖はその秘密性と、囚人と告発者の対面の禁止によってさらに高められた。教会は異端審問のための厳密な規則と手順を定めた。拷問は許可されていたが、拷問中に血を流すことは神学的観点から禁じられていた。拷問の様子は書記官によって綿密に記録され、多くの場合、医師の立ち会いが求められた。たいていの場合、拷問の開始時には紋切り型の質問が為される。いわゆる *discurso de su vida*、すなわち「汝の生の物語」である。[9]「汝は何者か？　何ゆえに逮捕されたと思うか？」。このような質問は、今日の強圧的説得のシナリオの多くに於いても一般的に見られる。

興味深いことに、拷問の最中に自供を引き出すことは禁じられていた。と言っても、拷問するなということではなく、そのタイミングの問題である。囚人が正式な自供を許可されたのは拷問中ではなく、拷問の後、同日の内であった。このような皮相的な人道的規定はもう一つあって、一人の人間は一度しか拷問されない。一度拷問が終われば、それを再開することはできないのである。だが残念なことに、これには抜け穴があった。拷問が終了したのではなく「中断された」に過ぎない場合は、日を改めて再開することができたのだ[10]。この中断は何日にも及ぶこともある。この間、当人は不安に苛まれながらひたすら待ち続けることになる。

拷問の事例史を見れば、囚人を説得するために用いられた技法の鮮明な証言が明らかとなる。歴史家カルロ・ギンズブルグは、一六世紀イタリアの魅惑的な事例を詳述している。メノッキオという名の粉挽屋は歯に衣着せぬ変わり者で、大っぴらに教会を嘲弄していた。汎神論的な信仰を持って万人にそれを説き、イエスの処女降誕を否定し、禁書を読んでいた。訴えられることを予期したメノッキオは、訊問の際にはどうすれば良いのか、と友人たちに訊ねた。あまり喋るな、と彼らは言った、忘れるな、舌は首の敵なのだと[11]。〔訳注：余計なことを言うと首を縛られるの意味〕

彼の最初の訊問は一五八四年二月七日に開始された。友人たちの忠告を無視して、彼は不注意にも異端審問官を相手に、天地創造に関する自らの信仰を滔々と語った。「私が考え信じるところでは、全てはカオスである、すなわち地、風、水、火の全てが渾然一体となったものなのです。この全体は次第に塊になって行き――ちょうど牛乳からチーズができるように――そしてその中に蛆虫が湧くように、天使たちができた。……これらの天使たちの中に、神もいたのです」。審問官らは、二年にわたって断続的に訊問を行ない、冒瀆的なことを言うのを止めるよう勧告した後、一五八六年に牢獄から解放した。だが彼はその後も無分別な言動を続け、一五九九年に堕落した異端者として再逮捕された。今回の訊問は容赦の無いもので、数ヶ月後、彼は遂に自らの信仰は偽りであると認めた。だがこの自供も無益であった。彼は異端として有罪となり、生きたまま焼かれたのだ。[12]

メノッキオの事例を見れば、審問官は決して短気ではなく、またすぐに拷問具に手を出すということもなかったということが判る。寧ろ彼らは哀れなメノッキオに対して、彼に逃げ道はないこと、訊問中に彼が語ったほぼ全ての言葉が検邪聖省によって慎重に吟味されるということを伝えている。もしも彼が友人たちの忠告通りに口を閉ざしていれば、結果はより良いものとなっていただろう。だが彼は喋りすぎた。ギンズブルグは異端審問官の記録の一部を引用している。

司教代理：おまえは、私たちの魂は神なるお方のところに帰っていくと言い、また神とは風、地、火、水以外の何ものでもないと言う。それならば、如何にしてこれらの魂たちは神なるお方のところに帰っていくのか？

メノッキオ：解りません。私たち人間は誰もが、神に由来する一つの霊を持っています。

司教代理：この神の霊なるものは、混沌から生まれたものということか？

メノッキオ：解りません。

司教代理：真実を自供し、質問に答えよ。すなわち、魂が神なるお方のところに帰っていくとおまえが信ずるなら、そして神とは風、水、地、火であると信ずるなら、どうやって魂は神なるお方のところに帰っていくのか[13]？

この訊問の性質は、今後われわれが数世紀後のロシア、ハンガリー、中国、朝鮮、合衆国における訊問技術を検証するにつれて馴染み深いものとなるだろう。たとえて言うならばゆっくりと進む氷河の厳然たる重みである。

異端審問の手続は、われわれの法観念とは似ても似つかない。推定無罪などというものは無い。告発されて逮捕された者は既に有罪と決まっているのだ。審問官がわざわざ逮捕の理由を明らかにすることすらないこともしばしばである。寧ろ彼らは、囚人に罪を反省して真実を自供するよう迫る。被告人の有罪は既に確定しているので（少なくとも教会にとっては）、最終的な裁判の唯一の目的は異端の根絶、公然たる自供の確保、そして権力への従属である。スターリンの公開裁判はこの伝統を良く遵守している。

自供を引き出すための異端審問の技術の多くは、帝政ロシアのオフラナ（秘密警察）でも用いられた。[14] 囚人たちは無期限で苛酷な状況に置かれた。訊問者の観察によれば、睡眠遮断と栄養失調によって囚人を消耗、混乱、不安の状態に置けば、自供を引き出しやすくなったからである。オフラナは獄中に於ける睡眠遮断量を正確にコントロールできたが、この秘密警察はまた、不安な容疑者に自宅での苦役を課し、睡眠遮断を継続させるようにした。矛盾する指導、約束、脅迫を絶え間なく浴びせられた囚人は、ますます混乱していく。英国の精神科医ウィリアム・サーガントによれば、その目的は囚人に罪悪感を植え付け、最終的な救済に達するために処罰を待ち望むようにすることである。[15] サーガントの見解は異端審問を思い起こせる。その役割は、公的な侮辱を通じた贖罪に到達するための処罰と見做されていた。[16]

一九七〇年代、クメール・ルージュは新米拷問官のための手引書を創り出した。囚人は繰り返し訊

表I　拷問と強圧的説得の一般的特徴

恐怖
睡眠遮断
日誌と自供
家族や友人からの隔離
訊問者の忍耐
訊問者が寛容と暴虐を使い分ける
秘密性
法的保護の剥奪

問を受け、常に自供を書き続けることを命じられる。その目的は、囚人の処刑前に十分な自供を得ることにある。この「訊問マニュアル」にはそのやり方が書かれている。新米拷問官がまず教わるのは「急ぐな」ということだ。詳細は以下の通り――「彼らに何かを、例えば食料を与えることで安心させる……巧妙なやり方で怖がらせ、混乱させる。ちょっとした策略を用いて……生き残れるという……全ての希望を棄てさせる。但し、常に圧力を増大させ続けてはならない。次のように告げよ、『われわれにお前を拷問させるな、あまり酷い拷問をさせないでくれ。おまえの健康にも悪いし、将来のお互いの関係も難しくなる』。何か些細なことでも自供を始めたら、励まして大きな自供をさせるよう仕向ける。重要な情報を明かすなら……情けを掛ける、と告げる[17]」。

何千年もの間、諸文化は説得の方法としての拷問に頼ってきた。単に苦痛を与えること以外に、二〇世紀の強圧的説得には拷問の要素が数多く認められる（表Iを参照）。

洗脳のルーツは拷問の他、改宗にも遡ることができる。洗脳に関する書物が改宗を論じるのは奇妙と思われるかもしれないが、改宗はさまざまな大きさと形で生ずる――突然か漸進的か、衷心からのものか適当にか、個人の決断によるものか国家の法令によるものか。改宗は種々様々であり、実際に強迫の量を変えることによって達成できるものもある。

国家の命令による改宗は無数の人々を巻き込んできた。中には改宗よりも死を選んだ者もいる。ある者は追放され、ある者は上辺だけ改宗したように見せかけつつ、心中密かに信仰を保った。必要に駆られて、あるいは意気地の無さのために、あるいは日和見主義、あるいは宗教に対する無頓着といったさまざまな理由で、多くの者が押しつけられた改宗を受け入れた。中には新しい信仰を心底気に入ったという者もいる。[18]

個人の選択による改宗であっても、それは依然として社会的要素によって形成されるものであり、そこには洗脳と共通する特徴がある。[19] 確かに、洗脳の技術の方がより構造化されていて厳密であり、通常は身体的隔離や心身の消耗、虐待を伴う。これらの特徴のインパクトは、集団が個人の承認欲求や拒絶への恐怖を利用する場合、さらに増幅される。洗脳のプログラムにはまた、対象を武装解除させるために計算ずくで優しくする期間、あるいは集中的な学習や教化の期間も含まれる。その邪悪な要素にも関わらず、洗脳は改宗と同様、しばしば公の自供の後に生ずる贖罪と新たな社会集団への加入を約束する。

改宗と強圧的説得の共通点の一つが、恐怖を用いる点である。ジョナサン・エドワーズの一七四一年の説教「怒れる神の御手にある罪人」は、信者以外の者ですらぞっとするようなイメージを描き出す。この説教を聴いた人々は慄え上がり、文字通り地獄へと滑り落ちるのを防ぐため、思わず席にしがみつくほどであった。[20]「神は……汝らを地獄の淵の上に吊下げておられる、ちょうど人が蜘蛛や、忌まわしい何かの虫を吊下げるように……神の怒りの弓は引き絞られ、矢が弦に番えられる。正義は汝の心臓に向けて矢を狙い、弓を引く。それは神にとっての無上の喜びである。怒れる神にとっての喜びである。いつ如何なる時にも、その矢をして汝の血を飲ませることを押し止めることは、約束も約定もできぬ[21]」。

洗脳と改宗は強力な集団的圧力に依拠している。彼らが狙うのは、強烈な自己批判、疑念、恐怖、罪悪感などによって疲労困憊し、落胆している人である。古い考え方を棄てた潜在的改宗者は、次には安心感、感謝、熱狂、そして浄化された生活の新たなる始まりを感じる。改宗のこのような側面は、公的な定番の信仰への改宗でも、また異常な新興宗教への改宗の場合でも同様である。教会は成長し変容する。今日の標準的な、あるいは「伝統的な」教会も、おそらく何世代も前には革命的なものであったのだ[22]。

人を改宗へと導く環境、特に信仰復興論者や福音主義教会の文脈におけるそれについては、長い研究史がある。一八五九年、ジョージ・サーモン師は当時の信仰復興運動に付随する振戦、号泣、恍惚などを見て「精神と肉体がどのように互いに影響を及ぼし合っているか」を学ぶための経験主義的研究を呼びかけた[23]。

四〇年ほど後、サーモンの衣鉢を継いだエドウィン・スターバックは、主として信仰復興運動の集会で回心を体験した一三七人を対象に画期的な研究を行なった。全ての改宗者に共通する多くの特徴があった。改宗者の年齢は通常、一〇代から二〇代だった——後に見るように、この年代は典型的な洗脳の被害者でもある。スターバックによれば、典型的な回心体験の前には、特定の脆弱性の要素がある——憂鬱、悲しみ、あるいは反芻思考（彼の被験者の七〇－九〇％）、さらには睡眠不足や食欲の減退など。[24]

スターバックは、改宗は通常は恒久的なものではないと報告している。男性の場合、恒久的な改宗者は二五％ほどで、女性の場合は一五％である。[25] 現代の研究も同様に、改宗が一時的なものとなりやすい傾向を報告している。例えば、統一教会への改宗者で長期にわたってそこに留まる者はほとんどいない。最近の改宗者の集団の中で、一年後も活動的であったのは五％に過ぎない。[26] 実際、新旧のあらゆる宗派で、信者の入れ替わりは常にある。その鍵は、集団を出たり入ったりする自由があるか否かである。洗脳の場合、この自由は存在しない。

スターバックと同時期に活動したジェイムズ・ルーバによれば、改宗者には罪の意識と、自分の人生に何かが決定的に欠けているという確信があった。彼によれば、改宗者は深い喜びを覚えるが、その全過程に対して特有の受動性の感覚を持つ。「彼らは傍観者である。彼らは自分の意識の中で演じられているドラマに観客として参加する。ちょうど患者が……自分の病状の進行を観察するように[27]」。

改宗は、錯綜した現在の生活から抜け出す道を提供する。それは断食や徹夜、薬物、ダンス、強度の運動のような肉体的活動によって促進できる。また、改宗者が家族やそれまでの友人たちからの影響から距離を取れば、さらに容易になる。[28] 洗脳にも同様の特徴が見られるが、それは歪められている（飢餓状態、睡眠遮断、薬物、疲労困憊、社会的隔離）。

改宗の実際については、ジョン・ウェズリーのメソジスト教会——一八世紀の新興宗教——との関連において広範に研究されている。幼い頃、ウェズリーは文字通り救済を体験した。家の最上階で火に包まれ、危うく死ぬ寸前で救出されたのだ。後に、絶望の淵にあった時、彼はキリストが彼の罪を消し去ってくれたという信仰に救済を見出した。聖職者となり、毎日三時間の祈り、定期的な断食、囚人への慰問を実践する小さなグループの指導者となった。聖歌に力を見出し、綿密な日記を付け、一時間毎に自分の信仰心を一点から九点まで採点した。一点から九点まで採点するというのは少々異常であろうが、彼が信奉した信仰は二一世紀のわれわれにとってもさほど異常なものではない。

ウェズリーは自らの救済のメッセージを携えて路上に出、野外礼拝を行なった。温かい心、歌、熱烈な祈り、公然たる懺悔の喜びを説いた。その説教は人々を釘付けにした。彼の日記には、説教師としての彼の力量が記されている。「もう一人の人が倒れた。その人の直ぐ傍には、正反対の教理を強く信奉する人がいた。彼はこれを見て愕然と立ち尽くした。彼の傍に立っていた幼い少年が、同じように痙攣した。彼の後ろに立っていた若い男が彼を見つめ……すぐに喚き初め、地面に身体を打ち付けたので、六人ががりで押え付けた[29]」。

ウェズリーは初期の信者のために集会を立ち上げ、「生活方法《メソッド》」に従うよう促した——メソジストの名はこれに由来する。信者たちは定期的に小人数で集まり、歌い、祈り、懺悔し、それによって救済に与ろうとした。改宗は自らの罪の自覚によって促進されるため、信者たちは繰り返し、自らの落ち度の告白を促された。この懺悔は集団の前で口頭で行なわれたり、日記に書いて上の者に渡されたたりした[30]。ウェズリーの信者は、懺悔の構成に関する公式な指導を受けた。「最後の集会の後、どんな罪を犯したのか？　どんな誘惑を受けたのか？　どのようにして解放されたか？　考えたこと、言ったことあるいは為したことのうちのどれが罪であり、どれがそうでないと考えられるか？　秘密にしておきたいことは何もないか？[31]」。

精神医学は長年、改宗の本質に興味を抱いており、このウェズリーは英国の精神科医で洗脳に関する権威でもあるウィリアム・サーガント（一九〇七―八八）を魅了した。彼の一九五七年の著書『人間改造の生理』は、パブロフ研究から懺悔の本質に関する考察にまで及ぶ浩瀚な内容。同書の副題には彼の趣味が良く出ている（「改宗と洗脳の心理学」および「福音主義者、精神科医、政治家、呪術師は如何にしてあなたの信念と行動を変えうるのか」）。サーガントは厳格なメソジストの家庭に育ち、ゆくゆくは聖職者にという親の期待に反抗した。後に精神医学の道を選ぶが、改宗とメソジスト教会に対する特別の興味は生涯保ち続けた[32]。

サーガントは本書のあちこちに何度も登場する。説得と改宗という主題は、何十年にもわたって彼の頭を占領していた。第二次世界大戦で精神をやられた兵士に薬物を処方し、記憶を取り戻させた。その薬物は効果を発揮したようだったが、引き出された記憶の多くは偽物だった。以後、彼は終生、薬物は真実を引き出せるのか否か、また感情の興奮はどれほど強烈に、恒久的な行動変化をもたらしうるのかを考え続けた。

サーガントは英国の諜報機関であるＭＩ５のお抱え精神科医だったとされている。さらに彼は、洗脳を研究しているアメリカとカナダの捜査官の顧問も務めていた。また洗脳を軽減事由とする刑事事件においては精神病理学上の証言を行なった。サーガントの多様な興味と活動について、精神薬理学者マルコム・レイダーはこう述べている。「彼はかすかに硫黄の匂いがする[33]」。これらのことを述べて

ウィリアム・サーガント（提供：Wellcome Library Archives, PPWWS/A/19: box 2.）

きたのは、単に面白いからというだけではない。宗教や洗脳に関する彼のさまざまな見解を理解する文脈を与えてくれるからである。

サーガントの著書は先ず、パブロフの発見への言及で始まる。それこそがソヴィエトと中国の訊問と洗脳プログラムの基盤となったというのだ。彼はストレスと衰弱の状態が脳の機能を損ない、それによって被験者は改宗を受け入れ、あるいは訊問に屈服しやすくなると強調する。彼は信仰の神経的側面、彼によれば「人間の脳内で信仰を……固定したり破壊したりするメカニズム」に興味を抱いている。サーガントの考えでは改宗は被暗示性に依拠しており、それは特定の行動によって増強することができる。「成功した信仰の指導者たちは決して……その霊的恩寵を授けようとする試みに於いて、心理的武器を全く用いないということはなかった。断食、禁欲……呼吸法、畏るべき秘儀の開示、太鼓、舞踏、歌唱、恐慌、恐怖……香、酩酊薬――これらは宗教的目的のために通常の脳機能を変容させるために用いられた多くの手法の一部に過ぎない」[34]。

彼は改宗が起るのは肉体の衰弱時であるということを念入りに示し、ダマスコへの途上のサウルの回心について、そこには多くの要素が働いていたと指摘する。結局のところ、『使徒言行録』九章九節には明白に、回心の直前、サウルは三日間にわたって「目が見えず、食べも飲みもしなかった」と書いてあるのだ。この少々の還元主義と共に、サーガントは回心の力の論評に移る。ウィリアム・ジェイムズを引いて、サーガントは満足げに言う、「情動的な出来事、特に暴力的なそれは、精神の再配列を惹き起こすのにことのほか有力である。愛、嫉妬、罪悪感、恐怖、悔恨、怒り等が突然、爆発的に人に取り憑くことは誰もが知っている。希望、幸福、安心感、決意、回心に見られる情動もまた同様に爆発的となりうる。そしてこのように爆発的にやって来る情動が、ものごとをそのままにしておくことは滅多に無い」[35]。

ウィリアム・ジェイムズなら、サーガントの宗教に対する興味を評価したであろうが、とはいえ彼の還元主義には辟易していただろう[36]。サーガントをごりごりの科学的還元主義者として描くのは公正ではないが、彼は改宗体験の引鉄となり得る心理状態に心底夢中になっていた。恐怖、罪悪感、不安こそが回心体験の絶対的な鍵であると確信し、科学者は一八世紀アメリカの信仰復興運動を研究することで、人を洗脳し自供を引き出す術を学ぶことができると示唆した[37]。

サーガントの考えの中には、見方を変えれば現在の人類学的知見に合致するものもある。現代の福音主義者に関するタニヤ・ラーマンの見識深い書物では、宗教体験は一般に、沈黙、断食、重労働、聖歌の反復、孤絶の時期を伴っているということが示唆されている。さらに改宗者はしばしば、個人的な危機、屈辱、絶望の体験の物語を完成させる。信仰、生物学、社会に対するラーマンの明敏な指摘は、改宗の神経生理学に対するサーガントの興味を思い起こさせるものである。「もしも神が語るなら、神の声は生物学的に束縛され社会共同体によって形成された人間の精神を通じて聞えるものであると私は確信する[38]」。

私が洗脳と拷問、改宗を一つの章に纏めてしまったことに立腹される向きもあろう。その意図は、そこには共通の遺産と重なり合う興味があるという事実を指摘することにあった。しかしながら、精神科医と心理学者が独自に信仰の暗黒面に触れていることもまた事実である。改宗は常に肯定的なものとは限らないのだ。私が診た患者の中には、宗教的熱狂に盲目となったり、性欲に関する罪悪感のために自らを去勢した者までいるのである。

精神科医ジョン・クラークは、科学と医学を敵と見做すカルトの危険性について警告を発したことで晒し者にされた[39]。無論彼は、人は自分の意見を持つ権利があり、カルトもまた澱んだ文化を変化させる媒介となり得るとも述べていたが、批評家にとっての彼は、何より魔術と信仰治療を信奉する絶対主義集団に対する歯に衣着せぬ批判によって印象に残っている。彼を初めとする臨床家の見解の基盤は、元カルト信者である患者たちであった。言うまでもなく、これらの新興セクトに改宗して満足している人は臨床家の許を訪ねたりはしない。にも関わらず、臨床家の警告は一部の新興宗教の場合、悲劇的なまでに予言的なものとなり得るのである。

本章は幕間であった。われわれはここで、拷問官や宗教団体が用いた説得の技術を概観した。そして二〇世紀の到来と共に、科学実験の時代がやって来た。

第1部　政府と学界

第2章　パブロフの犬とソヴィエトの公開裁判

ソヴィエトの心理学はパブロフの概念……の応用に関心を示している……人間は適切に制御された環境条件の下で意図的に、予め設計された思考と行動の類型を発達させられるという概念である。

——中央情報局

その犬たちには落ち着きが無かった。実験医学研究所の地下の檻に閉込められた彼らは、教授の研究所の日中の仕事で侘しく疲れ切っていた。だが、彼らを憔悴させていたのは暗闇でも隔離でも疲労でもなかった。それは犬小屋の床にしたたり、ひたひたと打ち寄せ続ける水だったのだ。

一九二四年九月二二日、レニングラードでは典型的な一日の始まりだった。曇天に雨。だが雨は一日中強まり続け、ネヴァ川はまたしても氾濫を起こした。今回の洪水は、この数世紀でも最大のものとなる——そしてそれは、真っ直ぐ犬たちの許へ向かった。

犬小屋内の水位が上がると、犬たちは吠え始めた。当初は足先だけが冷たい水でぱしゃぱしゃやっていたが、数時間もすると水は彼らの腹から肩に達し、檻の中で彼らは半分浮いた形となった。彼らは不安のあまり、鼻面を金網に押しつけた。怯えきって遠吠えし、可能な限り空気を吸おうとした。

ようやく、冠水した通りを突破して研究所に到達した飼育員が見たものは、まさしくカオスであった――パニック状態の犬、漂う檻、悪臭を放つネヴァ川の水。一頭また一頭と彼は犬たちを救出したが、檻から出す際、彼は先ず犬たちの頭を水中に押し込む必要があった。犬たちは恐慌を起して抵抗した。

犬たちは普段の彼らとはまるで別物だった。彼らの気性は劇的に変化していた。大人しい者が攻撃的になり、社交的な者は臆病となった。それぞれの犬の中に、全く新しい「何か」が入り込んだかのようであった。これだけでも大変なのに、研究者たちは犬たちがそれまで研究所内で仕込まれてきた複雑な学習成果を全て忘失していることに衝撃を受けた。犬たちの記憶はきれいさっぱり消失していたのだ。

職員は何週間にもわたって犬たちの記憶喪失について語り合い、科学者たちは同僚に、この奇妙な現象について書き送った。[1] この出来事は、そのまま単なる奇談として忘れ去られていたかもしれない。もしもそれが、ノーベル賞科学者イワン・バブロフの研究所で起きたものでなかったのならば。彼は犬たちの綿密な観察と実験によってそのキャリアを築き上げてきた人物であった。以後生涯にわたり、彼は事ある毎にこの洪水を語り続けることになる。そしてトラウマ的なストレスと記憶に関する彼の言説は幅広く語られることとなった。何しろ彼はロシア共産党の指導者たちとも昵懇であったのだ。

研究所のイワン・ペトローヴィチ・バブロフ（中央）、1914年。（Snark/Art Resource, NY.）

バブロフは、犬の飼い主なら誰でも知っていること――犬は学習するという事実――に加えて、学習が犬の生理学的反応に影響することも示した。この犬たちは彼にとってかけがえのない存在であり、彼は犬たちが明確な個性を持っていると考えていた。科学を主題とする談話の中ですら、彼はこの犬たちを名前で呼んでいる（「ベカは憶えが早い」「ジョンは臆病だ」）。バブロフはトレーナーとしても一流で、犬たちに特定の楽音――たとえば、中央ハ――にのみ反応し、他の音は無視するよう教え込むこともできた。

研究所の外では、バブロフはまた優秀なロシア社会の観察者であった。独裁的で無能な帝政支配を恥辱と見ながら、その遺産は修正可能であると考えていた。[2]過去の帝政を嫌悪しつつも、またロシア革命をも蔑んでいた。その理由の一つが、革命後の混乱の中で危うく餓死寸前にまで追い詰められた憤懣である。バブロフは政治的見解に関しては極めてオープンであったが、そのことで迫害を受けることはなかった。と言うのも、彼はノーベル賞（医学）を受賞した初のロシア人であり（一九〇四年）、ソヴィエトの誇りであったからだ。今日の科学者と同様、彼はこの栄誉を取引材料とし、自分の研究所へのリソースを獲得しようとした。この国が極めて貧困であった時ですら、彼の研究所は拡大を続けた。バブロフは渋々認めている、「そう、あの野蛮人どもにも利用価値はある――彼らは科学の価値を理解している」と。[3]

バブロフは共産主義者ではなかったが、特定の観念を共産党と共有していた。彼は唯物論者であり、人間の中に魂や霊的独自性の存在を認めなかったのだ。この信念は、宗教を弾圧する国においては利点であった。バブロフは犬に対する彼の研究は人間にも当て嵌まり、同じ変化が起ると確信していた。細部に十分な科学的観察を行うならば、数世紀に及ぶ強圧的で迷信深い帝政支配の遺産を乗り越えることができると。

共産主義者はこれらの考えを喜こんで迎えた。一九一九年一〇月、レーニンは実験医学研究所のバブロフを訪ね、二時間にわたって滞在した。それは単に「写真撮影」のための訪問ではなかった。レーニンは、バブロフの実験が「新しい人間」を作るという国家目標を増進させることを望んだのだ。バブロフの同僚の一人が語るところによれば、レーニンは共産主義の新世界を建築するという挑戦を説明し、バブロフの助言を乞うたという。どのようにして個人主義をコントロールし、人間の行動を形成して、共産主義者の思想に従わせることができるか？

バブロフ：「それはロシアの人民を標準化したいということでしょうか？　全人民に同じような行動を取らせようと？」

レーニン：「その通り……それこそ私の望みである……そしてあなたは協力せねばならない……あなたの人間行動の研究によって」[4]

レーニンは、パブロフが犬の行動を形成できた詳細を聴いて魅了された。彼は直ちに、パブロフの研究の意味するところを把握した。

レーニン：「これはつまり、適切な教育によって遺伝的因子が克服できるということか？」
パブロフ：「特定の条件下においては――その通りです。克服できます。……条件反射は無条件反射を、つまり自然の本能を無効化できます」
レーニン：「それは凄い。素晴らしい。それこそ、まさに私が知りたかったことだ」[5]

レーニンはパブロフの研究所への援助を増額し、彼に精神病患者へのアクセス権を与えた。犬の理論を人間に応用させるためである。パブロフは睡眠、催眠、ストレスがさまざまな気質の人々にどのように影響するかというような研究を始めた。彼は、極めて重篤な患者すら治療することができる、と指摘した。必要なのは忍耐と、システム的な研究であると。「人間は言うまでもなくシステムである――大雑把に言えば機械だ。……人間というシステムの研究手法は、他のあらゆるシステムのそれと全く同一である。パーツに分解し、各パーツの意味を研究し、パーツの繋がりを研究し、環境との関係を研究するのだ」[6]。

パブロフによれば、強烈なストレスを与えれば予見可能な反応が引き出せる。犬は、どのように反応して良いか解らない刺激、あるいは矛盾撞着する命令を与えられると、その行動は彼の言う「超限抑制」を起す。全ての犬には、各自の限界点があった。超限抑制に直面すると、彼らの気質は変化した。外交的な犬が内気になり、内気な者は攻撃的になった。のみならず、この抑制の後、犬たちの人間に対する好みまでもが変ってしまった。以前は嫌っていた飼育員に懐いたり、その逆であったり。強烈なストレスに晒されると、一部の犬はまるで催眠トランスの状態にあるかのように静かになった。パブロフは、この行動を対処戦略の一つと見た。パブロフは、彼の技法を用いれば実験的に神経症、あるいは精神病すら生み出すことができ、またこれらの実験は新たな治療法の評価にも役立つ、と報告した。彼は薬物（臭素製剤）を用いて犬たちをこのような環境に於いて御しやすくする実験を行った。[7]

人間に対する研究では、パブロフは重度のトラウマを受けた人々は単に疲労困憊するのみならず、また被暗示性が高まるということに気づいた。特に、矛盾する指導を与えられた場合はその傾向が強かった。パブロフは精神病院と犬の研究所を往復し、トラウマが隠された脆弱性を残すという事実を見た。

あの酷い洪水から二ヶ月後、犬たちがようやく落ち着き、新たな行動を習得すると、彼は意図的にその内の一匹を「少量の流水［に晒し］……音もなく犬の部屋を浸し、床に水溜まりができるようにした」。[8] 犬は凍り付いた。その後、この犬の気質は変化し、またしても習得した行動を忘れてしまった。[9] この事実が見過ごされることはなかった。

レーニンの死後もパブロフは政府との強い繋がりを維持した。ソヴィエトの政治家ニコライ・ブハーリンは記している。「彼が〈インタナショナル〉を歌わないことは知っている。だが……彼は世界を代表する生理学者であり、唯物論者で、イデオロギー的にはいろいろと不満を抱えてはいるが……われわれのために働いている」[10]。

パブロフの考えの多くは、スターリンの援助を獲得するのに役立った。行動は変容しうるという信念に加えて、パブロフは獲得行動は遺伝しうるとも考えていた。このような遺伝観はスターリンの考えに呼応しており、パブロフの発見はソヴィエト連邦全土に広宣された[11]。スターリンは、パブロフの仕事は動物にしか当て嵌まらないと言う者を容赦なく攻撃した[12]。

晩年、パブロフはレニングラード軍事医学アカデミヤの教授となった。国はパブロフの研究所を気前よく援助し、彼のプロジェクトのために働く助手を三五七人も雇い、さらには彼の研究所のある村の名前を「パヴロワ」と改名までした[13]。一九三五年、クレムリン壁内で行なわれた国際生理学会議で講演したパブロフは、国家との複雑な関係を次のように述べた。「御存知のように、私は頭の天辺から足の先まで実験屋です。……われわれの政府もまた実験屋だ、比較にならないほどの高みで。私は心から……この歴史的社会実験の勝利を見たいと望んでいます」[14]。

トラウマを受けた犬から、パブロフはトラウマ性解離の理論を引き出し、これを人間で研究した。初期の共産党指導者たちはパブロフの考えにまんまと乗せられ、彼の技術が新たなるロシアを作る一助となる可能性に興味を抱いた。「プラウダ」が言うように、パブロフは彼らに自然を征服せしめ、人間の頭脳を支配する無限の力に達成せしめた[15]。スターリンの公開裁判と粛正は、何百万という人々を極度のストレス状態に追い込み、そのほとんどは訊問によって解離を起したのだ——まさしくパブロフの予言通りに。パブロフは幸運にも、一九三六年に天寿を全うした。まさにこれらの公開裁判が始まろうとしていた頃である。

スターリンは、自分に異議を持つ者——現実であれ空想であれ——に対しては通常、拷問、追放、処刑というパターンで対処したが、パブロフだけは例外的に保護していた。専ら彼の標的となったのは近しい同志であった。一九一九年から一九三八年までの政治局の委員とその候補者三三名の中で、彼の粛正を生き延びたのはほんの僅かである。残りの者はいずれも処刑、自殺、獄死、もしくは不審死を遂げた。[16] 一九三四年、中央委員会には一三九名の委員と副委員がいた。それが一九三八年には、その内の九〇名が射殺もしくは投獄されていた。後にニキータ・フルシチョフが述べたように、「裁判を受けたのは一〇人だけで、他の者は秘密裁判の末に、あるいは全く裁判無しに銃殺された」。[17] スターリンはまた軍隊も標的とし、第二次世界大戦での戦死者を上回る数の将官を処刑した。[18] 彼の粛正は当人のみならず、その配偶者、子供、親族にまで及んだ。だがどういうわけかパブロフだけはスターリンの猜疑心をかいくぐったのだ。

経済は、ボルシェヴィキ政府樹立後五年にわたって続いたロシア内戦によって完全に破壊された。この間、戦闘と飢餓とチフス、それにチェカ（秘密警察）による「人民の敵」の処刑によって何百万もの人間が死んだ。工業、農業生産も崩壊した。私企業の禁止や食糧配給といった統制経済の介入は失敗に終り、憤懣と叛逆に火を付けた。これに対して、ソヴィエトの経済政策は経済規制の撤廃から、さらに強力な経済統制へと転換した。生産が下落したり経済政策が批判されると、スターリンはそれを彼の政策ではなく、叛逆と妨害の所為にした。

革命に対する各国の反響もまたスターリンの猜疑心を煽った。スターリンは、既にスパイが国内に侵入しており、それは共産主義の敗北まで止むことはない、という漠然たる不安に苛まれていた。彼の妄想症はまた、ドイツに於けるヒトラー台頭の悪夢によっても煽られた。スターリンは、警戒と疑念こそがソヴィエト国家の生き残りに不可欠であると信じ、こう述べた。「[われわれは]不可避的に毒と憎悪にまみれている。誰も信じてはならない[19]」。歴史家アーチ・ゲティは明敏にもこう記す。「批判は反対と同じだった。反対は不可避的に陰謀を仄めかす。陰謀は叛逆を意味する。すると初歩の算術として、体制に対するどれほど小さな反対も、あるいはそのような反対を報告しないことも、テロリズムに等しいということになる[20]」。

経済恐慌と国家の苦境というコンテクストにおいて、叛逆者の公開裁判は大規模なメディア・イヴェントであり、国難から目を背けるための格好の手段であった。公正な審問など端から無縁である。法廷には「狂犬どもには——犬死にが相応しい」と書かれた横断幕が飾られた[21]。傍聴人は異常で奇妙な自供を報告し、ソヴィエトは既に被告人に自らの罪を認めさせる秘密の技法を習得したのではないかと考えた。多くの者は、これこそがパブロフの手腕だと思った。一九三〇年の粛正裁判から今日に至るまで、常にパブロフの名は洗脳と結びつけられている。

一九三六年から一九三八年の間に、ほぼ一〇〇万人からの人間がこの〈大粛正〉（別名〈大テロル〉）によって殺された。NKVD（人民内部委員会）の長は忘れがたい言葉を残している。「この工程中にさらに数千名が射殺されるとしても、大したことではない」[22]。驚くほど雑多な人々が暴力の嵐の中で一掃された——知識人、党指導者、農民、外国人、その他「反ソヴィエト的」の烙印を捺されたあらゆる人々が。

ほとんどの者は、スターリンから投獄と処刑のノルマを課せられた超法規的な官吏によって殺害もしくは収容所《グーラーグ》送りにされた[23]。自供を拒んだ党指導者は即時処刑。たいていの場合、彼らはそのまま姿を消すが、時には処刑の結果が纏めて発表される場合もある。また、元指導者たちの間に致命的な「心臓病」が流行することもあった。セルゴ・オルジョニキーゼ（重工業担当人民委員《コミッサール》）は自殺したが、報道は以下の通りだった。「午後の休憩を取っていた時、突如として病に倒れ、数分後に心臓麻痺で死んだ」[24]。政府が何名かの自殺者の存在を認めた時、スターリンは宣言した、自殺は当人が自らの罪を認め、さらに党を欺いて「証拠隠滅」を図った証拠に他ならない、と。[25]

通常の裁判は僅か二〇分程度。大きな裁判でも、数日以上続くことはなかった。これらの大きな公開裁判中、法廷を取り巻く宗教的なアウラが存在した——被告人の裏切りを暴く一種の公開火刑判決式《アウト・ダ・フェ》である。法廷に入場した蒼白で切迫した囚人は、取り憑かれた目で観衆を眺める。検察官アンドレイ・ヴィシンスキーは侮蔑を浴びせ、彼らを「人間の屑、人の形をした獣……忌まわしき悪党、見下げ果てたカスども」と呼び、法廷に対して「この呪われた爬虫類を叩き潰す」ことを要求した[26]。彼の最終弁論は煽動の傑作である。「狡猾な敵は、決して許してはならない……人民の全てが怒りに打ち震えている。そしてこの私もまた、国家検察当局の代表者として、何百万もの人民の叫びに、私自身の憤激と、一検察官の激怒の声を付け加えさせていただく！　この狂犬どもの銃殺を要求する

――一匹残らず！[27]」。

検察官は、もしも被告人が自供すれば、もはや裁判の必要もなく、事実を明らかにする必要すらないということを認識していた。必要なのは検察官の陳述と、囚人の自供のみ。[28]厄介な弁護側の反対訊問など行なわれないし、検察官の陳述に反論されることもない。これは訴訟の効率化に役立つし、筋書きとしても望ましい。だが、その自供を如何にして促すのか？

最大の注目を集めた三つの裁判がある。一九三六年八月、一六人の被告人が裁かれた。彼らは私的にスターリンと会い、もしもスターリンが寛大な処置を約束するなら、公然と自供して罪を認めることに同意した。スターリンは諒承し、裁判が開始された――そして彼らは即時銃殺された。一九三八年一月、さらに一七名の被告人が自供したが、今回は慈悲を乞うことはなかった。実際、被告人の一人はこう言った。「寛大な処置は必要ありません。プロレタリア法廷は私の命を救うべきではないし、できません。……私の望みはただ一つ。静かに処刑台に上り、母国への裏切り者どもの染みを私の血で洗い流すことです[29]」。第三の裁判は一九三八年三月、被告人は二一名。その中には有名なブハーリンも含まれていた。

公開裁判は、進んで奇天烈な陰謀を自供した党の最高幹部たちのために行なわれた――スパイ網の構築、産業の破壊、経済攪乱、スターリン体制の打倒とトロツキーへの交代。例えばとあるユダヤ人の党指導者はゲシュタポとの協力の罪に問われた。[30]また、豚に疫病を流行らせたり白ロシアの馬に貧血を起させたりして農業を破壊しようとしたと自供した党員もいた。[31]

ジョージ・オーウェルはこのあり得ない主張を諷刺して、読者に問うた。想像せよ、一九三八年のイングランドでは左が右で右が左であり、ネヴィル・チェンバレンがスターリンのように統治し、追放されたトロツキーのようなウィンストン・チャーチルを恐れている、と。「ウィンストン・チャーチルさんは、今は追放中の身の上ですが……大英帝国の転覆を画策しているのです。……毎日のように、卑劣な破壊工作が明るみに出ます――ある時には上院爆破計画、ある時には王室厩舎に口蹄疫を流行らせる。［ロンドン］塔の守衛の八〇％が［敵の］工作員だったことが明らかになります。……そして一方、チャーチル主義者たちは……自分たちこそ［正統な指導者であると］主張することを止めないのです」[32]。ロシアでの出来事は、文字通りこの風刺そのままに荒唐無稽であった。

スターリンの信奉者は彼を叡智の源、共産革命の体現者と見做していた。とある著名なソヴィエトの著述家は、恍惚として主張する。「私は声を限りに獅子吼したい、比類無きスターリンと共に、この上なき光栄の時代を生きる歓喜を！……おお、偉大なるスターリン！　汝こそは人民を照らす太陽、決して沈まぬ我らが時代の太陽なり」[33]。

一方トロツキーは、スターリンの神格化の危険性を警告していた。その警句は、現代の政治指導者の一部にもそのまま当て嵌まる。「スターリンを初めとして、これらの人々は全員、支配も処罰も受けることがないが故に腐敗した。……誰も敢えて彼を批判しないが故に、スターリンは徐々に、自分自身を制御できなくなっていったのだ」[34]。

党は人々に奨励した、疑うなと。たとえますます多くの人が裁判の大渦に引きずり込まれているとしても、そこでは正義が遂行されていると信じよと。高位の党幹部が除かれると、それに従って文書や写真が改竄される。オーウェルが『一九八四年』で鮮やかに描き出している通りである。人民内部委員会委員長（ニコライ・エジョフ）がスターリンと仲良く写っている有名な写真がある。エジョフ自身が粛正されると、彼の姿はその写真から消えた。次の世紀においてニュースのディープフェイクで行なわれるであろうことを予言する、原始的な事例である。

西側の共産党シンパはスターリンの行為を支持し、彼を進歩主義者と讃えた。彼らは共産党を無謬と見做し、国家の力を纏め上げる手段としての裁判と処刑を支持した。マクシム・ゴーリキーは強制労働収容所を、ロシアの不快な過去を浄化するための「進歩の松明」と見做した[35]。また、ソヴィエトが生き延びるには、大いなる善に仕えるための真実と道徳こそが必要なのだと考える者もいた。詮ずるに、スターリン主義者は「真実」などブルジョワの贅沢品に過ぎないと考えていたのだ[36]。訊問官イワノフは、『真昼の暗黒』において次のように論じている。「集合的な目的はあらゆる手段を正当化する。それは個人があらゆる点でコミュニティに服従し献身することを許し、そして命ずる――コミュニティは個人を、実験用の鼠や犠牲の仔羊のように扱うのだ[37]」。

傍聴人は驚くほど異なる印象を持った。明敏と言われる者、例えば「ニューヨーク・タイムズ」の記者ウォルター・デュランティなどは囚人の自供と検事の主張を信じた。彼によればその自供は「良心の咎めによるストレス……狂信的ボルシェヴィキの半宗教的な性質によるものである。その結果、有罪判決を受けると胸を打ちながら『我がいと大いなる過ち《メア・マキシマ・クルパ》』と泣き叫ぶこととなるのだ[38]」。デュランティの記事を読んだアメリカのスターリン擁護派は、友人にこう告げた。「このような人間が……狂犬であり、罪深い反対派であり、異端者であり、不信者であり、煽動者であり、党への叛逆ゆえに国家に対する陰謀、指導者たちの殺害に駆り立てられたということは……疑い得ない[39]」。公開裁判に

クリメント・ヴォロシーロフ、ヴァチェスラフ・モロトフ、ヨシフ・スターリンとニコライ・エジョフがモスクワ・ヴォルガ運河の畔を歩いている。1937 年 4 月。（F.Kislov. David King Collection の一部。David King より Tate Archive が 2016 年に購入。David King が 2016 年に Tate Archive に寄贈／ ©Tate, London ／ Art Resource, N Y.）

関するデュランティの記事は容赦のない批判を浴びせられ、後に「ニューヨーク・タイムズ」は彼の記事を「本誌に掲載された最悪の記事」と呼ぶことになる。[40]だが残念なことに、この再評価は既に手遅れで、公開裁判の犠牲者たちを救うことはできなかった。

裁判を傍聴した記者は他にもいたが、スターリンの支持者ですら、被告人の行動を不審視した。「ニューヨーク・タイムズ」の記事で、ハロルド・デニーは被告人の不可解な行動を描写している。「彼らは自らの自供に、こぞって自分自身や仲間たちに対する不利な証言を付け加える。聡明な学生のように喜び勇んで立ち上がり、知る限りのことを話す。……先のない男たちは、銃殺隊に向かって行進する。……おそらくこれもまた、

ヴォロシーロフ、モロトフ、スターリン。エジョフは元の画像から削除された。（F. Kislov. David King Collection の一部。David King より Tate Archive が 2016 年に購入。David King が 2016 年に Tate Archive に寄贈／©Tate, London ／ Art Resource, N Y.）

スラヴ＝東洋の伝統である、死に対する無頓着なのだろう。自供はさまざまな圧力の下に引き出されたものであることが知られている。……だがこれらの被告人は、強要など全く無かったかのように証言している[41]」。

アメリカ大使ジョゼフ・E・デイヴィーズは、この裁判が叛逆罪の証拠を示し得たと考えていた[42]。娘への手紙の中でデイヴィーズは、弁護士としての長年の経験から自分にはこれらの証言の有効性が解るし、クレムリンの恐れがもっともであることを示している、と書いている[43]。より繊細な傍聴人は、この裁判に不信感を抱いた。アメリカの職業外交官チャールズ・ボーリンはデイヴィーズの純真さを批判して言う。「彼が国務省に送ったこの裁判に関する電報のことを思うと、こちらが赤面してしまう[44]」。

ヨシフ・スターリン、ニコライ・ブハーリン、グリゴリー・オルジョニキーゼおよびヤーニス・ルズタクス。モスクワの赤の広場、ウラジーミル・レーニン廟の演壇にて。1929 年 11 月 7 日。1917 年の革命から 12 周年の記念日を祝っている。この３名の内、誰一人としてスターリンの粛正を免れた者はなかった。(Adoc-photos/Art Resource, NY.)

より思慮深い傍聴人は、あまりにも荒唐無稽な自供に茫然とし、共産主義者はいったいどのようにして、被告人に対して自分を責めるように説得し得たのかを知りたがった。この公開裁判は二〇世紀に於ける洗脳への関心の起源であった。

ナチスはこの裁判に狼狽した。それはスターリンが闇の説得術に関する新兵器を開発したことを示していたからである。公開裁判から一〇年後、副総統ルドルフ・ヘスはスターリンの悪魔的技術が自分にも向けられるのではないかと恐れた。ニュルンベルクの獄中で書いた手記で、ヘスは自分の周囲の人間たちは様子がおかしく、夢見るガラスのような目をしており、あたかもモスクワ公開裁判の被告人たちのようだと述べている。[45]

ニコライ・ブハーリンは、三回目の裁判の主要な標的であった。著名なマルクス主義経済学者であり、コミンテルン議長、新聞の編集長でもあった彼は、オールド・ボルシェヴィキの中で最古参で、最も人気のあった人物である。レーニンは彼を党の「金の卵」と見做していた。スターリンから見れば、ブハーリンは背中に的を装着して歩いているようなものだったかも知れない。スターリンはブハーリンを弄び、裁判に掛け、釈放し、再訊問し、それから再び裁判に掛けた。長い投獄期間中、ブハーリンは長大な手稿や書簡を書いた。そこには訊問と自供、抵抗と屈服の詳細が記されている。

ブハーリンはロシアのテロリストをドイツ、日本、大英帝国に差し出すためにレーニンとスターリンの暗殺を企てたと告発された。あまりにも馬鹿げた罪状であったため、ブハーリンがその罪を自供すると、世界が驚愕した。彼はこの企てについて何一つ撤回せず、その責任を負うと述べている。何故なら肯定的かつ永続的な唯一のものは、ソヴィエト連邦だからだ――命を賭す価値があるものだと。[46]

ブハーリンは獄中からスターリン宛に感動的な長文の（七ページ）書簡を書いている。とりわけ、裁判の屈辱の免除と即時処刑を求め、また家族に暇を乞う機会を懇願している。それから、何ページか後で方向転換して、もしも命が救われればスターリンのために働き続けると約束している。

まずこれだけは言わせて欲しい……a）私は自供したことを何一つ撤回しない、b）君に対して何も要求しないし、何かを変えてくれとか、今のやり方から方向転換してくれと言うつもりもない。ただ個人的に伝えたいことがあるから書いているのだ……

私の名誉に懸けて言う、私は訊問中に自供した犯罪に関して、全くの無実である」[47]。

その後の裁判で、彼は当初、自供をしそうに見えた。「ボルシェヴィズムの立場を離れるということは……反革命分子の側に立つということで……私は国家の前に、党の前に、全人民の前に跪く。私の罪の重さは計り知れない」[48]。それから彼は皮肉に転ずる。「私は、私の与り知らぬ、私が何一つ解らぬ罪に関しても、その責任を負う」[49]。

アーサー・ケストラーの『真昼の暗黒』に登場するルバショフは、ブハーリンの訊問中の出来事、および彼の矛盾する告白に基づいている。ケストラーは名人芸のようにソヴィエトの訊問官の技術を活写し、被告人が党の無謬性を信じていたことを描き出す。「党が誤りを犯すはずはない」とルバショフは言う。「あなたも私も間違いを犯す――だが党は違う。党は、同志は、あなたや私以上のものだ。……党は歴史における革命的観念の具現化である」。後に再びこの主題に触れ、ルバショフは沈思黙考する。「個人は無であり、党は全てである。樹を断ち割ろうとする枝は枯れねばならない」[50]。ルバショフの架空の言説は、ブハーリンの一九三六年の党に関する所見を写している。「人は、進歩は常に前進であるという信念によって救われる。それは海に向かって流れる川のようなものである。川から外れれば、完全に放逐される。……この川は、最も困難な場所を流れる。だがそれでも、斯くあるべき方向へと向かっている。そして人民は成長し、強くなり、新たなる社会を建設する」[51]。

如何にしてソヴィエトは囚人に自供を促したのか？　われわれは多くの歴史記録の中にパブロフの痕跡を見出している。囚人は、自供すればより良い食事や独房を提供すると提案される。訊問官は党員としての彼らの良心に、また家族に対する自然な懸念に訴える。もしもそれが効かなければ、この不従順な囚人に対しては次の段階として、数週間に及ぶ独房監禁と睡眠遮断が課せられる。
湿っぽい独房に監禁された囚人は、生き埋めにされているように感ずる。訊問は夜間に行なわれるが、殴打や拷問が伴うこともある。書庫で見つかった署名入り自供書の中には、書面上に血痕が見られるものもある。[52] 訊問の方法は予測不可能で、時には慈悲深く短時間で終り、時には四八時間に及ぶ場合もある。ようやく独房に戻れたと思ったら、すぐまた別の訊問に呼び戻されるということもあれば、何日も次の訊問が始まらないということもある。睡眠遮断を継続すれば当惑、混乱、無感情へと至る。生き延びた者たちは、睡眠遮断がもたらす魂を打ち砕くような重荷を語っている。[53]
訊問官の振るまいや態度も一貫しない。優しく気遣いがあって、寛大な処置や良い食事、釈放などを約束するかと思えば、突然怒鳴り始めたりする。訊問は、拷問を受けている他の囚人の叫びが聞える場所で行なわれる。取り調べは何ヶ月にもわたって断続的に続く場合もある。生き延びた者の証言によれば、睡眠無しで五〇回、六〇回と訊問を受ければ、意識が半ば失われるという。「人間は自動人形のようになる。……この状態では、しばしば自分が有罪であると思い込んでしまう[54]」。
思考や行動にほんの僅かな罪悪感が生じても、それが大きな自供の基盤となる。真実であろうとなかろうと。異端審問と同様、囚人は党が大義もなく人を逮捕したりしない、自分の言ったことややったことを考え直せ、と命じられる。ウィリアム・サーガントは言う、「囚人は……何らかの些細な矛盾点が出るまで……厳しく追及される。次にこれが、彼を打つ杖となる。やがて彼の脳は正常な機能を停止し、彼は虚脱する。それに続いて被暗示性が極大化し、これまでの思考パターンは阻害され、思い通りの自供をして署名することとなる」[55]。

ブハーリンは獄中から、もの悲しげに記している。「もうこれ以上は続けられない。……脚も萎えている。ここに創り出された雰囲気に耐えられない。この状況では話すことすらままならない。泣きたくもないし、気を失ったり、ヒステリーを起したくもない」[56]。また別の被告人は、首輪を引きずり回されて首が絞まり、鉄の棒で殴られ、五週間にわたって拷問を受けた。その間、睡眠は一日に僅か二、三時間しか許されなかった。「彼らは、自供しなければ喉を切り裂いてやると脅した」[57]。

ソヴィエトの技術は異端審問や帝政ロシアの秘密警察が用いたものに類似しているが、パブロフの脚本に従って、より洗練されたものとなっている。囚人を矛盾する情報で責め立て、罪悪感と不安を起させれば、自供は容易に得られる。囚人の認知機能は栄養不良、睡眠遮断、自供してしまうのではないかという大きな不安によって妨げられている。そうなれば、彼らは一種の救済として処罰を望むようになるのである。

粛正を受けたある者は、訊問のプロセスを活き活きと描写している。「この一〇年の出来事を思い起こした。個人的に会った全ての人、手紙の授受のあった人全員を思い浮かべた。……突然、とうに忘れていた出来事が……甦った。……神様！　と私は思った、あれに違いない！［それから、訊問官は言った」『今日はもう家に帰り、明後日また来なさい……そして初めて敵と接触したのはいつか、何を考えて敵側に付こうと思ったのかを言うのだ。自発的に自供し、忠実なソヴィエトの支持者でありたいという決意を示すなら、できる限りの配慮はする』[58]」。

スターリンは訊問と裁判を演出した。もしも自供が出てこなければ、拷問の強化を命じた。「そろそろこの紳士を締め上げ、その薄汚い所業の報告を強制すべき時ではないか？　彼はどっちだ、牢獄か、ホテルか？[59]」。また彼は、検察官にこう命じてもいる。「あまり喋らせすぎるな。……黙らせろ。……世迷い言を吐かせるな[60]」。また秘密警察の周囲をうろつき、脅したという。「もしも自供が得られなければ……お前の首が飛ぶぞ[61]」。

一九五〇年代の朝鮮と中国で使われる訊問技術の先触れとして、囚人は自らの人生——生まれ育ち、業績、欠点——に対する徹底的な批判を書かされた。この自己批判を読んだ後、訊問官はこれでは不十分だと宣言し、やり直しを命ずる。正しくは何を書くべきだったのか、あるいは何の罪に問われているのかすら明かされぬまま、囚人は自分が何故逮捕されたのかを考えさせられる。監禁、混乱、拷問の恐怖の中では、囚人がもしかしたら本当に自分は何かをやらかしたのではないか、たとえ些細なことであっても、国家に逆らうようなことを、と考えるようになるのは自然なことだ。そこでその些細なことを自供すると、まだ不十分だと告げられ、胸に手を当ててそれ以外の国家叛逆行為を探すことになる。

ある者は、国家の敵との交際は認めたが、国家に対する叛逆行為への加担は断固として否定した。訊問官は、国家の敵との交際は、たとえ単なる社交的な会合であったとしても敵の士気を鼓舞することになる、と告げる。「いいから吐いてしまえ。お前はスパイと交際したのだ。お前もスパイに違いない」。それから、無関心を装って次のようなことを言う。「別にお前の自供など必要ないのだ。お前のことなどどうでも良い。お前はただの害虫だ、党が叩き潰すだろう[62]」。

訊問官は被告人の自供証言を丹念に復唱し、今後訊ねる質問のリストを与え、適切な回答を促す。

被告人は土壇場でうろたえることの無いように、その原稿を丸憶えさせられる。[63] 裁判は予めシナリオが書かれ、検察の台本通りに進んでいく。党員は長期に及ぶ規律正しい党への奉仕によって鍛えられているので、自分の命を捧げる覚悟ができている。だが自供の儀式は必要である。裁判の演出は、証言のさまざまな段階において被告人が視線を向ける方向まで決められている。[64] とある台本では、検察官ヴィシンスキーは被告人レフ・カーメネフに次のような台詞を喋らせた。

ヴィシンスキー：お前が一九三三年に書いた論文と陳述をどう考えるべきなのか、あの中では党への忠誠を表明していたな？　虚偽か？
カーメネフ：いいえ、虚偽よりも酷いものです。
ヴィシンスキー：背信か？
カーメネフ：もっと酷いものです。
ヴィシンスキー：虚偽より酷い、背信より酷い――ではいったい何なのだ。叛逆行為か？
カーメネフ：その通りであります。[65]

自供の細部には滑稽というべき部分もあった。とある囚人は、一九三二年にコペンハーゲンのブリストル・ホテルでトロツキーの息子と陰謀を企てたと証言した。問題は、そのホテルが一九一七年に解体されていたことである。訊問官は、被告人が罪を認める犯罪をでっち上げていたが、その陰謀の細部を描く時点で、外務大臣にコペンハーゲンにあるそれらしい、そのような企ての部隊として相応しいホテルの名前を挙げさせていたのだ。さらにオスロについても、同様に。裁判の準備段階で、訊問官はヘマをして、そのリストをごた混ぜにしてしまった。その結果、彼らは被告人に、存在しないホテルでの架空の企てを自供させることとなったのだった（当時、オスロには確かにホテル・ブリストルが存在した）[66]。それでも被告人は言われた通りに証言したのである。

時には、自供後にそれを撤回する場合もある。こうなると、短時間の休廷が求められ、囚人は再び自供内容を認めるまで拷問を受ける。とある著名な被告人は、法廷に戻ってきて言った。「昨日は一時的に、謂れのない恥辱の感覚に圧倒されてしまいまして……思い切って私は有罪ですと言うことができませんでした。……裁判長、私は自分が問われた最悪の罪の全てを、全面的かつ完全に認めます。叛逆および背信の責任は全て私にあります。そのように記録してください」[67]。

裁判所は彼の協力的な証言を評価したが、何にせよ処刑した。

中には党への忠誠と服従から自供した者もいる。党こそが彼らの全人生を導く北極星だったのだ。彼らの降伏は、終生続く党への自己卑下のパターンにおける次のステップに過ぎなかった。自らの愛した党に告発され、無実の彼らは絶望に駆られた。そんな彼らにとって、自供は党に対する最後の献身だった。その叡智に疑問を抱く者は誰か？[68] その最後の供述において、対外貿易人民委員アルカーディー・ローゼンゴルツは次のように述べた。「これほどまでに労働に熱意を持つ国、これほどまでに幸福で喜び溢れる笑いの聞える国、……これほどまでに愛が輝かしい国は地球上に他には無い。私は言う、『さらば、我が愛する祖国よ！』[69]」。経済管理者ゲオルギー・ピャタコフは長年にわたり中央委員会委員を務めたが、自らの罪を認めた。「私はあなたの前に立っている、汚辱に塗れ、押し潰され、自業自得で全てを奪われ、党を失い、友人もなく、家族も亡くし、自分自身をも失って」[70]。
歴史家ユーリ・スレズキネは明敏にも、このような自供とヨブの物語との不気味な類似を指摘している。ここではスターリンが神に当たるというのだ。ヨブによる無実の申し立てが虚しく終るのは、スターリンの犠牲者たちにとっても同様である。唯一の出口は悔い改めと、神の叡智に対する信仰である。「部族のある者は剣に掛けられ、野獣に食われ、疫病で死ぬだろう……だがそれでも、部族そのものは何がどうであれ勝利する」[71]。宗教と強圧政治、それに自供の間にあるこの奇妙な共鳴は、二〇世紀の洗脳の発達に何度も揺曳する。

既存の拷問技術の上に、ソヴィエトは強度のストレス、睡眠遮断、報酬と処罰への綿密な注目が行動を変容させるというパブロフの洞察を付け加えた。彼らは、疲労困憊し、混乱し、あるいは反抗的、あるいは恩赦を熱望する被告人から荒唐無稽な自供を引き出すことに成功した。拷問や偽証に関わらず、ある者は共産主義者としての信仰を持ち続けたまま死んだ。

困惑した世界は、ソヴィエトが説得のための強力な新兵器を開発したと考えた。第二次世界大戦の影が迫ると、その結論はドイツと連合国の双方に懸念をもたらした。このような圧倒的な訊問から、如何にして自軍の兵士を守れば良いのか？　また逆の問いも同様に抗いがたい——これらの技術は、どのように敵の訊問に使えるのか？　戦争が勃発すると、各国政府は「闇の説得術」への近道として、薬物に目を向けた。

第3章　自白の薬

第二次世界大戦における軍の探究

頑なな情報源からの情報の獲得の成功率を増大させる技術は何であれ、それ自体が諜報活動における興味の対象である。

中央情報局、一九九三年

スターリンの第三回公開裁判は、第二次世界大戦勃発とともにようやく終った。軍は打算的な興味を持ってこの裁判を注視していた。果してソヴィエトは、無実の人間に犯罪の自供を――たとえ自らの命が懸かっているとしても――させる新たな説得術を開発したのか？　このような手法は、敵兵のより効果的な訊問にも使えるのか？　第二次世界大戦が勃発すると、訊問に関するこれらの疑問は、もはや理論上のものではなくなっていた。

軍は、パブロフの技法や拷問よりも即効性のある強圧的な説得の道具を欲していた。睡眠遮断と不安によって囚人の抵抗が挫けるのをただ待つよりも、薬物によって敵兵に軍事機密を吐かせることを望んだのだ。パブロフは心的動揺の治療に、一九世紀に合成された臭素製剤を用いていた。だが臭素製剤は半減期が長く、毒性が蓄積され易かった。ナチスも連合国も、より良い薬物の探求を開始し、一見奇妙なルートを辿ってそこに辿り着いた——産科と精神科である。

薬の大半は、僥倖によって発見されたものだ。発見自体も予期せぬものなら、新発見の薬物が全く予期せぬ形で使われることもよくあることである。訊問のための薬物は元来、全く異なる医療目的のために作られた。だが大戦中に、それは大きく異なる用途を持つこととなった。

一八五三年、ジョン・スノウ博士は女王ヴィクトリアの第七子出産時の苦痛を和らげるためにクロロフォルムを用いた。「ランセット」誌の編集者は、この「危険行為」を無責任と批判し、「女王の例が手本となり、この国の社会の特定の階級が雪崩を打ってこれに続くことになる」と警告した。[1] 実際、女王は流行の発信源であり、陣痛と出産の際の麻酔剤の使用は急激に増加した。クロロフォルム麻酔の危険性の症例報告が相次ぐようになったが、それ以外に、軍の興味を惹く所見も現れた。

クロロフォルムは安全に扱うのが難しかったので、出産用には他の薬物が求められた。医師たちは、苦痛とその記憶の緩和のために薬物を組み合わせるようになった。奇妙に思われるかもしれないが、同様の薬物の組み合わせは今なお、結腸内視術や外来手術の際にごく普通に処方されている。情動や記憶がブロックされていれば、麻酔薬はさほど強くする必要はない。もしも阿片剤の「効力《エッヂ》」によって苦痛が取り除かれ、苦痛の記憶さえも遮断されて患者がそれを思い出すこともできないなら、果してその苦痛は実際に「生じた」のだろうか？

二〇世紀が始まるまでに、ドイツはフライブルクの産科医は出産時の苦痛緩和のためにスコポラミンとモルヒネの使用を体系化していた。「英国医学雑誌」はこれに賛同している。「［フライブルクで］

開発された実際のいわゆる『半麻酔状態』と……われわれの多くが勝手に用いている……通常の行き当たりばったりの治療の間には、大きな違いがある」[2]。このフライブルク式療法は非常に上手く行ったので、一部の母親は驚きを以て新生児と対面することとなった。というのも、自分が出産したことすら憶えていなかったからである。ドイツの医師たちはこの半麻酔状態を *Dämmerschlaf* すなわち「薄明の眠り」と呼んだ[3]。彼らの技法には依然として安全上の懸念があり、また神によって課せられた産みの苦しみを除去するのは正しい行ないではないという教会からの反発はあったものの、急速に各国で採り入れられていくこととなった[4]。

一九一六年、テキサス州ダラスの近くの小さな街で、産科医ロバート・ハウスは、半麻酔の処方を受けた母親の自宅出産を行なっている際に、奇妙な事実を観察した。赤ん坊が産まれると「われわれは新生児の体重を量ろうと思い、秤を求めた。夫は、どこにあるか解らないと言った。妻は、明らかにぐっすり眠っていたにも関わらず、声に出して言った、『台所にあります、写真の裏の釘に掛かっています』。この女性が苦痛を味わわず、いつ子供が生まれたのかも憶えていないのに、それでもなお、耳にした質問に正しく答えたという事実に私は注目した。……［他の半麻酔状態の出産においても］例外なく、患者は常に［私の質問に対して］正しく返答した。……誰に対しても、如何なる質問に対しても真実を話させることが可能である［ことが判明した］」[5]。

ここには少々、推論上の飛躍がある。だがハウス医師は、スコポラミンが人々に強制的に真実を話させること、それは囚人の無実を（あるいは有罪を）証すのに役立つということを信じていた。彼はスコポラミンこそ、証言の評価において不可欠の道具となると考え、こう述べた。「逮捕の三分の一は誤りであったことが統計的に示されている。また、有罪判決の全てが事実に基づくものでもない」[6]。

ハウス医師によれば、一九二二年二月、ダラスの地区検事長は二人の囚人に対するスコポラミンの処方を依頼した。[7]スコポラミン投与下で、一人の囚人は特定の犯罪への関与を認めたが、それ以外は否定した。彼はまた、銀行強盗を働いたギャング団の団員の名を挙げたが、これは以前には拒否していたことだった。彼の証言は、真実を自供させるスコポラミンの力を証明したと見做された。翌日、件の囚人はハウス医師に手紙を書いた。「質問されたのは憶えています。けれど同時に、何と答えたかは解らないし、その時何を言ったのかも全然解らなかったのです。意識を取り戻して初めて、私は実験中に耳に入った全ての質問に答えたいと思ったことを思い出しました。それと、質問された時、私の心は本当の事実に集中し、勝手に話してしまったのです。答えようとかいう気持ちなんて全然なかったのに」[8]。これから殺人罪で裁かれようとしていた別の囚人は、スコポラミンを投与されると断固として無実を主張した。そして実際、最終的には釈放された。[9]

さらに事例は続いた。アラバマ州では、斧による殺人鬼の集団がこの薬物を投与された後に自供。[9]オクラホマ州では、何十年も獄中にあった二人の人物が、スコポラミン投与下の最新の証言によって釈放された。[10]だが、問題を孕む事例もあった。とあるハワイの運転手は、スコポラミン投与下に殺人と誘拐を自供した。だがその後、二度目の投与下ではこれを撤回。そうこうする内に、警察は別の犯人を逮捕した。[11]それでもマスコミは、スコポラミンを紛れもない「自白剤」だと持て囃した。

訊問の道具としての「自白剤」を生み出したのは産科医だけではない。一八七〇年代、ドイツの医師カール・カールバウムは重度の精神病患者たちについて書き記している。彼らは終始無言で、知覚

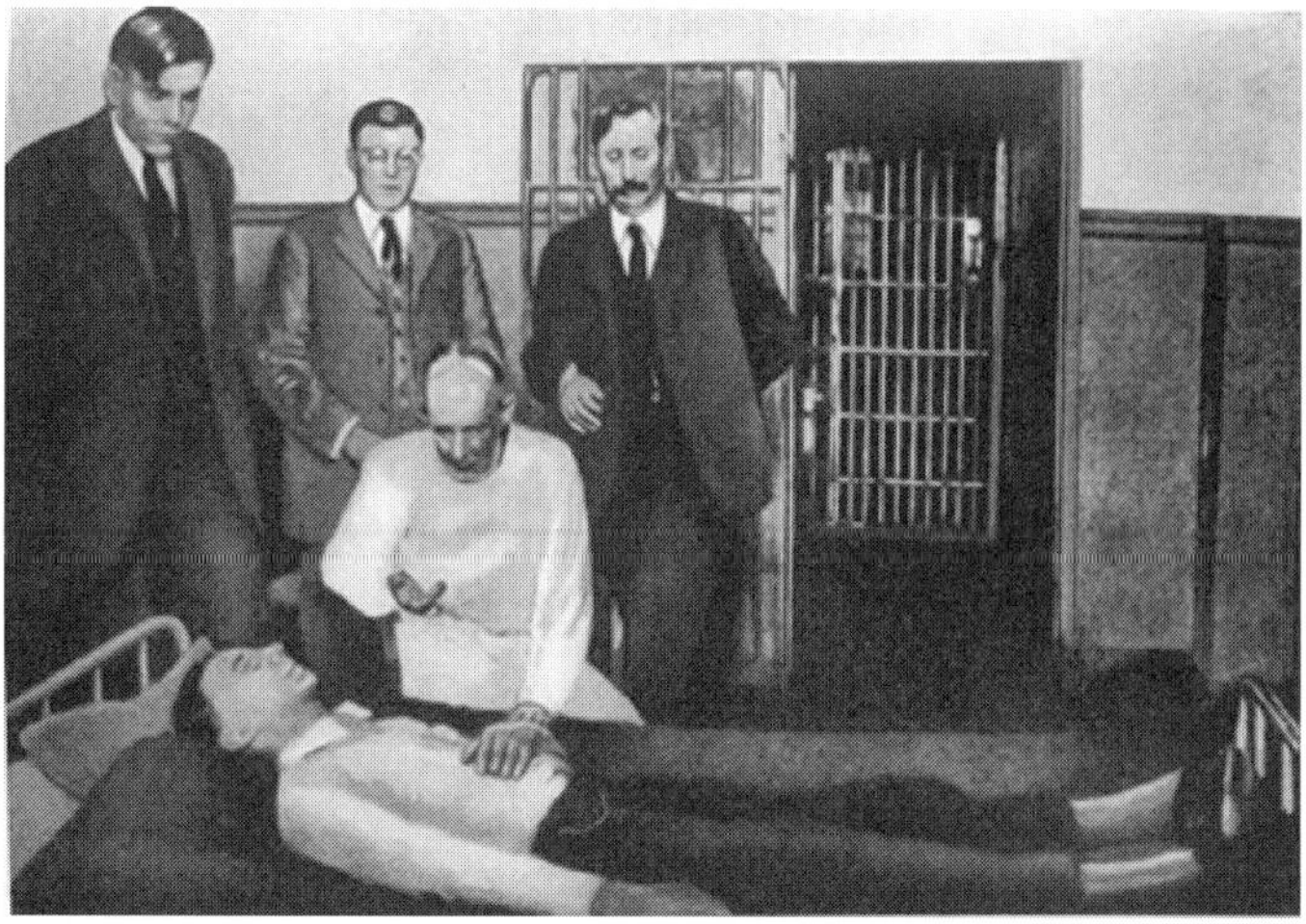

ダラス郡立刑務所で囚人に自白剤を投与するロバート・ハウス。1922 年。検察官、州議会議員、保安官がこれを見ている。（Emilio Mira y Lopez, Manual of Juridical Psychology [932] より）

麻痺を来たし、周囲の出来事に無反応であった。そして時折、空中を睨み、不自然な姿勢で静止したり、リズミカルに動いたり、ぎこちなく歩き回ったりする。何か話したとしても、全く意味を成さない言葉だった。[12] カールバウムはこの症状を「緊張性昏迷《カタトニア》」と呼んだ。[13] 治療は困難だった。患者たちは飲食もしないので管から栄養を流し込まれ、二〇世紀初頭のこととて、この緊張性昏迷に対する処方薬は臭素製剤と阿片剤に限定されていた。

　鎮静作用のある化合物バルビツールは一八六四年に初めて合成されたが、鎮静薬としての効能が初めて明らかになったのはその四〇年後のことである。[14] バルビツール化合物には多くの種類があり、それぞれ吸収率と持続時間が異なっている。

　ウィスコンシン大学のウィトリアム・J・ブレックウェンは、一九三〇年に興味深い論文を発表した。バルビツールが麻酔薬として試されたのだが、ブレックウェンは、その内の一つ——アモバビタール（別名アミタール）——が緊張性昏迷に有効なのではないかと考えた。彼は五〇名の精神病患者に静脈注射によってこの薬物を投与し、この薬物がものの数分で重度の心的動揺に効果を発揮するということを見出した。それだけではない、と彼は言う。「少数の事例では、患者が眠りに落ちる一分か二分の間、意識が澄明となった。この短い時間、患者は正気に戻り、自分の状態を完璧に把握した。……最初の眠りから覚めると、患者はぼんやりしていた……［だが］患者は質問を発し、また答えていた。フットボールの点数、病気の長さ、家族や親戚について話し、食物を摂った。……何人かの患者は急速に回復した」[15]。

　鎮静薬はこのような鈍重な患者を悪化させるだろうと思われるかもしれないが、逆説的に、緊張性昏迷の患者は鎮静薬を注射されて「生気を取り戻した」。あたかも緊張性昏迷の患者は恐怖に凍てついていて、バルビツールの鎮静薬がそれを「融かした」かのようであった。バルビツールの静脈注射による緊張性昏迷からの回復は精神医学の奇蹟とも言うべきものであった[16]。

　アミタールは他の精神病にもまた奇蹟のような効果を発揮した。時折患者は苦しみの余り、慣れ親しんだ環境から逃亡し、完全に記憶をなくしてしまうことがある[17]。この状況には「遁走《フーガ》」という詩的な名称が与えられている。とある初期の精神科医は、これらの患者の状態を「両親から逃げ出し、自分のことが何一つ解らない幼い子供」に喩えている。その主要因は失恋や逃げ場のない経済的窮状であるという[18]。

　今日ではこの遁走は一般に心因性健忘や解離性健忘と呼ばれる。この疾患は、通常の忘却よりも遥かに重篤である。自分の名前や職業、住所や家族すら思い出すことができず、新たな人格の下、何年にもわたって彷徨い続けることもある。この健忘は、頭部の負傷や薬物によるものではなく、しばしば大きなストレスへの反応として突然現れる。[19] 遁走は新聞や映画で尽きることのないネタ元として扱われている。特に、患者が突然自分の正体を思い出す場合である。新聞はたいてい「〈自白剤〉によって記憶喪失患者が記憶を取り戻した」とか「記憶喪失の男性、婚約者と再会」とか「教師、またもや失踪。今回はヴァージン諸島にて」などという見出しを出す。[20] マスメディアには良く取り上げられるが、遁走は稀少である。私がこれまでに診た何千人もの患者の中で、遁走は僅か二人しかいなかった。

遁走の患者は催眠術や、より一般的には抗不安薬が処方される。その記憶喪失が重度の情動的ストレスによるものと考えられているからだ。数日で患者の記憶は戻り始める。だが、最も劇的な治療効果を発揮するのはアミタールの静脈注射である。僅か数分の内に記憶と感情がどっと戻ってくるのだ。ちなみに、興味深いことに催眠術とアミタールの間の境界には曖昧な領域がある。いずれの場合も医師は暗示を用いるのだ。アミタールの場合、医師はたいてい患者に対して、この薬を注射すればリラックスできて、ストレスで途切れていた記憶が繋がります、と「暗示」する。故に、アミタール単独で記憶が再現できるというのは正確ではない。暗示自体も非常に重要な役割を果たしているのだ。

緊張性昏迷と遁走は、戦争神経症に比べれば比較的稀少である。後者は別名をシェルショックあるいは外傷性ストレス障害（PTSD）と呼ばれている。戦争は古代から現代まで、常に心理的外傷を残してきた。[21] 第一次世界大戦では、兵士たちは強力な兵器と膠着した塹壕線によって命を奪われた。

大勢の兵士が戦場で心理的外傷を負った。特に、長期の塹壕線を体験した者はそうであった。[22] ある者は脱走し、ある者は命令を拒み、ある者はその場に「凍てついた」。多くの者が、頭部に損傷もないのに失明や麻痺などの神経症を発症した。第二次世界大戦では、チュニジアのエル・ゲタールからの避難民の三分の一が精神病を発症した。[23]

軍は、戦争神経症に罹った兵士が弾に当たった兵士と同じくらいいることを知った。初期の精神医学療法は、前線からの撤退を重視していた。問題ある兵士も休息とリラクゼーションによって回復すると見込んでのことである。だが、より乱暴なアプローチ——半ば処罰のような激しい教練——によって無理矢理兵士を「立ち直らせ」、戦闘に復帰させる場合もあった。[24] シェルショックに効く薬物はほとんどなかった。阿片剤や臭素製剤のようなかつての特効薬は、その毒性や副作用、依存症の危険、半減期の長さのために使用が限定的になっていた。

精神科医は、患者にバルビツールを静脈注射すると「活発化」するということに気づいていた。一九三二年、アイオワ州の精神科医エリック・リンデマンは、とある患者がこの薬によって饒舌になったことを報告した、と述べている。「変なんですが、今、話すつもりなんて全然なかったことを話しているんです。……心に浮かんだことは何であれ、話したくなるんです。……以前はこんな風に喋るなんて思ってもいませんでした。……全く、口からひとりでに言葉が出て来る感じです。……話していることは解るんですが、それでも解りません。……あの小さな監視人はもういないんです。……もうずっと話し続けています。……理性は黙れと言うんです。だけど、隙あらば話したくて堪らないんです」。リンデマンによれば、この患者は薬物によって澄明さを取り戻し、「通常は他人には話さないような」個人的な事柄についても話したいと願うようになったという。[25]

精神科医は自白剤それ自体を探求していたわけではないが、酷い精神疾患のために話すことのできない患者に対して薬物を投与することには積極的であった。精神分析が人間の行動を理解するための魅力的な方法であることが明らかとなりつつあったが、多くの精神科医は分析のペースの遅さに耐えられず、またこの方法が重篤な精神疾患の患者に有効なのか否か疑問に思っていた。

イングランドでは、精神科医スティーヴン・ホーズリが、支持的精神療法とバルビツール静脈注射を組み合わせた「催眠分析」と呼ばれる手法を提唱している。彼は時に多くの診療で投薬を繰り返したが、それを古風に「交霊会《セアンス》」と呼んでいた。[26] ホーズリはバルビツールが記憶を拡張し「内気さや抑制は溶けてなくなり、患者は自ら『機密だと思える』情報を進んで明らかにする」と報告している。とある感動的な症例報告でホーズリは、フランスでの軍務によって一五年に及ぶ反復的な遁走と記憶喪失を患っていた第一次世界大戦の退役軍人の治療を語っている。ホーズリは言う、薬物の使用によって「医師は、通常の手法では一ヶ月掛けても得られない情報を一時間で得ることができる」。[27]

バルビツール静脈注射は、第二次世界大戦のトラウマの治療において頂点に達した。それは解除反応、すなわち抑圧された記憶の追体験のために用いられた。この手法は麻酔暗示、催眠分析、麻酔統合療法などと呼ばれたが、これらの療法はいずれも、薬物による記憶回復によって得られた知見を語っている。これらの療法は、戦争の恐怖に取り憑かれた何千もの兵士や民間人に使用された。このような強烈な記憶の表出には、何やらカタルシス的なものがある、たとえその記憶が事実ではなくとも。[28] この最後の一節「たとえその記憶が事実ではなくとも」は、薬物が訊問に用いられる際には極めて重要となるのだが、目的が不安によって無力化した兵士の救済にある場合は、回復記憶の真実性はあまり重要ではない。だが薬物を用いた訊問によって「真実」を回復するためには、酩酊は正確さを保障するものではないという事実に直面せねばならない。麻酔療法に関する極めて鮮やかな記述を残しているのは、一九四三年にチュニジアの戦場で執筆したロイ・グリンカーとジョン・スピーゲルである。[29] 彼らの論文はジョサイア・メイシー・ジュニア財団によって直ぐさま出版され、戦争神経症の治療法を医師たちに教育するために航空医務官、陸軍航空軍によって幅広く配布された。[30] 著者らは薬物を奇蹟の自白剤として描いているわけではないが、薬物が何らかの点で患者の記憶回復に役立ち、精神科医の手助けを受けられるだけの情報を語ったことは確かである。とある患者は緘黙《かんもく》の歩兵で、自分の名前すら思い出せなかった。バルビツール静脈注射を投与すると——

> 患者は振戦もなく、静かにベッドに横たわった。それから、自分はカイラワーン峠にいて、迫撃砲が降り注いでいる、と言った。「迫撃砲」という言葉が出た瞬間、彼は慄え始めた。……それから……ベッドを出て、泣き喚いた。「スティーヴ！　スティーヴ、大丈夫か？」。……それから、よろめきながら室内をうろつき、何かを探している。時折しゃがみ込む。あたかも迫撃砲の音が聞こえるかのように。それから恐怖に慄え、地面にうづくまった。……
> 「その時、迫撃砲が飛んできて、直ぐ傍の各個掩体壕に着弾したんです。……私は吹っ飛びましたが、すぐに立ち上がり、各個掩体に向かいました。そこには二人の兵士がいました。……上にいたのは曹長でした。死んでいました。頭が割れていました。……もう一人の兵士が下にいまし

た。まだ生きていましたが、脇のところが裂けていて、肺が見えていました。泣いていました。神様、今もその泣き声が聞えます。私は気分が悪くなり、頭がおかしくなりました。何も考えられません。悸えが来て、ほとんど動けません。……砲弾は周りに降り注いでいます。……今も砲弾の音が聞えます。……もう前線には戻れません。もうごめんです……」。

ここまで話すと、患者は片手で目を覆い、軍医官の肩に頭を埋めた。それから突然にっこりして言った。「名前を思い出しました。F……です。住所も思い出しました。神様、こうして話せるなんて、何という奇蹟でしょう[31]」。

これらの産科医や精神科医からの報告は、軍にとっては極めて興味深いものとなった。いずれの側も、薬物を用いた訊問の可能性に釘付けとなった。薬物は伝統的な訊問よりも、遙かに速く情報を獲得する可能性を秘めている。さらに、もしも薬物が本当に「真実」を強要するなら、それによって訊問中の誤情報の危険も減らせる。

ダッハウにて、SSのクルト・プレトナー博士は捕えた敵兵やスパイの訊問にメスカリンが使えるのではないかと考えた。ライプツィヒ大学の医学講師の職を辞した彼は、ダッハウ強制収容所の医学研究室に入り、囚人に対して高高度や低体温、マラリア、新処方のシアン化剤の効果を研究する人体実験を行なった[32]。彼の副研究の一つは、収容者のコーヒーに密かにメスカリンを添加し、その反応を観察するというものであった。ある者は眩暈を起し、ある者は怒り、ある者は眠気を催した。それから彼らに「最も言いたくない秘密」を訊問してみると、彼らはべらべらとそれを喋ってしまった。ダ

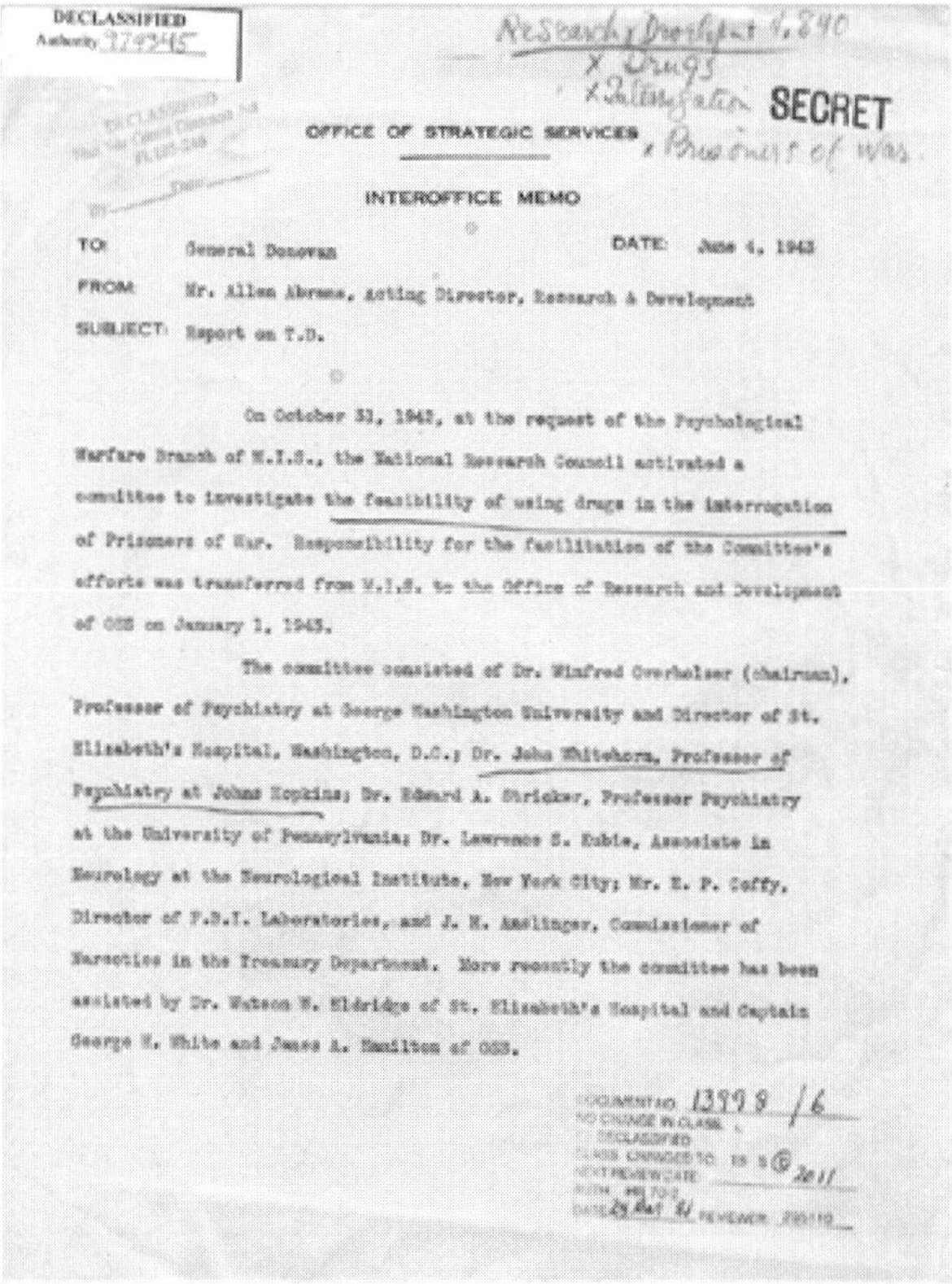

DECLASSIFIED
Authority 974345

SECRET

OFFICE OF STRATEGIC SERVICES

INTEROFFICE MEMO

TO: General Donovan DATE: June 4, 1943

FROM: Mr. Allen Abrams, Acting Director, Research & Development

SUBJECT: Report on T.D.

On October 31, 1942, at the request of the Psychological Warfare Branch of M.I.S., the National Research Council activated a committee to investigate the feasibility of using drugs in the interrogation of Prisoners of War. Responsibility for the facilitation of the Committee's efforts was transferred from M.I.S. to the Office of Research and Development of OSS on January 1, 1943.

The committee consisted of Dr. Winfred Overholser (chairman), Professor of Psychiatry at George Washington University and Director of St. Elizabeth's Hospital, Washington, D.C.; Dr. John Whitehorn, Professor of Psychiatry at Johns Hopkins; Dr. Edward A. Strecker, Professor Psychiatry at the University of Pennsylvania; Dr. Lawrence S. Kubie, Associate in Neurology at the Neurological Institute, New York City; Mr. E. P. Coffy, Director of F.B.I. Laboratories, and J. H. Anslinger, Commissioner of Narcotics in the Treasury Department. More recently the committee has been assisted by Dr. Watson W. Eldridge of St. Elizabeth's Hospital and Captain George H. White and James A. Hamilton of OSS.

DOCUMENT NO. 13998 /6
NO CHANGE IN CLASS.
DECLASSIFIED

戦略情報局のメモの表紙。1943 年 6 月 4 日。（Record Group 226, entry 210, box 346, WN 13398, National Archives）

ッハウからの情報報告は頭がおかしくなるほど簡潔である。プレトナーは収容者に、性的な空想について、それに看守に対する怒りについて訊ねた。曰く、「まともな人間は実験中もまともであった……が、精神的抑制はほとんど起らず、憎悪と復讐心はあらゆる事例において明らかとなった」。それでも彼はメスカリンの軍事利用の可能性には満足できず、「自分の意志を別の者に課すことは……最大量のメスカリンを投与しても、不可能である」と述べている。[33]

ナチスがメスカリンを研究していた頃、合衆国戦略情報局（OSS）は特別委員会を招集し、戦争捕虜の訊問のための薬物の研究に当たらせた。委員会には傑出した科学者、諜報機関当局者、そして少々意外なことに、連邦麻薬局の初代局長J・H・アンスリンジャーがいた。

アンスリンジャーがこの委員会に属していたことは興味深い。というのも、この委員会は自白剤の候補としてマリファナの試験的投与を実施していたのである。そしてアンスリンジャーは断固たるマリファナ批判派であり、これを「若者殺し」と呼んでいたほどであった。彼は既に「全ての親は子供たちに対して、マリファナの恐るべき作用を教え込む必要がある。……この敵に関して、絶えず力説し続け、同様に絶えず教育を続けなければならない。これは何世紀も前から続く殺人と恐怖の記録である」と公言していた。[34]だが彼の参加は、この委員会の人選と発見の中の数多い異常性のたった一つでしかない。後に委員となった諜報員ジョージ・H・ホワイトは、その活動分野のスキルを委員会の学者たちと共有した。彼は後に、CIAの最も奇妙なLSD研究に携わることとなる。

委員会はメスカリンが訊問用に軍事利用が可能かも知れないという証言を等閑視したが、三人の将校が一九四三年一月、自発的にフィラデルフィアの病院でその実験を試した。この薬物にはリラックス効果はなく、また人から何ら情報を引き出すこともなかった[35]。

次に委員は、ニューヨーク・シティの神経学研究所に入院していた下士官兵にマリファナを試してみることにした。実験はさまざまな用量・用法で行なわれた。マリファナの液体を経口投与したところ、身体的な不快感が生じたものの、兵士たちは如何なる機密情報も明かすことはなかった。次に彼らは、職員が働いている部屋にマリファナ・ガスを噴霧した。このエアロゾル噴霧法はある程度の見込みがあると判断した彼らは、次にマリファナを含有する煙草を試してみた。これもまた見込みがあった。「この物質を適量処方することにより、責任能力欠如の状態をもたらし、被験者は饒舌となり、自由に情報を開示するようになると考えられる（その情報の中には、薬物の影響下を除いては彼が決して明かしてはならないと考えているものもあった[36]）」。

委員は最後に、この薬物の実地調査を依頼した――志願者にではなく、実際の人間にである。一九四三年五月、密かにマリファナの添加された煙草が、ニューヨークのとあるギャング（リトル・オーギー）に供与された。彼はそれまで、さまざまな犯罪に関して口を閉ざしていた。実際、訊問官は「対象は自分がこれまでに情報を漏したことがなく、また密告者を殺す役割であったという事実に誇りを持っていた」と報告している。二本の煙草を投与すると、リトル・オーギーは饒舌になり、犯人の名を挙げ、膨大な情報を明かした。さらに彼は、長年にわたってとある有名な麻薬取締局の高官に贈賄しており、また彼の仲間（ホークアイ）は飲食業査察官に贈賄して店内での賭博を許可させ、また二人の取締官が酒類業者を脅迫していた、ということまで明らかにした[37]。

この有望な結果にも関わらず、委員会は自白剤としてのマリファナの使用について、多くの警告を発した。例えば、この薬物の効能には個人差があり、故に投薬量が極めて重大である。一方、低量の投薬では、被検体は喜ばしいリラックス状態となり、自由に話し始めて「自由奔放かつ無分別に個人的な逸話を」語った。[38] 最終的に、委員会はマリファナの可能性に惹かれた――もしも秘密裏に処方するなら。この秘密裡の処方は、ＣＩＡの支援による次の研究、すなわちＬＳＤに関して悲惨な結果を引き起こすこととなる。

一方、自白剤としてのアンフェタミンに興味を抱く軍人もいた。これは単独で用いたり、信じがたいことだが、他の鎮静薬と組み合わせて用いたりもした。組み合わせる理由は、鎮静薬によって囚人をリラックスさせ、アンフェタミンによって「考えたり虚偽を組み立てたりする時間を与えないほど」爆発的に喋らせることができると考えられたからである。[39] とある初期の報告書では、無許可で離隊した兵士の事例が挙げられている。連れ戻された時、彼は離隊中のことは何も憶えていないと主張した。この兵士にメタンフェタミンを投与して訊問すると、彼は高飛車になった――こんな薬では絶対にトリップしたりしませんよと。だが薬が効いてくると、「彼は自分がもはや躊躇できなくなっていること、考えたり注意したりする間もなく喋っていること、さらにはそれをどうすることもできないということに気づいた」。勝ち誇った医師たちはこの訊問から多くの情報を引き出し、この患者が全てを憶えていることを示した。

問：君の最初の仕事は？

答：その――厨房です。

問：どのくらいそこで働いていた？
答：解りません……どうか……たぶん二ヶ月くらいで……
問：ソーシャル・セキュリティ・カードを持っていなかったのか？
答：もちろん、持っていました。その……
問：カードをどこで手に入れた？
答：普通はどこで手に入れますか？　郵便局です……
問：郵便局では何か訊かれなかったか？
答：もちろん訊かれました。
問：君の年齢は訊かれなかったか？
答：もちろん訊かれましたけど……
問：誕生日はいつだと答えた？
答：一九二四年五月六日です……オー、ジーザス……［患者は両手を揉み合わせ、涙を流し、訳の解らないことを言い始めた。「あいつら、俺に本を投げつけやがる、今」][40]

　自白剤を用いた訊問の事例で最も有名なものは、一九四五年に行なわれた副総統ルドルフ・ヘスの訊問である。その何年も前（一九四一年五月一〇日）、ヘスは単独対英講和のためにメッサーシュミットを奪取してスコットランドに着陸した。彼の行動はあまりにも奇妙であったため、戦争終結まで彼は精神病院に収容されていた。そこで彼は自殺を図り、常に痛みと痒みを訴え、職員から神経毒と「駱駝の腺分泌物」を盛られていると主張した。食事の際には、突如として看守と皿を取り換えたりした。毒を疑ってのことである。ヘスはまた、英国人は騒々しいトラックに病院の横を走らせて睡眠を妨げていると信じ込んでいた。[41]

だが、ヘスの最も顕著な症状は健忘であった。訊問中、彼は何も憶えていないと主張した。彼の記憶喪失は明らかに異常であった。一貫性なく消えたり甦ったりし、時にはとても信じられないほど広範囲に及んだ。例えばヘスは、スキーとは何か、あるいはシェイクスピアとは誰かを知らないと主張したりした。囚人はしばしば、訊問時間短縮のために記憶障害を主張する。ヘスは単なる詐病者で、健忘症をでっち上げただけなのか、それとも解離を起していたのだろうか？　一九四五年五月一七日、ヘスは記憶の回復のためにアミタールの服用に同意したが、有益な情報は何一つ聞き出せなかった。[42]

ヘスはその後、ニュルンベルク国際軍事裁判で戦争犯罪を裁かれた。この法廷ですら、彼は健忘症を主張し続けた。主任検事ロバート・ジャクソンは憤慨し、もう一度彼にアミタールによる訊問を受けさせようとしたが、ヘスは拒んだ。つまりこの二〇世紀で最も有名な裁判では、証言を引き出すために自白剤の使用が試みられたということになる。だが先にヘスにはアミタールが効かなかったことからすれば、ニュルンベルクで新たな情報が明らかになっていたかどうかは疑問である。

薬物による訊問の倫理、およびそれによって引き出された情報の正確さに関しては今なお論争が続いている。[42] だが合衆国では、この問題は一九六三年、タウンゼンド対セインの最高裁判決で最終的に解決した。一九五四年元日、シカゴ警察はチャールズ・タウンゼンドを強盗殺人罪で逮捕した。[44] タウンゼンドはヘロイン中毒で、最初の訊問の際にはハイな状態であった。そこでは彼は犯行を否認した。

だが獄中で禁断症状に陥ると、矯正医官は彼にフェノバルビタールとスコポラミンを処方し、これによって禁断症状は収まった。それからタウンゼンドは再び訊問を受け、今回は自供した。被告人とシカゴ警察の双方が証言のあらかたに同意した。

だがタウンゼンドは、自分は警官の殴打を受けた、さらに酷い禁断症状にあった時、自供すれば医者に診せてやると約束された、と主張した。タウンゼンドはまた、投薬後、眩暈がして眠くなり、視界がぼやけたとも証言した。彼はそのまま寝てしまい、気がつくと何かの書類に署名していたのだという。彼はそれを保釈保証書だと思ったのだが、実際には供述調書だった、というのである。警察はこれらの申立てを否定した。

シカゴ陪審は彼を有罪とし、死刑判決を下した。何度かの上訴請求の後、最高裁は下級裁判所がその自供は理性的な知性と自由意志によるものなのか、あるいは強制によるものなのかを十分に考量していなかったことを根拠に、タウンゼンドに有利な判決を下した。[45] ポッター・スチュアート判事は簡潔に告げた、「薬物の処方によって引き出された自供は刑事訴訟においては憲法上認められない」[46]。

憲法で禁じられていようといまいと、薬物の影響下に得られた自供は信頼に足らない、何故なら薬物は無実の者からも自供を引き出しうるからである、という事実は残る。中には実際には起らなかったことを憶えている（別名「虚偽記憶」）という事例もある。それが当人の無意識に根差すものであれ、あるいは訊問官の暗示によるものであれ。

その認識が作られたのは、奇妙なことに、一九五三年の第六回国際刑法会議での教皇ピウス一二世の声明であった。彼は特に催眠分析を批判し、それはしばしば誤った結論を生み出していると述べた。

これは明らかに、共産党政権下における自供の強制を念頭に置いている。彼はこの批判を、自供の強制に反対する長年の教会の方針と結びつけた。それは今から一一〇〇年前に作られた方針であるという。

司法調査では、精神的・肉体的拷問と催眠分析を除外しなければなりません。それは第一に、被告人が本当に有罪であったとしても自然権の侵害になるからであり、第二に、あまりにもしばしば誤った結果をもたらすからです。彼らにとって、自供［を引き出すことに］成功することは稀ではありません……［被告人が］本当に有罪だからではなく、その体力が……消耗し、何であれ言われた通りにしようという気になってしまうからなのです。……私たちは、そのような自供が為された、有名な公開裁判に、そのような事例を数え切れないほど見ています。……

一一〇〇年ほど前の八六六年、偉大なる教皇ニコラス一世は……自供は強制されてはならず、自発的なものでなくてはならない、引き出されたものではなく、自由意志によるものではならない［と仰いました］。……以来、永きにわたって私たちは……司法がこの規則から離れないように［と願っていました[47]］」。

訊問に関しては、教皇が自らを天使の側に置く一方で、意外な著名人が自白剤の使用を擁護してきた。国連人権規約の草稿が作成されていた一九五〇年、意外な議論が巻き起こった。委員らは既に「何人も、拷問又は残虐な、非人道的な若しくは品位を傷つける取扱い若しくは刑罰を受けない」と

ピウス 12 世（©DeA Picture Library / Art Resource, NY.）

いう条文には賛同していた。この時、エジプト代表A・M・ラマダン博士が、共産主義諸国とフランスで自白剤が用いられていることを引いて、自供を得るための自白剤の使用を禁ずる一文を入れるように要求した。驚いたことに、委員長エレノア・ルーズヴェルトはラマダン博士の意図を称讃はしたが、「これに関しては現状、あまりにも情報が少なすぎるし、ひとつの特定の薬物を指定して禁止するのは危険かも知れない、と反論した[48]」。自白剤の使用禁止はこの草稿には盛り込まれなかった。

自白剤と目される薬物の実験的使用も問題を孕んでいる。実験室での研究は「架空モデル」であり、そのモデルは興味深くはあるが、決定的なものではない。実験は実際の訊問をシミュレートするものであるが、倫理上の理由で、例えば捕虜に自白剤を投与して機密事項を聞き出すような場合の状況を完全に再現することはできないからである。

一九二四年、ニューオリンズの記者らは、一連の質問に対する誤った回答を根気よく記憶し、その後、スコポラミン投与下で訊問を受けた。嘘の情報を提供しようとする彼らの努力は失敗に終わり、彼らは自分の信ずる回答をしたのだった[49]。

だがこのような研究は、薬物が現実世界の環境においても有効であるということを証明することにはならない。人はスコポラミンを投与されると確かにほろ酔いのような状態になるが、薬物は彼らに話すことを強制しうるのか？　さらに問題なのは、話し始めたとして、それは真実なのか、それともうわ言を言っているに過ぎないのか？　*In vino veritas* という古い諺は、人は酩酊するといろいろ明かすという意味であるが、無論、酔っ払っている時には戯言も話す[50]。また、鎮静剤を投与された患者が訊問官に対して被暗示性が強まり、事実ではなくとも訊問官が知りたがっていると患者が思うことを明かすという懸念もある。

イェール大学の研究グループは、異なる構想を試してみた。[51] ボランティアを募り、「興味深い心理学実験」への参加を求めたのだ。彼らは被験者に対して、まずは精神鑑定を受けるよう求めた。ある者は「正常」と診断され、またある者はさまざまな感情的問題、例えば完全主義や性的不安などを抱えていることが明らかとなった。第一の研究者はボランティアに対して、屈辱や罪悪感に関係していると思われる出来事について話すことを求めた。次に彼は、その出来事を誤魔化すための作り話をでっち上げて、第二の研究者から訊かれても本当のことを言わないように、と命じた。第二の研究者は、その出来事のあらまししか聞かされていない（例えば「金銭問題」とか）。それからボランティアにアミタールを投与する。被験者は本当の出来事を明かすだろうか、それとも作り話の方を語るだろうか？

面談を受けた九人の被験者の一人であった大学院生は、カネに困窮している両親が彼の教育費として貯金していたカネを遣ってしまったことに罪悪感を抱いていた。実際には、彼がカネを遣った目的は政治運動であったのだが、彼がでっち上げた作り話では恋人の中絶費用として両親のカネを遣ったということにした。アミタールを投与すると、彼は作り話の方を話して、実際のカネの使い道は明かさなかった。

他の三人の被験者もまた作り話の方を話した（すなわち、アミタールは本当の秘密を引き出せなかった）。そしてこの三人は、この集団内で心理学的に最も健康と診断された人々であった。さまざまな感情的問題があると診断されていた他の六名は、作り話を主張し続けるのが困難であった。二人については、アミタールは作り話の壁を突き破って真実を引き出し、他の四人に関しては真実の一部が部分的に明らかになった。研究者たちは、アミタールへの感受性は個人の心理的健康に懸かっていると結論した。「われわれに自供を、あるいは抵抗を強いる根源的な力はわれわれの中にある」。

後の研究者たちは、イェールの研究を巧妙に延長した。健康な学部学生を選んで、バルビツールの静脈注射、アルコール、スコポラミン、モルヒネ、アンフェタミン、アトロピン、そしてメスカリン(やれやれ!)への反応を繰り返しテストしたのだ。薬物投与の前に、被験者は何か個人的な事柄——母親の名前とか——を書かされ、面談中にそれを絶対に明かさないように、と命じられる。それから研究助手が、彼らに尤もらしい軍事機密(「この部隊は火曜日の午後に到着する」)を教え、それもまた明かさないようにと言う。最後に、研究者はイェールの「作り話」の手順を再び用いた。被験者は屈辱的な出来事を思い出し、それを誤魔化す作り話をせよと命じられるのだ。四時間から八時間に及ぶ薬物訊問で、研究者らは被験者から情報を引き出そうと努めた。被験者の中に軍事機密を洩らしたり個人的な話を明かしたりした者は一人もいなかったが、二人は作り話の一部を明かした。言い換えれば、確固たる人工的・実験的状況の文脈においては、自白剤は学生たちの口を確実に「割らせる」ことはできなかったのだ。たとえ「半昏睡状態で、軽い譫妄を起こし、恐慌を来し、著しく饒舌で、多幸的で、あるいは一時的に解離的な反応を示す」状況にあっても。[52]

アミタールを用いたもう一つの実験が、ニュージャージーの陸軍病院で行なわれた。[53] 患者はさまざまな軍紀違反のために罪悪感を抱いていたが、その罪は否認していた。彼らは精神科医と面談し、これからアミタールの訊問を受けることになるが、たとえこの実験中に何を明かしたとしても、それが軍法会議で用いられることはない、と説明を受けた。つまり目的は、精神科医が実際の犯罪に関する真実を確実に引き出せるか否かを判定することなのだと。この研究は、学生に対する人工的な実験よりも現実世界に於ける軍事訊問に近いものであることにご注意戴きたい。実験開始前、精神科医はじっくりと時間を掛けて囚人たちと人間関係を築き上げた。さらに、精神科医はすぐに犯罪に関する質問に移るのではなく、しばらくの間、囚人たちを安心させるような話題についてお喋りした。「まあそれについては後で話そう」。

　これらの努力にもかかわらず、アミタールは確実に真実を聞き出すものとは言えなかった。アミタールの有効性に疑問を投げかける興味深い特徴が明らかとなったのだ。実験者たちも述べているように、健全な信頼関係《ラポール》が形成されない限り、訊問は成功しない。だがその場合であっても、協力を引き出すにはアミタールの大量投与が必要であり、だがその結果として意識は不明瞭となり、話は曖昧なものとなる。患者は無関係な空想を延々と呟いたり、喚いたりするだけになってしまうのだ。さらに重要なことに、実験者たちも指摘しているように、「患者の時間感覚の消失のために、日付や特定の場所に関する証言は信じるに値しないもので、しばしば矛盾している。名前と出来事に関する真実性にも疑問がある。患者が意図的に真実を隠そうとしていないにも関わらず、しばしば矛盾する陳述が為される」。

　訊問で用いられる薬物に関する優れた批評を書いたルイス・ゴットシャルクは、文献から得られる幾つかの重要な教訓を指摘している。[54] 彼は、薬物の効果はその薬理学上の効能のみに依存するものではないということを強調している。多くの者がプラセボの影響を受ける——ある薬にはこれこれの効能がある、例えば苦痛を緩和するとか自白を強要する効果があると言われれば、三〇%の者はたとえその薬が不活性であったとしてもその効果を感じてしまうのだ。同様に、薬物の処方の仕方もまた重要である。安心できるような雰囲気で、しかも（少なくとも当初は）低容量の処方であれば、被験者はリラックスし、警戒を解く。ゴットシャルクはまた、いきなり一触即発の話題について話し始めるのは誤りだと警告している。むしろ面談は、最初は比較的当たり障りのない問題に集中する方が生産的である。少なくとも、被験者の中に幾許かの信頼が生まれるまでは。

もう一つの論文で、ゴットシャルクは一貫して「全てのインフォーマントに、手持ちの情報の全てを報告することを強制できるような〈自白剤〉など存在しない」と断言している。むしろ人は、薬物の影響下においても嘘をついたり、真実を歪曲したりすることができる。被暗示性の高い人、権威を畏れる人、罪悪感や抑鬱に苛まれる人ならば情報を漏洩する可能性が高くなるが、それでもなお無意識の内に情報を歪曲したり、事実と空想を取り違えたりするかもしれない、と彼は言う。「このような状況では、訊問官にとって、何時供述が事実から空想へ転じたのか、何時インフォーマントが深い催眠状態を装いながら実際には嘘をつき始めたのか、催眠状態で語られた矛盾する物語のどの部分が真実なのかを判断すること、そして薬物の影響下にある被験者から決定的な情報を得られない時、どの時点でインフォーマントが実際に有益な情報を持たないと判断するかは極めて困難である[55]」。

こうした見解に基づき、ゴットシャルクは訓練によって軍人を自白剤に抵抗できるようにすることは可能だと信じた。如何にして兵士を守るかについての彼の提言は、冷戦たけなわの時代——朝鮮戦争及びその後の一〇年間——に莫大な重要性を帯びるようになった。

インフォーマントは、薬物それ自体には真実を話させる強制力はないということを知らねばならない。確かにそれは彼を饒舌あるいは感情的にし、精神的混乱や半睡眠状態に陥らせはするが。……どれほど奇妙、あるいは不快な反応を体験したとしても、インフォーマントが恐慌を来す必要はない。何故ならこれらの反応は……［一時的なものだからである］。インフォーマントは……薬物を投与されてすぐに傾眠、混乱、失見当を［装うことにより］訊問官を当惑させることができる。また、空想を楽しむこともできる。恐ろしい空想であればあるほど良い。矛盾する物語を話すこともできる。精神病を装うこともできる。……このような工夫により、彼は訊問官の心の中に、自分の提供する情報に対する重大な疑念を惹き起こすことになる。

だがゴットシャルクは、この問題の本質を見誤っていた。政府の次の挑戦は、如何にして情報漏洩から兵士を守るかではなかったのである。むしろ逆であった。断固として兵士に特定の観念を植え付けようとする――すなわち、転向させようとする――敵から、如何にして兵士を守るか？　この問題は、五年後に朝鮮と中国で発生する。

第4章　冷戦、朝鮮への序曲

戦争の不可避性を根絶するために、帝国主義の終焉が必要である。
スターリン、一九五一年

一九四五年に平和が到来すると、世界はほっと一息ついたが、それも束の間であった。まだ降伏に関する論議が進行中の頃から、かつての連合諸国は互いに、別の種類の戦争に備えていた——世界的な大火ではなく、小さな戦争を差し挟んだイデオロギーとイデオロギー、教義と教義との絶え間なき戦いである。チャーチルは一九四六年に警告した。「合衆国は今回、世界の大国の頂点に立ちました。……今朝、静寂の中でここに立ち、私は今、実際には人々に何が起っているのか、そしてこれから何が起るのかを思い浮かべ、思わず身震い致しました。……つい最近まで連合国側の勝利によって光輝いていた状況に影がさして参りました。……バルト海のシュテッティンからアドリア海のトリエステにかけて、大陸を遮断する鉄のカーテンが降ろされたのであります」[1]。

ソヴィエトは中央および東ヨーロッパを占領し、全世界でソヴィエトとアメリカは代理戦争において、および互いが支援する政権の不安定化の試みにおいて対決した。西側はソヴィエトを野蛮な全体主義と呼んだ。ソヴィエトは西側を帝国主義、レイシストと呼んだ。スターリンは彼が「穏健派ファシズム」と呼ぶ民主主義的機構への信頼を打ち砕くことに血道を挙げた。[2]

冷戦は単に帝国、領土、通商のみに留まらなかった。それはまたリベラルな民主主義と共産主義の間の教義上の戦争でもあったのである。国防長官ジェイムズ・フォレスタルは思慮深くも、合衆国が直面しているのは敵国なのか、それとも敵性教義なのかは定かではないと述べた。[3] 冷戦は信条と信条の戦いであり、その目的は敵の改宗である。当然、この長期に及ぶ戦いは洗脳に対する関心を育んだ。洗脳の発達の文脈を理解するためには、冷戦の初期の展開を概観するのが助けとなる。表2は冷戦初期の簡易的な年表である。

第二次世界大戦後の勝利と安全の感覚は消滅した。第二次世界大戦後の平和の夢は蜃気楼であり、新たな悪夢の脅威が迫っていた。[4] 中国が共産化され、一九四九年、ソヴィエトは原子爆弾を爆発させた。一九四〇年代末までに、冷戦は世界を席巻していた。早くも一九四五年、広大なソヴィエトのスパイ網がカナダで、その後アメリカでも摘発され、ウィテカー・チェンバーズとアルジャー・ヒスに関する事実が暴露された。英国の諜報機関もまた同様の暴露を受けた。

多数のスパイの巣（両陣営の）の暴露に加えて、共産主義者による人質誘拐という目の離せない問題もあった。今日においてすら、人質誘拐は稀ではない。主としてカネや復讐のために毎年、およそ二〇〇〇人のアメリカ人が世界のどこかで人質となっているのだ。[5] だが冷戦初期の頃には、その目的は

表2　冷戦初期簡易年表

1945	ナチス・ドイツ降伏
	広島、長崎に原爆投下
	日本降伏
	ソヴィエト連邦、中央および東ヨーロッパを占領
	ルーズヴェルト死去
	ソヴィエト亡命者、カナダおよび合衆国に対するソヴィエトの徹底した諜報活動を暴露
1946	チャーチル、「ヨーロッパに鉄のカーテンが下ろされた」と警告
	スターリン、共産主義と資本主義は両立不可能と宣言
	アメリカ、ドミノ理論によってギリシアおよびトルコ支援は正当化されると断言
	イラン、蘭領東インド諸島、ラトヴィア、仏領インドシナで武力衝突
1947	トルーマン・ドクトリン―共産主義の脅威に直面する諸国に対する援助
	ヴォイス・オヴ・アメリカ放送開始
	ＣＩＡおよびコミンフォルム（共産党・労働者党情報局）発足
	ジョージ・Ｆ・ケナン、共産主義封じ込め政策
	〈赤の恐怖〉と非米活動調査委員会
1948	ベルリン封鎖開始
	ソヴィエト、ヴォイス・オヴ・アメリカを電波妨害
	ソヴィエト、チェコスロヴァキアでクーデター
1949	NATO 結成
	ベルリン封鎖終了
	毛沢東、蒋介石に勝利
	ロシア、核開発
	枢機卿ミンツェンティ、公開裁判
1950	朝鮮戦争勃発
	マッカーシー時代到来
	ローゼンバーグ事件
	クラウス・フックス、ソヴィエト連邦のためのスパイ行為を自供
1951	ドナルド・マクリーンおよびガイ・バージェス、イングランドからモスクワに亡命
	共産主義封じ込めに関する条約―ＡＮＺＵＳ、相互安全保障法
1952	トルーマン一般教書演説―「我々は、危険に満ちた時代を進んでいる。……依然として世界は、更なる世界大戦の影の中を歩んでいるのである。」
1953	スターリン死去
	アイゼンハワー就任
	朝鮮戦争停戦
1954	ＫＧＢ発足
	ＣＩＡ、グァテマラにてクーデターを煽動
	合衆国上院、上院議員ジョセフ・マッカーシーを譴責
1955	ワルシャワ条約発足
	国務長官アレン・ダレス、大量報復戦略を発表

カネではなく敵の鹵獲《ろかく》であり、これを連れ去って自供させたり寝返らせたりすることにあった。これらの誘拐はヨーロッパに限定されていたわけではない。日本および韓国、さらには合衆国でも幅広く発生していた（例えば一九四八年のカセンキナ事件）[6]。これらの誘拐は、敵はどこにでも潜んでいるという恐怖の事実を思い起こさせた。

私は一九四〇年代と一九五〇年代のアイオワで育った冷戦っ子である。スターリンの公開裁判は過去のものとなり、世界は敵の排除を目的とした戦争から回復しつつあった。一方冷戦の目的は敵の改宗である。私には洗脳が用いられた冷戦の事例の一つについての微かな記憶がある。私には今も、ハンガリー人枢機卿ミンツェンティ・ヨージェフが合衆国大使館のバルコニーから外を見つめているところが「見える」。オーストリア＝ハンガリー帝国の民族主義者であり、妥協なき保守派カトリック指導者であったミンツェンティは左派と右派の両方によって繰り返し逮捕された。彼が如何なる全体主義にも、またカトリック教会への介入にも断固として反対したからである。共産主義者は数ヶ月にわたって彼を拷問した末、一九四九年に公開裁判に掛け、終身刑の判決を下した。彼の最後の拘留は七年におよび、内四年は独房監禁であった。一九五六年にハンガリー動乱が勃発すると、ミンツェンティは脱獄し、合衆国大使館に逃げ込んだ。彼は一九七一年までそこで暮らした[7]。

一九四八年に逮捕される直前、彼は信者に対して、自分が獄中から行なう自供は全て嘘である、何故ならどうせ拷問を受けることになるだろうから、と言い残していた。そして実際、裁判の前に彼は反復的な殴打を受け、睡眠を遮断された。栄養失調に陥り、体重は半分になった。さらに、拷問を受ける他の囚人たちの絶え間ない悲鳴が彼を苦しめた。それでもなお、彼は自供を拒んだ。訊問中、彼は民衆に逆らうようなことは何もしていないと誓った。これに対して訊問官は言った、「もしそれが事実なら、お前はここにはいない」[8]。この対話の流れは、異端審問やスターリニストの訊問でもお馴染みのパターンである。それはこれ以後の強圧的説得の事例において、世界の至る所で繰り返されることとなる。

枢機卿は（いみじくも）薬物を懸念し、感情を失い、独房で幻覚を見るようになった。供述書に署名するまで殴打は続くと告げられ、もしも署名しないなら、老いた母親を訊問に掛けると脅された。訊問官は善い警官と悪い警官とを交代したが、彼は一貫して自供を拒み続けた。だが最終的に、さすがの彼も疲労困憊の極みに達した。何より堪えたのは孤独であった。彼は言う、「騒音にも悩まされたが、独房監禁の静寂もまた、同様に徐々に神経を破壊した。……囚人は……時計すら持てない。だから時間の経過を知ることすら困難となる。無活動は、孤独に拍車を掛ける。……獄中での最大の苦痛は単調さであり、それは遅かれ早かれ神経系を粉々にし、魂を細らせるのだ」[9]。

この圧迫の下、訊問官は彼に荒唐無稽な罪を自供するよう要求し（例えばハンガリーの戴冠用宝玉を盗んだとか）、さらに彼の手紙から歪曲して引用したものを罪の証拠だとした。陰謀に加担した者の名を問うと、彼は躊躇いながら、二人の故人の名を挙げた。この部分的な自供により、訊問官は勢いづいた。最終的に彼は供述書に署名したが、その署名に奇妙な略語を付け加えた――C. F. と。これはラテン語で *coactus feci*（「我強要セラル」）を意味する略語である。この古い表現は、教会によって何度も用いられて来たもので、ミンツェンティはそれがトルコによるハンガリー侵略の時代、供述書への署名を強要されたカトリックによっても用いられていたということを知っていたのだろう[10]。一八世紀後半

ハンガリーの枢機卿ミンツェンティ・ヨージェフ（1892 − 1975）。スパイ容疑による 1949 年の裁判にて。（©Tallandier / Bridgeman Images）

の教皇クレメンス一四世もまた、イエズス会弾圧を強要された際にこれを用いた。[11]

数ヵ月に及ぶ訊問の後、ミンツェンティは叛逆罪と闇市場での取引を自供し、二日に亘る公開裁判に掛けられた。何かに取り憑かれたようなその容貌は西側を不穏にさせ、彼もまた共産主義者による謎のマインドコントロールの被害者であると確信させた。

英国議会の議員らは、枢機卿がこのようなありそうもない罪を自供したことに衝撃を受け、共産主義者は彼に薬を盛ったに違いないという噂が流れた。ある下院議員は問うた、「鉄のカーテンの向こうのこのような裁判の、これら囚人の態度は、意志と意識を全て麻痺させる薬物の使用を意味しているのではないか?」[12]。CIAもそれに同意した。ミンツェンティの空虚な目と単調な声は「彼が何らかの謎の幻覚性の薬物の影響下にあったか、あるいは催眠後のトランス状態で被告人席に立たされたこと」[13]を示唆していると。彼の状況を描写するのに、*brainwashing* という言葉を用いた者が誰もいなかったのは、この語が造語されるのはその一年後だからである。だが新聞報道や政府発表は、何か真に注目すべきことが起った——共産主義者の不可解な影響力が行使されたという結論を出した。

枢機卿の自供が、何らかの新たな、驚愕すべき「闇の説得術」の結果であったのかどうかは判らない。とはいえ数ヶ月に及ぶ虐待、独房監禁、拷問を考えれば、洗脳でなくとも訊問に屈服して自供してしまうのも理解できる。そう考えない理由は何もないのだ。さらに、もしも彼が洗脳されていたのだとしたら、供述書の署名の中に秘密のメッセージを埋め込んだりするだろうか? それは次のように言っている、「この自供は暴力による強要の下で為されたものだ」と。最後に、彼の顔に血の気がなかったことは、疲労困憊の反映である。どうして彼を、映画『カリガリ博士』(一九二〇)や『フランケンシュタイン』(一九三一)のような、マインドコントロールされたゾンビだと結論できよう? 彼は疲労困憊し、苦痛を受け、精力を使い果たしたように見えたが、それは黒魔術によるものではなく、実際に疲労困憊し、苦痛を受け、興奮剤とメスカリンの混合物を盛られていたからなのだ。[14] とはいうものの、ハンガリー人が共産主義者の秘密の技法を用いたのだという主張には一片の真実がある。訊問官は方法論的であり、かつ忍耐強かった。睡眠遮断が自分たちの最も強力な道具のひとつであることを認識するだけの洞察力も持ち合わせていた。シェイクスピア曰く、「眠る者は歯痛を感じない」。この台詞は、次のように言い換えた方がより正確であっただろう、「眠る者は苦痛を感じない」[15]。

共産主義者の秘密の説得術という問題は、一年後に先ず中国、そして朝鮮からの報告が漏れ出てくるようになると、さらに説得力のあるものとなって再燃した。延々と続いた国共内戦の間、中国に留まった西側の宣教師、学者、記者が数多くいた。一九四九年、毛の軍隊が最終的に勝利を収めると、これら西洋人と多くの中国人知識人が中国人に捕縛された。これらの囚人に対して、中国人は奇妙な訊問と教化の手法を用いているという噂が広まった。

監禁されていた人々による無数の手記が存在しているが、特に興味深いのはアリンおよびアディール・リケットの作品である。一九五一年から一九五五年までスパイとして投獄されていた彼らは中国で研究していた大学院生であったが、獄中での取扱いには明らかに異常なものがあった。リケット夫妻は、彼らの投獄の理由は処罰ではなく、再教育であると言われたのだ。今後、獄中での時間は人生に対する新しい見方を学び、学習と相互批判を通じて思想を改革するために使うように、と。[16]

政治犯は苛酷な扱いを受け、延々と続く訊問と教化の対象となった。訊問官は彼らに、知識人は「人民」ではない、彼らは自らの罪を認識するようになるだろう、と告げた。そして彼らのような西洋からの訪問者は学問という仮面の裏に真意を隠した帝国主義の傀儡に他ならないという事実を。囚人たちは長い自伝を書くことを求められたが、何を書いても不十分と批判され、また初めからやり直しさせられた。自伝の些細な矛盾は、嘘をついている証拠であると見做された。

これらの取扱いの多くはロシアの訊問戦略をなぞっているが、中国人はさらに、説得のための新たな武器を導入した——同調圧力である。政治犯は他の囚人と共に小さな監房に閉込められて連日、自らの罪を告白することを強制され、さらに他の囚人から厳しい批判を受ける。全員が間もなく、虚偽の告白を見抜くようになり、徹底して率直になる(「その戯言で誰を騙そうとしたのか?」)。共産主義者の幹部は、腹蔵ない告白を奨励した。「われわれが聞きたいのは、君らの正直な考えだ。正直であるために叱責された者はここにはいない。だがもしも嘘をつき、のらくらとかわし、自分以外の者を装おうとするなら、われわれはそれを好まない。……君らは重大な犯罪を犯した。それは正しかったのか否かを考え始めるべきだ。さあ、君ら同士でそれについて話し合いなさい」[17]。

世界から遮断され、読まされるのは共産主義のプロパガンダのみ。リケット夫妻と他の囚人たちは共産主義の理論の学習を強制され、絶えず共産主義に関する講義を聴かされた。一人がだらけると、官房内の全員が処罰される。こうして常にお互い同士で圧力を掛け合うようにされたのである。

数ヶ月、時に数年にわたってこのような圧力を受け続けると、多くの者は自供し、その後解放されて中国から追放される。面談と新たな物語を通じて、彼らはこの試練の観点から世界を見るようになる。もちろん共産主義への改宗を撤回する場合もあるが、全員がそうしたわけではない。抑留中の体験によって、自分や世界に対する彼らの見方は変ってしまった。ある者は、西洋の帝国主義とレイシズムに比べてより善い世界を築くために一致団結して働く中国人民に魅力を見出す。彼らの自供に基づいて、マッカーシー主義者たちは合衆国への帰還者を叛逆罪に問うた。その結果、多くの元政治犯が世界の中での自分の居場所を失ったと感じることとなった。

釈放されたリケット夫妻は精神科医の診察の後に記者会見を受け、質問攻めにされた。ジャーナリストらは、アディールの「精神からは認識力が挽ぎ取られていた」と報告した。アリンは唐突に、ある意味で彼の中国での研究は実際にある種のスパイ行為であって、そう考えると実に寛大な取扱いを受けたと感じる、と公に認め、これもまた見下げ果てた怯懦《きょうだ》の証拠と見做された（「それほどまでに中国が気に入ったのなら、何故そこに留まらなかったのか?」）[18]。

政治犯の手記に加えて、中国の元囚人に関する研究も出現し始めた。中でも傑出していたのは、合衆国空軍の精神科医ロバート・リフトンの研究である。一九五一年、彼は一五人の中国人学者および中国から追放された二五人の西洋人と面談した。この詳細な面談（およびその後の、帰還したアメリカ人捕虜との面談）に基づき、リフトンは中国人の説得技術を意味する「思想改造 *thought reform*」という造語を生み出した。

思想改造は以前のロシアの手法に類似するが、強調点が異なる。ロシアでは自供の後に粛正、追放、殺害などが行なわれた。中国では、自供の目的は再教育と更正であった。当然ながら強制はあったが、そこには「犯罪的な思想を一掃し、新たな倫理規範を確立する」という伝道的情熱が含まれていた。リフトンは思想改造を死と再生のプロセスに喩え、公開自供を「法悦的悔悛と演劇的自責」としている。[19]

リフトンは、思想改造には諸段階があると示唆している。新たに投獄された中国人知識人は暖かい歓迎を受け、互いを知るように奨励される。そこには楽天主義と団結心の感覚がある。それから政治犯は旧社会の腐敗ぶりを教え込まれ、知識人たる彼らはこのような腐敗堕落した社会階層の出身なのだと示される。次に彼らは、自らの過去を浄化し、新たな社会の一員となることを奨励される。中国人はこの環境を完璧に支配し、囚人が外の世界から学ぶことがないようにする。彼らは潔白と告白、そして教義の絶対的な受容を要求される。幹部らはスローガンに満ち満ちた言葉を使い、世界を「人民」と「反動主義者」に二分する。これは後のカルトが喜んで採用することになるレシピである。

最後に、矛盾（あるいは葛藤）の段階がある。囚人は自己および仲間の学生たちを批判することによってこれまでの生活史を総括する――そこに非正統の兆しは無いか、常に眼を光らせながら。批判すべきものは多岐に亘る。「〈個人主義〉――ある問題に対して「科学的」マルクス主義のアプローチではなく、個人的な観点を適用すること。〈客観主義〉――不適切な超越主義、自分は「階級区分を超越している」と見做すこと……〈共産主義からの逸脱〉〈日和見主義〉……〈修正主義〉……〈党派主義〉〈理想主義〉そして〈親アメリカ的見解〉」。[20]

リフトンが述べているように、思想改造には自供の強制が付き物である。それもより忌まわしい内容であればあるほど良い。そして信仰復興主義にも似た集会があり、学生たちは国家が彼らの罪を洗い流してくれたことを祝福する。曰く、「自供は贖罪となり、救済に至る」[21]。

思想改造を受けた囚人は新たなアイデンティティを獲得するわけだが、結局のところこの新たな観念は釈放後も持続するのか？　リフトンによれば、釈放された囚人は茫然とする。よろめくように中国を出るが、悲しみと世界に対する困惑の感覚に苛まれ、罪悪感と恥辱に苦しむ。とりわけ、自分自身の文化の中でアウトサイダーとなったかのように感じる。

朝鮮戦争の捕虜の体験は、中国人知識人や西洋宣教師のそれとは異なっていた。これらの捕虜に対しては、中国人はさらに無慈悲な方法を駆使して囚人の抵抗力を弱め、しかる後に改宗を迫ったのである。この後、朝鮮におけるアメリカ人捕虜に用いられた技法について詳述するが、先ず初めに、歴史的コンテクストを明らかにしておくことが重要である。というのも、朝鮮戦争はアメリカ人にとって、最も忘れられた戦争の一つだからだ。

ほとんどの人は、洗脳を世に知らしめたこの戦争の詳細を思い起こすことはない。まずは地理的状況の認識が重要である。朝鮮内の距離はさほどない――ソウルは北朝鮮との国境から僅か三五マイルの所にある[22]。朝鮮半島は満州からぶら下がっているが、この満州はさまざまな時代に、西は中国の一部となり北はロシアの一部となった。この地理的配置のために、朝鮮の国境は侵略軍によって何度も乗り越えられた。日本は一九一〇年に朝鮮を併合し、さらに一九三一年には満州、一九三七年には中国を侵略した。日本の占領の影で目立たないが、当時は中国自体が内戦に苦しんでいた。

一九四五年に第二次世界大戦が終結すると、大日本帝国は押し戻され、国共内戦が再燃、一九四九年に毛沢東が勝利を収めた。以後、中国はロシアと緩い（そしてアンビヴァレントな）関係を結び、満州はロシアと中国に分割された。朝鮮は三八度線においてロシアの統治する北と、合衆国の統治する南に分れた。当時は無邪気にも、三五年に及ぶ日本支配の混乱の後、ロシアとアメリカが協力して朝鮮を安定化・発展させ、選挙が行なわれれば再出発させることができるだろうと考えられていたのだ。

一九五〇年六月、北朝鮮は突如として韓国を侵略、半島全体の掌握寸前まで行った。前線が北上すると、北朝鮮を助けるために中国軍が雪崩を打って国境を越えた。戦争全体を通じて、前線は北へ南へと何度もふらついた。主として中国、ついでロシアが北を、合衆国と国連が南を援助した。[23] ある段階で、ダグラス・マッカーサー元帥が北に対して華々しく攻め込んだ——これがあまりにも成功したので、この戦争自体がロシアおよび中国との直接対決にエスカレートするのではないかと危ぶまれたほどである。アメリカはトルーマン大統領が反抗的なマッカーサーを解任した後、共産主義の脅威に取り憑かれるようになっていたのだ。そして戦争は続いた。

この激しい戦争で、数百万もの人間が死んだ。どの季節が戦闘に最も不向きであったかを言うのは難しい——台風の吹き荒れる灼熱の夏か、凍てつく冬か。初期の北朝鮮捕虜の死傷率は、山がちの地形と極端な気温のために特に高かった。北朝鮮には十分な留置施設が無く、多くの捕虜が即時処刑された。残りは死の行進で北へ送られ、中国に引き渡された。死者の中には、三六〇〇人ほどのアメリカ人もいた。[24] 捕虜を中国が引き取り、一九五一年に停戦交渉が開始されると、捕虜の死亡率は下落したが、一九五三年の不安定な停戦協定締結まで二年を要することとなった。

投獄中およびその後の捕虜の行動は、合衆国政府を酷く悩ませた。中国人はアメリカ人捕虜に何をやったのか？　何しろ彼らは、自分たちが細菌戦に従事したと自供し、自ら反戦プロパガンダに参加したのだ。それだけではない——如何にして中国人は少数の捕虜を説得して戦後の帰国を拒否させたのか？　囚人たちはまた、虜囚として不名誉な死を遂げたとされた。これらの出来事は、囚人たちの屈服はアメリカ文化の脆弱さと、過剰なリベラリズムの所為であるという観念と結びついた。それから、全てを説明する魔法の言葉が現れた——洗脳。

第5章　朝鮮戦争と洗脳の誕生

洗脳に於いては、患者の精神に霧が掛かり、やがて現実の感触が失われる。……洗脳は人間の本質に反する、そして共産主義と切り離すことのできない全く新しい何かである。

——エドワード・ハンター、一九五六

朝鮮戦争は、敵の領土とイデオロギー改宗のための戦争であった。いずれの側も、お互いに広範なプロパガンダ作戦で相手側を爆撃した。主要交戦国は合衆国と国連が支援する韓国、VS中国とロシアが支援する北朝鮮。副次的に、中国が参加していたために中華民国もまた中国に対するプロパガンダの嵐を浴びせかけた。戦争はさらに二年にわたって続き、その間、停戦交渉は引き延ばされた。主として捕えられた捕虜に釈放後どちらの陣営に付きたいかを選ばせることを許可するという問題のためである。この問題に対する回答はプロパガンダ的には莫大な価値を持つ。いずれの側も、捕えた兵士に故国への帰国を拒絶させ、敵側に走らせるべく説得する方法を探し求めた。

アメリカ兵の一部が中国に寝返ったという事実は、合衆国にとっては断腸の一撃であった。いったい捕虜に何が起ったのか、どうしてそんなことになったのか？　多くの者がこの現象を語り、そのような決断の意味を理解しようとした。その語り口にはけたたましいものもあれば、より繊細なものもあった。

中でも最も声が大きかったのはエドワード・ハンターである。ジャーナリストである彼は、第二次世界大戦中は心理戦におけるプロパガンダの専門家として戦略事務局に務めていた。その報告書は眼識に富み、また *brainwashing* という単語は彼の巧みな話術の才と、キャッチーなフレーズを生み出す能力の賜物である。中国語では「洗脳」で、これは元来は世間からの孤絶と瞑想によって精神を洗浄・浄化して変化を達成することを言う。つまり元来のそれは *brainwashing* ほどキャッチーではない。哲学者ヴィトゲンシュタインは言う、「新語は、討論の土壌に蒔かれた新鮮な種子のようなものである」[1]。ハンターの新語は、雑草のように繁茂した。

ハンターの傑作『洗脳　中共の心理戦争を解剖する』の表紙にはその中国語があしらわれている。[2]「〈洗脳〉は……自由世界の精神を破壊することにより、これを征服せんとする共産主義者による恐るべき新戦略である。……本書は、中国の共産主義者が如何にして、この心理学の悪用と邪悪な福音主義の結合を利用しているかを明らかにする世界初の書である。……［本書は］世界で初めて、自由世界に対する、そして自由という概念に対する心理戦争における新たな、恐るべき最先端を明らかにするものである」。

ハンターは中国による抑留から解放された中国人知識人および西洋人と面談し、囚人を知性の無い共産主義の自動人形に変える手法として洗脳のプロセスを描き出した。彼らは「外部から視認しうる残虐行為を加えられることなく、生きる人形――ロボット人間」と化すのだ、と。[3] このプロパガンダの達人は正しく――その造語はキャッチーであった。[4]

ハンターによれば、先ず囚人は模擬処刑に掛けられ、餓死寸前に追いやられ、睡眠を遮断される。中国人は囚人から全てを奪った後、別の何かをほんの少しだけ与えて感謝させる。それから、囚人は共産主義の冊子の記憶と討論を強制される。グループに分けられ、自己批判および相互批判を行なう。これを拒む者は独房に監禁される。看守は捕虜の説得において改造や更正のような単語を用いつつ、自白させようとする。ハンターはロバート・リフトン同様、この自白の探求にはほとんど中世の宗教のような性質があることに気づいており、「自白 confessing」という語は本来、浄化と大いなる力（例えば教会や国家）への服従という二つの意味を持つと述べている。

洗脳はパブロフのアプローチの延長線上にあると確信したハンターは、再教育収容所の指導者を「高度共産主義の神秘的パブロフ主義者」と呼び、中国人は「パブロフの長城」の背後でマインドコントロールを行なっていると主張した。彼によれば共産主義国家はパブロフの技術を「人間の昆虫化［のために利用している。そこでは］個人は集合的なわれわれに置き換えられる」[5]という。ハンターは疲れる様子も無く、洗脳に関する多数の著作を続々と書き続け、議会で証言し、全世界を走り回って講演した。彼はカジュアルなスタイルで、情熱的に、最小限の参考文献で執筆し――たまに挙げたとしても、極度に杜撰であった（例えば、「聖書、二七三、二七六」など）[6]。

身軽な文体ながら、ハンターは実際に、中国人が用いた手法の多くの特徴を捉えていた。だが彼はまた、極めて深く根差した保守主義の観点から世界を見ていた。下院非米活動調査委員会（HUAC）は彼を、洗脳に関する顧問に据えた。彼はこの委員会に、単に中国の活動のみならず、アメリカの弱点についても大量の情報を提供した。共産主義者はわれわれの指導者を敗北主義のリベラルに、平和共存を信ずる知識人に変え、教授たちを客観的歴史家を自任する愚者に転向させた、とHUACに警告した。そして合衆国の倫理的価値観は地に堕ちたと雷を落とした。何ゆえにあれほど多くのアメリカ軍兵士が共産主義者に協力したのか？　彼らは軟弱で、リードするのではなく協調するように育てられたからだ。「共産党などというものは存在しない。……あれは共産主義陰謀団であり、共産主義的心理戦争結社である……［その手法は］ロシアの生理学者パブロフの発見［に基づいている］」[7]。

HUACの委員は彼を愛した。まさに思いに叶う男を見つけ出したのだ。問題は、中国人学者やアメリカ人捕虜を診察した精神科医は誰一人として、ハンターの前提に賛同しなかったということである。彼らはハンターの派手な術語を嫌い、中国流の教化の手法を導いた何らかの革命的な謎の発見があったという彼の主張を一蹴した。ハンターに同意したのは主として他のジャーナリストであり、共産主義者の陰謀に対する懸念に取り憑かれた人々であった。プロパガンダの専門家としてのハンターのシンプルなメッセージは、学者の専門知識に対して勝利を収めた。

オランダの精神科医ヨースト・メアローは、「洗脳」を代替する、同様に派手な用語を生み出した――「頭脳殺滅 *menticide*」である。ナチスの手を逃れ、家族の中でただ一人生き延びたメアローは、全体主義国家は不可避的に彼の言う精神の強姦、すなわち頭脳殺滅へと向かうと警告した。[8]　彼によれば、その危険は共産主義のみに限定されるものではない。むしろ、「頭脳殺滅は伝染病であり、あらゆるところに存在する。合衆国も例外ではない。そこには共産主義に対する集団ヒステリーがある」[9]。

メアローによれば、強制的な自供は歴史上に一般的であるが、共産主義者の教化の手法には奇妙なほど方法論的な性質がある。これらの強圧的な技法は極めて強力である、とメアローは考えた、だから事実上、何ぴとたりともその過程で疲労困憊し、屈服せぬ者はなかったと。彼もハンター同様、その基盤をパブロフに求め、感覚入力が限定された状態でパブロフの条件付けが利用されたと述べた。「パブロフは……条件反射を起させるのに最適な場は、感覚的刺激を最小化した静かな研究室であることを発見した」。動物の調教師ならだれでも、自分自身の経験からこのことを知っている。野生動物の馴化には、隔離と刺激の根気強い反復が必要である。……全体主義者はこの規則に則っている。彼らは、隔離の状態に置くことで政治犯を最短で条件付けできるということを知っているのだ」[10]。

中国の強圧的説得戦略に関する主張の契機は、北朝鮮および中国に抑留されたアメリカ人（および英国人）捕虜の不可解な行動であった。アメリカ人捕虜のほとんどは戦争初期に捉えられた者で、故に長年の間、苛烈な監禁状態に置かれた。戦争勃発は合衆国にとって寝耳に水であり、準備は不完全だった。戦争初期に於いては弾薬は不足し、補給は不十分で、兵士たちは便所へ行く際にもトイレットペーパーを二枚しか使えないほどであった[11]。その年は朝鮮において過去一〇〇年で最も寒い冬であり、兵士たちの服装はそのような苛酷な状況には不適切なものであった。捕えられた兵士の士気は低く、収容所の環境はこの上なく劣悪であった。兵士たちは栄養失調に陥り、十分な医療も受けられず、あばら家に詰め込まれてスピーカーから共産主義プロパガンダの爆撃を浴びせられた。

アメリカ人捕虜のほとんどは戦争勃発から三ヶ月の間に北朝鮮に捕えられた者で、収容所に到着するまでの間、無慈悲な死の行軍を強いられた。その後に捕えられた者は北朝鮮の残虐な扱いを受けずに済んだ。というのも、中国人に捕えられたり引き渡されたしたからである。長く生き延びて中国に引き渡された場合、捕虜は驚くこととなった。新しい看守は彼らを笑顔で迎え、煙草をくれ、握手までしてくれたからである。それから教化の過程が開始されたが、それは三年にわたって続くこととなる。

このような状況に於いて、捕虜は細菌戦の自供と反戦プロパガンダへの参加を開始した。さらに、停戦締結の際に帰国を拒否した捕虜まで少数ながらいた。アメリカはそこに、悪魔的な共産主義の魔の手が働いていると判断した。

細菌戦が行なわれたという申し立ては不穏なものであったが、そもそも戦争は常に渾沌、汚染、栄養失調、政府の無策といった病毒を生み出すものである。第二次世界大戦においては、感染症はヨーロッパ戦域で大流行していた。さらに第二次世界大戦中、日本の七三一部隊は満州で捕えた一万人からの捕虜に生物兵器の実験をしていた。[12] とある実験計画によれば、実験者は捕虜に細菌を接種した。また別の計画では、炭疽菌とコレラ菌を満載した爆弾を爆発させ、さまざまな距離に設置した杭に捕虜を縛り付けてその感染率を調べた。[13]

第二次世界大戦後、感染症は特に戦後の日本で猖獗《しょうけつ》を極め、六五万人以上の人がコレラ、赤痢、腸チフス、猩紅熱、ジフテリアに罹り、一〇万人が死んだ。[14] 後に合衆国は日本の細菌戦の専門家を訴追から守り、彼らの経験を活かしてかなり大規模な細菌戦プログラムをメアリランド州フォート・デトリックに構築した。

一九五二年三月、中国と北朝鮮で炭疽と疫病が報告され、また真冬に昆虫が目撃された。朝鮮での大発生は良くある戦争の二次的影響に過ぎないのか、それともさらに不吉な原因を反映しているのか？　中国人は、この感染症はアメリカから来たものだと考え、捕えたアメリカ人パイロットを説得して、かつて北朝鮮に細菌爆弾を投下していたと自供させた。[15]もしも北朝鮮と中国が、アメリカと細菌戦を結びつけることができていれば、プロパガンダ上の大勝利であっただろう。これによって合衆国を、憎悪された第二次世界大戦中の日本支配と結びつけ、ひいては共産主義の大義を強化し、アメリカを全世界の晒し者にしていただろう。

合衆国から見れば、捕えられた七八名のアメリカ人パイロットの半分が細菌戦プログラムへの参加を自供したという事実を説明するためには、洗脳という答えが必要だったのである。合衆国は中国の主張を猛然と否定し、「計算し尽された恐るべき虚偽キャンペーン」[16]であると断じた。このような自供は世界中に撒き散らされたが、パイロットたちは合衆国に戻るや否や、これを撤回したのだ。

空軍大佐ウォーカー・マハリンは、共産主義者の訊問を受けた際の状況を次のように語っている。「私の自供プロセスが最高潮を迎えた時、彼らは私の思考プロセスに影響し始めていた。……私はデトリック駐屯地を訪れたことがある、と口にしてしまった。……これは言うまでもなく彼らが望んだことであり、私にその訪問の詳細を書くよう圧力を掛けた。……この情報に関して口を割らせた後、彼らは圧迫を極端に強め、何から何まで自供させようとした」[17]。

捕虜となった他のパイロットたちも、これ以上もないほどの圧迫を受け、暖房の無い小屋や水の溜った穴に閉込められ、苦しい姿勢で枷を掛けられ、睡眠や食糧を断たれたと報告している。その間ずっと彼らは資本主義下における中国の苦難や帝国主義の欠陥、社会主義の展望などを叩き込まれた。合衆国に帰国した空軍パイロットのジョン・クィンは、この訊問について次のように述べている。「彼［訊問官］は絶えず、紋切り型の質問で私を叱責した。お前は何を考えている、何を思っている、共産主義とは何だ、等々。反撃することのできない人間にとって、それがどんな感じか、分別ある言葉で記すことはできない。……他の人々に……私――そして全ての人――がどんな体験をしたのか、朧気にでも感じていただきたいと願う。……その結果は生ける屍だ。コントロールされたロボット人間だ。この魔術に掛かっている限り、人は自分の意志でご主人様の命令に従うことになるのだ[18]」。

中国の思想改造の力は、薬物を用いた際に最大化したようである。空軍精神科医ルイス・ジョリオン（別名「ジョリィ」）・ウェストは、さまざまな時期に中国の捕虜収容所に入れられたアメリカ人捕虜の集団を継続的に研究し、何人が自供あるいは協力したのかを調べた。一年が経過する頃、虚偽の自供をするアメリカ人捕虜の割合は二五％から七五％へと三倍増した[19]。これを嚆矢として、以後ウェストは洗脳に関する目覚ましい研究を次々と成し遂げてゆくことになる。その対象は空軍捕虜から象、LSD、そしてパティ・ハーストにまで及ぶことになるだろう。

後年、学者たちは中国の古参訊問官の一人を発見、どのように訊問が行なわれたのかを問い質した。彼はその虐待については触れなかったが、捕虜に対する苛酷な取り調べ技術の一端を明かした。

われわれの収容所に到着した捕虜は、先ずは質問票に記入する。自分自身、家族、入隊前の経歴、軍歴、社会活動、政治姿勢などに関する情報を求められるのだ。……それから数日後、われわれは……一人ずつ呼び出して面談を行なう。一時間か二時間のこともあれば、終日、あるいは数日に及ぶこともある。……彼らに文書での陳述を求める。……それを検分した後、翌日か二日後に呼び出し、さらに面談を行なう。詳細を問い質し、彼ら自身に関する徹底的な情報を開示させるのだ。……彼らはあっさり降参する。……一人また一人と、知っていることを全て喋らせるのはいとも簡単なことだ。[20]

虐待と終わりなき訊問に加えて、捕虜はまた反戦誓約に署名し、故郷の新聞の編集部、及び家族宛に、戦争は帝国主義的であり合衆国はレイシストであると批判する手紙を送ることを強制される。サンタ・バーバラ出身の伍長ラランス・サリヴァンは一九五二年一一月に故郷に手紙を送った。「僕は理解しました、戦争はママや僕みたいな人民のために遂行されたものではなかったのです。ウォール・ストリートの一握りの連中のためだったのです。……捕まった時には殺されると思っていました。けれどね、ママ、僕はまだ生きています。……心から願います、みんなが平和に過ごせることを——もうすぐ、子供たちはみんな戻ります。一つ確かなことはね、ママ、みんなが平和に向けて進むなら、人民はいずれ勝利するということです[21]」。

別の兵士は、戦争を無意味な命の浪費と批判し、「ニュー・マッシズ」や「デイリー・ワーカーズ」のような共産主義の新聞を援助するために普通預金の名義人を変えてくれと頼んでいる。彼らはアメリカの偽善やレイシズムを批判し、上院議員マッカーシーや下院非米委員会を糾弾する。「私は三年間投獄されていました。生まれて初めて、共に働き共に遊ぶ全ての人種、肌の色の人々が完全に平等であることを知ったのです。物事をこのように見るようになると、子供の頃に祖国で起ったことを思い出しました。私と、他のニグロの少年たちが警官に打たれたのです。帽子を取って彼らに挨拶しなかったという理由で」。とある捕虜の故郷への手紙は、シンプルに断言している。「合衆国では、平和のために戦うのは不可能です。平和のために戦おうとする人は皆訴えられ、殺されることもあります。ローゼンバーグ夫妻は平和のために声を上げました。けれどご覧なさい、合衆国政府が彼らにした仕打ちを[22]」。

多くの手紙は、受取人にとって「胡散臭い」ものであった。とある兵士は、実家宛の長い手紙でアメリカによるかつての捕虜の扱いを批判したが、家族にとっては本物とは思えなかった。彼の姉曰く、「弟がこんな手紙を書いたはずはありません。本当に馬鹿なんだから、こんなもの書けませんよ。だって軍に入ったのは一七の時で、八学年で止ったままだったんです。……誰かが宛名を書いて、『バッド』と署名して、中身を埋めたんです[23]」。

受け取った手紙の文体がちぐはぐだと気づき、果して本物なのか疑った家族もいた。上等兵モリス・ウィルスはこう記した。「私の理解では、そちらにも平和運動があると思っています。だから父上《ファーザー》に言って下さい、私は衷心から、できる限り平和運動を支援してくださるよう願っていますと。そうすれば私が速やかに安全に祖国に帰れると信じて」。その後手紙は、麦の収穫と農園の使用人の話が続く。だが彼の姉によれば、彼は父親について「父さん《ダッド》」以外の呼び方をしたことはないし、農園に使用人などいないし、麦を植えたこともないという[24]。このような誤りは、この手紙が圧迫下に書かれたものであることを示していた。

多くの収容所の状態は極めて劣悪で、捕虜の中にはアスピリンを手に入れるだけでも講和嘆願書への署名を要求された者もいた。[25] このような状態は、僅かな食料や衣類、保護などを与えられるのと引き換えに、捕虜がプロパガンダの手紙や嘆願書への署名を余儀なくされる一助となったかもしれない。

捕虜の送還の問題は、停戦交渉を泥沼に陥れる最大の障害だった。[26] どんな戦争であれ、終結後には捕虜は祖国への帰国を望む。だが第二次世界大戦の場合明らかに、この戦争によって外国に留め置かれた何百万という人々が、さまざまな理由によって「実家」への帰還を望まなかったのである――実家が失われた、隣人や街が失われた、あるいは祖国そのものが無くなった、等々。のみならず、ある者にとっては帰還することにリスクさえあった――ソヴィエト連邦に帰国した多くの捕虜は、即座に敵国への協力の罪で起訴され、強制労働収容所《グーラーグ》送りとされたのである。

トルーマン大統領は捕虜全員が希望する送還先を選択できるよう求めた。北朝鮮人および中国人捕虜の多くが北への送還を望んでいないことを知っていたからである。彼らの帰国拒否は、北朝鮮と中国にとってはプロパガンダ的惨事となり得る。ことに中国人捕虜は、中華民国への送還を好んだのだ。[27] そんなわけで停戦交渉は長引き、戦闘は継続し、捕虜の悲惨な生活は続いた。最終的に停戦合意によって、国連の監督下での三ヶ月の待機期間の後、捕虜は送還されることとなった。

北朝鮮人と中国人の一部が送還を望まなかったのは良いとして、合衆国を悩ませたのは一部のアメリカ人捕虜が送還よりも中国に留まることを好んだことである。二三名の兵士が帰国を望まないと宣言すると、国中が驚いた。その内二人は後に心変わりをしたが、[28] とある母親は困惑した。「ジャック

朝鮮戦争後、本国への帰還を拒んだアメリカ人捕虜（Bettmann / Getty Images）

は精神を病んだのでしょうか？ たぶん頭痛が再発して、彼らはそこに付け込んだのです。……不治の病に罹ったのかも知れません。……ジャックは私たちの重荷になりたくなかったのかも。家族を脅されて……共産主義は人類のためになるというインチキを信じ込まされたのかも知れません」。メアリランド州知事は二一人の一人に、共産主義を棄てて故郷に戻るよう呼びかける録音テープを送った。「戻って来なさいジョン。アメリカの自由と尊厳に。合衆国は帝国主義的野心など持ち合わせてはいない。世界征服を企んでいるのは共産主義者の方だ[29]」。

合衆国への帰国を拒んだ二一人の兵士とは何者か？　その背景は？　最も確かな情報は、ジャーナリストであるヴァージニア・パスリの驚くべき報告である。狂信的な宣伝記事が溢れるこの分野で、彼女の分析はその明晰性と徹底ぶりにおいて屹立している。彼女は国中を飛びまわって兵士たちの故郷を訪ね、両親や親族、聖職者、生徒指導員、教師などの話を聞いて回った。このような仕事は今日においても楽なものではないが、一九五〇年代にはこの探偵のような作業に役立つインターネットも無かったことからして、まさに注目すべき成果と言わねばならない。

帰国を選ばなかった者のほとんどは小さな街や田舎のコミュニティに育ち、貧困に喘いでいた。二一名の中で高校を卒業したのは四人だけ。五人は八学年以上に行くことはなかった。ほとんどは欠損家庭の出であったが、少年裁判所の厄介になったのは三人のみ。多くが問題のある子供時代を過す一方、何の問題も無く育った者もいる。とある母親は息子について次のように述べている。「ジャックはいつも良い子でした。しでかした悪戯で憶えているものと言えば、歯磨きのチューブを全部食べてしまって、酷い炎症を起したことくらいです[30]」。

いずれも若者であった——捕えられた時点で二一歳を越えていたのは僅か六名のみ、三名はまだ一七歳だった。召集兵ではなく義勇兵。二〇人は共産主義《コミュニズム》という言葉の意味を知らず、単に猥褻語だと思っていた。ほとんどの者は自分たちが朝鮮で何のために戦っているのかを知らなかった。近所の者や級友たちは彼らを引っ込み思案で学校でも孤立しており、各種活動やスポーツには参加しなかったと証言した。そうはいっても、彼らは軍隊では上手くやっていた。中には手柄を立てて勲章を貰った者もいる。

軍曹リチャード・コーデンの子供時代の司祭によれば、彼は「何も持たない、幸福とはほとんど無縁の少年でした。素晴らしく明るい少年で、間違いなくリーダーの資質がありました。けれども目標はほとんどなかった。……確かなことは判りませんが、子供の頃に苦しんでいた何かがさらに大きくなったような気がします。……今は混乱している筈です。正常な感覚なら、こんなことはしないはずですから[31]」。

パスリの方法論的手法は、ウィリアム・コワート上等兵に関する資料の広範な記述に見て取ることができる。彼は学校を卒業する前に家出していた。教師の一人によれば「彼には解決すべき感情的問題がかなりありました。いつも不満を抱えているようで……継父と上手く行っていませんでした。極端に臆病で、友達を作って仲違いするよりも、クラスの他の子供たちから距離を置いていました」。別の教師によれば、朝鮮からのコワートの手紙は憧れや熱望が満ち満ちているという。校長によれば、「よく解らない子供でした。時には話もできて応えてくれることもありましたが、黙り込んで憤慨している――というか、疑心暗鬼になっている時もありました。国家に対する忠義を棄てて別のものに付くような子供ではありませんでしたね」。パスリは、近隣住民まで探し当てて話を聴いている。曰く「ビリーは変な子で、生きてて楽しいとか満足とか全然無かったね。ほとんどの時間、うちに出入りしてたんだけど、全然好きじゃなかった。けど、向こうでの彼の映像を見たら泣けてきたよ。……黙りこくって不機嫌で。のんきにやろうとしてたみたいだけど、できなかったんだな。思うに、若すぎたんだ。あんなところへ送り出すべきじゃなかった[32]」。

帰国しないとの決意を公表した捕虜たちには、家族による翻意の説得のために三ヶ月の期間が与えられた。悲痛な手紙や録音テープが送られたが、たいていは未開封であったり、受け取ったとの報せもなかった。ある母親は、息子に帰国を懇願した。「お願いだよ、がっかりさせないで。諦められない。愛してる」。とある父親は「想像してみてくれ、私がお前を抱きしめているところを。思い浮かべてくれ、私がの目の前にいて、お前の頬にキスしているところを。みんながお前の帰宅を待ち望んでいる。絶対に悪いようにはしない。どうか……帰国したい、帰してくれと［彼らに］言ってくれ[33]」。親たちは、国に背いた息子を育てたということでコミュニティから追放された。ホーキンズ上等兵の母親は黙っていられず、「オクラホマ・シティ・タイムズ」で逆襲に転じた。「面目を失ったのは誰かと言われれば、それは私たち全員です。何もできずに手をこまねいて、あの赤い悪魔どもが二一人のアメリカ人の若者をたぶらかすのを黙認したんです。自分たちのプロパガンダのために。『厄介払いだ』とでも言わんばかりに。その若者たちの一人が、たまたま私の息子でした。私は共産主義者どもにナメた真似をされて、何もできずにただ黙って座ってることなんてできません。……罪のない人だけが、あの若者たちに石を投げなさい。汝裁かるることを欲せざれば裁くことなかれ[34]」。

　戦争はだいたい三年ほど続き、一六〇〇万に上る合衆国の兵士が巻き込まれた。停戦が決まる頃には何千というアメリカ人が戦闘で死に、九八〇〇〇人が負傷し、捕虜の三八％が収容所で死に、二一人が中華人民共和国に寝返った。アメリカ人捕虜の死亡率は、第一次世界大戦時の同盟国の収容所でのそれ（四％）、日本軍のアメリカ人捕虜（三五％）、ヴェトナム（一六％）よりも高かった[35]。朝鮮での高い死亡率は、厳しい気候の所為ばかりではない。アメリカの捕虜となった共産軍捕虜は僅か二％しか死んでいないのだ[36]。

残りの捕虜たちは祖国に帰還したが、その祖国は彼らが裏切り者なのか被害者なのかを決めかねていた。苦しい時期であった。朝鮮で明白な勝利を収めることもなく、損失は甚大で、冷戦は継続している。その全てがアメリカに重くのし掛っていた。この苦悩の瞬間、ヨブを慰めに来た者たちは叱責者に転じた。

プロジェクトが上手く行かなかった時、それを分析するのは良いことである。戦争の論評であれ、クルマの建造であれ、あるいは病院の感染対策の監視であれ。だがこの品質保証メンタリティが機能するのは、ともかく冷静さを保ち、非難よりも問題解決を目的とする時である。対照的に、朝鮮戦争の余波における叱責者たちは、邪悪な者を罰せんとする熱狂的な唱道者であった。煽動者たちはハンターがHUACで開拓した道を辿った――アメリカの教授や政治家たちは柔弱である、リベラリズムはわれわれの力を蝕んだ、等々。だからこそわれわれの兵士たちはあんな惨めなことになっているのだと。

ハンターに加えて、さらに二人の傑出した煽動者がいた。軍の精神科医ウィリアム・E・メイヤー少佐は帰還した捕虜たちのファイルを調べ、「USニュース&ワールド・レポート」のインタヴュー記事で胸中を明かした。[37] 何故これほど多くのアメリカ人捕虜が死に、何ゆえに多くの者が祖国を裏切ったのか？　悪いのはアメリカの文化であり教育である。アメリカ人はヤワになりすぎた。根性などどこにも持ち合わせてはいない。合衆国の兵士たちには喝を入れてやらねばならない。特に北朝鮮の手管に弱い捕虜は、「母親中心主義《モミズム》」――息子の成熟と独立を蝕む過保護で息苦しい母親――の文化で育てられた者たちだ、とメイヤーは言う。メイヤーは講演の旅に出て、所見を述べ伝えた。何ゆえにあれほど多くの捕虜が死んだのか？「彼らが死んだのは……人格、忠節心の育成、リーダーシップの育成に……失敗し、欠けていたからだ。……［彼らは］「敗北主義者」だった……受け身で、他者に依存し、かなり無力である。臆病すぎる子供であり……泣き寝入りし……母親の話ばかりする。自分たちを保護してくれた母親の」[38]。

メイヤーは、兵士たちの情けない振る舞いにパブロフ流の条件付けが関わっていたことは否定するものの、中国のシステムは忍耐強く他者を操作し、従う者には褒美を与えるものである、と述べている。だがそれこそパブロフのエッセンスではないのだろうか？

それから話は急に脇道に逸れて（彼はしばしばこれをやるのだが）、メイヤーは言う、共産主義者は「セックスや性的手法は用いなかった――これは多くの人が訊ねる質問であるが、その理由は単純で、われわれは例えば二〇年代、三〇年代のシカゴ大学でそれが用いられていたことを知っているからだ……そこにはフリーセックスを標榜するグループがいくつかあり、いずれも共産党青年部と関係していた」[39]。驚くほど抑制の効いた反証のなかで、精神科医ルイス・ジョリオン・ウェストは述べている、「私見では、メイヤーの結論の多くは、現在入手可能なデータによっては裏付けられていない」[40]。学術的な言い回しであるが、これは軽蔑に満ち満ちた、暗号化された非難である。

次にヨブを慰めに来たのはジャーナリストのユージン・キンケイドであった。一九五七年、「ニューヨーカー」誌に掲載されたエッセイにおいて、彼は似たようなテーマを煽動する。曰く、「合衆国が戦った一つを除く全ての戦争において、……敵収容所に収攬《しゅうらん》された軍人たちの行動が国軍にとって予想不能な問題を呈することなどなかったし、国全体に特定の懸念を惹き起こすこともなかった」。このエッセイは終始この調子で、アメリカ兵は脱走を試みなかった、収容所における彼らの規律と忠誠心は貧弱であった、無分別にも収容所で死のうとした、等々と主張する。最後のとどめは、あの二一人が共産党に寝返ったことだった。このようなことは全く前例がない、とキンケイドおよび彼がインタヴューした軍の高官は言う。[41]

話題に熱の入った彼は、捕虜の三人に一人は裏切ったと決めつける。無用な残酷さをまざまざと見せつけつつ彼は言う、「彼らの三八%は……虜囚として死んだ」が、この統計は、彼によれば「捕虜自身の無知もしくは無感覚の所為である」と。言い換えれば、キンケイドによれば、彼らの死は共産主義者による虐待のためではなく、兵士自身の弱さのためである。[42] しかもこれは、まだ彼の論述の第一ページ目に過ぎない。後に彼はそれを拡張して一冊の本に仕立て上げるのである。

このような酷評とは対照的に、軍は帰還者たちを、驚くほど慎重かつ徹底的に分析した。帰還したＧＩは、朝鮮からの三週間に及ぶ帰郷の途上で徹底的に研究された。精神科医と心理学者は兵士一人一人について膨大な書類を纏め、他の兵士の報告書と照合確認した。捕虜一人当りが受けた告発の数は平均して一八五件であったが、中にはその行動について八〇〇件もの告発が集まった者もいた。[43] 洗脳と訊問に関する興味深い話として、ＣＩＡの諜報部員もまた中国人の技術を詳しく知るために帰還したＧＩにアミタールを使用したいと考えたが、その計画は軍医総監によって拒否された。[44]

兵士たちはまた、ロールシャッハ・テストと文章完成テストを受けさせられた。彼らは大人しく、ほとんど無感情のようだったが、ロールシャッハのインクの染みは、その内在する動揺と攻撃性を暴き出した。あたかも「今にも怒りの発作を爆発させそうなほどに」[45]。とあるインク染みカードに対する共通の反応は、「二人の男が何かを切り裂こうとしている、たぶんもう一人の男の胸だ、そこから心臓を取り出そうとしている」というものであった[46]。

このような情報を余さず集めた後、軍は兵士の三分の一が何らかのレベルで裏切り、七分の一は本気で裏切ったと結論した。プロパガンダ放送に参加したり、捕虜の待遇は良いと主張する程度のものは軽微な裏切りである。より重度な二一五例は特別捜査官に引き渡され、最終的に四七例が軍法会議に掛けられた[47]。

評者たちは、本件は敵が体系的に捕虜の精神を操作しようと試みた初の戦争であったこと、またその試みは捕虜を意気消沈させることに焦点を当てて調整されたものであったことを認めた。彼らは、「洗脳」よりも「教化」の力が実態に近いことを見出した。

軍は、中国人による虐待が拷問に当たるか否かを徹底的に論じ合った。拷問とただの虐待の境界線をどこに引けばよいのか？　それは今日までわれわれを悩ませている問題である。とある軍の高官は、「拷問」とは「あまりにも甚だしい苦痛であり、人間が気絶したり、自分の意志の制御を失うもの」と定義している[48]。単なる不快な状態、例えば何度も蹴られる、殴られる、苦しい姿勢を取らされる、極寒に晒されるなどは、彼らの考えでは拷問には当たらない。軍の考えによれば、拷問による屈服は場合によっては許される。だが優秀な兵士たる者、「通常の」虐待に直面した程度で裏切ったりしてはならない。優秀な兵士は、気絶に至らない程度の虐待で自供したり裏切ったりしないのが当然である。虐待は彼らの行動の理由にはなるが、言い訳にはならない。

「過剰」な訊問とはどの程度か？　スターリンのソヴィエト連邦と同様、中国の訊問もまた、その継続時間や頻度は予測できない。中には五〇回以上も訊問された捕虜もいる。とあるパイロットは、二〇時間連続で訊問を受けた。彼は仲間の捕虜の処刑の様子を見せられ、次の標的はお前の仲間、それに故郷にいる家族だと脅された。いつ果てるとも知れぬ訊問によって彼の体重は七〇ポンドも落ち、記憶や論理的思考も定かではなくなり、三三〇日に及ぶ独房監禁の後に、彼は朝鮮人に言われるままに供述書に署名した。[49]

キンケイドはこのような証言を無視した。彼にとっては、単に兵士たちは柔弱であり、「薬の瓶や水洗トイレがないというだけで屈したようだ」という。戦闘前に十分に鍛え上げられていれば、そんなことにはならなかったというのである。キンケイドの結論はこうである。「軍はあらゆるアメリカの親たち、教師たち、聖職者たちが、われわれの子供たち全員に、わが国民と共産主義者の生き方の間の違いに関する特定の理解を教え込み……そして全ての子供たちに、素っ気なく昔ながらの精神で、善を心から尊重し、常に悪を憎むよう教え込むのを見ることを好むだろう[50]」。

思慮深い評者たちは、これほど軽々しく非難の言葉を浴びせかけることはしなかった。チャールズ・W・メイヨウ博士は国連を相手に、共産主義者が用いた拷問の手法について語った。彼の所見は「USニュース＆ワールド・レポート」誌にそのまま掲載された。ここでは捕虜となった六名のアメリカ人パイロットが受けた虐待が詳細に語られ、中国人が偽りの自供を引き出した手法が説明されている。

キンケイドとは異なり、メイヨウは中国人の虐待の罪を放免することはなかった。例えば帰還したパイロットの一人であるウォーカー・マハリン大佐は、三週間にわたって残虐な訊問を受け、自殺未遂に追い込まれた。収容所に入れられてからの最初の三ヶ月は彼は自供を拒否し続けたが、次に独房監禁に移されてさらに三ヶ月、その間ずっと命を脅かされ、毎晩のように叩き起こされるので、眠ることもできなかった。その後、六週間の「友好的」な処遇があり、この間は他の兵士の供述書を見せられ、また細菌戦への参加を非難された。もう一人の兵士は四カ月にわたって拷問を受けた。「彼は一回につき五時間、気をつけの姿勢で立たされ、長さ六フィートにも満たない扉のない独房に八日にわたって監禁された。二人の看守に地面に押え付けられ、三人目に殴る蹴るの暴行を受けた。ぶっ倒れるまで二二時間の間、気をつけの姿勢で立たされた……顔から六インチの所からスポットライトを当てられ、三時間も訊問された。後頭部にピストルを突きつけられて自供を命じられた……三日間も食事を与えられなかった……銃殺隊の前に連れて行かれ、最後のチャンスだと言われた。家の梁から両手両足を吊された[51]」。

全ての訊問には「パターン」がある、とメイヨウは国連に報告した。このことから、共産主義者がパブロフの条件反射の技術を使っていることは明らかであると。

［捕虜の］反抗的な態度は顔面への殴打や蹴りで……生命への脅迫で罰せられる。一方、協力的な態度を見せれば、食糧を少し増やされたり、すぐに待遇を良くしてやるという約束で報われる。我が国の捕虜の一部が……意気阻喪して動物レベルの反応しかできなくなり、抵抗は死を意味すると思い込み……人と獣を区別する道義よりも生き延びることが何よりも大切だと思うようにな

ったのも無理からぬことである。むしろ驚くべきことは、我らが兵士の多くが――「偽りの」自供をした者もそうでない者も……どうにか人間としての振る舞いを続けられたことである。[52]

アメリカの精神医学、心理学、社会学の将来の指導者の多くが捕虜の査定に参加したが、彼らは断固として、同僚のメイヤーやジャーナリストのキンケイド、ハンターらとは異なる見解を採った。学者たちの仕事は興味深い成果を挙げるが、当然ながら学術的であり、ゆえに（悲しいことに）無視された。絢爛たる文体のセンセーショナルなジャーナリズムを読むことができるというのに、誰が良質な科学的報告書を読みたいと思うだろうか！

専門家は*brainwashing*という用語を嫌い、その不気味なイメージを憎悪し、中国の洗脳技術には何からディカルな新機軸があるという思い込みを頑として否定した。むしろ彼らは、それは大昔から用いられている訊問手法の延長線上にあるものと見た。また、悪魔的な「パブロフ主義」が受け継がれたという話にも懐疑的だった。とある学者は、人は愚かにも共産主義への転向を「パブロフやフー・マンチューのような博士たちによる悪魔的な策謀」であると見做している、と論評した。[53]

もしも「パブロフ」と言う名前が、彼の信奉者たちが持つ何らかの秘密の、強力な技術を意味しているのだとしたら、それは馬鹿げたことだと専門家は言う。一方、「パブロフ」という名前が、忍耐強い試行錯誤、望ましくない行為を罰し、望ましい行為に報いることを意味すると理解するなら、それこそが訊問の重要な要素であることに専門家は同意するだろう。

捕虜収容所における士気の崩壊を説明するために、ある者は社会的環境を指摘した。兵士の多くは、その言葉のあらゆる意味において、戦争への備えができていなかった。訓練も装備も標準以下の代物だった。中国が参戦すると、前線は急速に南下し、国連軍の多数の陣地は蹂躙され、多くの場合、部隊の統率は最適以下のものとなった。もっと根本的なところで、敵への寝返りが増えたのは兵士たちが自分の戦っている相手や目的を知らなかったからである。よく知られた敵を相手に同盟国と共に戦った第二次世界大戦とは対照的であった。

最終的に中国に引き渡された捕虜は、敵の寛大さに戸惑うことになる。だがそれは「衣の下から鎧が見える」類いの寛大さであった。中国人は部隊の指揮系統を破壊し、志願兵と司令官とを分断し、密告者を仕立て上げることで兵士たちの間に不信を煽った。手紙を検閲し、悪い報せの時だけ故郷からの手紙を許可した。多くの捕虜が無気力となり、士気は低下し、仲間を気に掛ける者は僅か一三％となった。他の捕虜に関する情報の密告も日常茶飯事となった。[54]

中国人のやり方は極めて方法論的であり、終わりなき要求を入念に進め、どれほど些細なことであっても捕虜からの参加を求めた。[55] 彼らのやり方は、ジョリー・ウェストの言う「DDD」（衰弱、依存、不安）に則っている。[56] 捕虜を隔離し、社会的支援を奪い、殺生与奪の権限を訊問官に献上させる。看守は無味乾燥で単調な環境を課す。衛生状態を保つことを禁じることで捕虜の尊厳を貶め、絶えず侮辱を投げつけ、全く無意味に見える規則の遵守を求める。[57] 半飢餓状態、延々と続く訊問、睡眠遮断、絶え間ない死の脅迫などを通じて捕虜を衰弱させるが、時折気をもたせるような褒美を与えて服従を奨励する。何より、彼らは自分たちこそが捕虜の運命を完璧に掌握しており、抵抗は無意味であることをはっきりさせる。

帰還する捕虜についての合衆国陸軍の研究で明らかになったのは、捕虜の一五％が慢性的に中国人に協力してプロパガンダを書いたり放送したり仲間の捕虜に関する情報を漏したりしていたが、これら協力者の中で実際に共産主義に転向した者はほとんどいないということである。帰郷後、四五％の者が一つの生き方として共産主義にある種の「シンパシー」を表明したが、共産主義者になった者はほとんどいなかった。敵に協力した者は日和見主義的な理由（例えばより良い食糧を得るため）でそうしたのであって、イデオロギー的な理由ではなかった。[58] 中国人の圧迫に抵抗できた兵士は僅か五％だけで、八〇％は途中で無気力となった。とある研究者によれば、「彼らはただ無感情に、あるいは不安に苛まれて座っているだけだった――そして彼らに関する論争が荒れるに任せていた」。[59]

敵への協力の度合いは、各兵士の特徴、例えば年齢、教育レベル、階級などに左右されることはなかった。[60] 屈服する際にストレスは関係していたのか？ その答えは、質問の仕方に懸っている。とある研究者グループは、「ストレス」を極めて悲惨な出来事と定義し、強いストレスは抵抗を生むと報告した。別のグループは、ストレスを慢性的な圧迫と嫌がらせと見て、正反対の答えを得た。[61]

キンケイドは、これまでの戦争ではこれほど多くの捕虜の寝返りや敵への協力はなかったと主張している。だが実際にはそうではない。戦時協力は何も朝鮮戦争だけのものではないのである。その有益かつ明敏な著作において、レベッカ・ウェストは英国人捕虜がナチスに協力した様子を描き出している。「裏切り者の中には子供がいた。子供のように考え、子供のように感じ、子供のように当てにならない者たちである。悪意も無く、誰かがお菓子をくれるからとか、みんなで犬を追い回しているからという理由でそうしてしまう者が」。[62] 第二次世界大戦中、ロシアに捕えられたドイツ人の一〇％

が共産主義に対して何らかのシンパシーを抱くようになり、それ以上に多くの者が、待遇改善のために彼らに協力した。[63] 第一次世界大戦では、ドイツ人は英国陸軍にいるアイルランド人こそ、協力や裏切りをさせるのに格好の標的であると考えていた。[64] 一八一二年の英米戦争でも兵士たちは裏切ったし、南北戦争では五〇〇〇人ほどの「転向南軍兵《リコンストラクテッド・レブズ》」が北軍に寝返った。神経学者ハロルド・ウォルフが言うように、これら「転向南軍兵」は一九世紀における洗脳された戦争捕虜だったのかもしれない。[65] あのジョージ・ワシントンですら、かつて彼の兵士の一部が「公共心」に欠けている、と不満を漏している。[66] 兵士の中には一定の割合で酷い行ないをする者もいるが、この場合、すなわち朝鮮に関しては、キンケイドらは兵士個人の弱さではなく、国家的な倫理腐敗が原因であると唱えたのだ。

キンケイドは、敵への協力は朝鮮においては異常なまでに広範囲に及んでいたと主張した。あたかも協力が白黒の二分法であるかのように。捕虜の三九％はプロパガンダの嘆願書に署名したことを、また一六％は何らかのプロパガンダ放送に加担したことを認めた。これらの兵士たちをどのように分類すれば良いのか？　軍は、敵への協力にも勾配があると結論した。あるレベルにおいては、囚人というものは看守の要求に必ず応じなくてはならない。その監獄がロサンゼルスにあろうと、満州にあろうと。ならば、どこまでの服従なら許されるのか？　軍はこのような問題に取組み、反応の幅を定義しようとした。[67]

全てが終った時点で、四〇〇〇人の帰還兵の内、裁判を受けて敵への協力の罪で有罪となったのは僅か一〇人に過ぎなかった。多くの兵士は中国人に協力すると同時に抵抗した。キンケイドは協力の問題を査定するに当たってこのような微妙さに耐えきれなかったわけだが、この区別は重要である。

例えば一部の捕虜は、訊問官が細かいニュアンスが読み取れないのを承知で、茶化すような自供をした（例えば、「私はもう二度と、人民義勇兵の持物を盗んでいるところを見られないと約束します」[68]）。

キンケイドは、アメリカ人捕虜の誰一人として脱走を試みなかったと断言した[69]。実際には少数ながら脱走者はいたわけだが、何より彼らの置かれた状況を念頭に置かねばならない。最も近い中立国はビルマ――二〇〇〇マイルも彼方である。またアメリカ人が朝鮮人の中に紛れ込むことなど不可能。第二次世界大戦中、合衆国には四三万六〇〇〇人のドイツ人捕虜がいたが、捕まらずに逃げおおせたのは僅か二八人のみ。そして彼らは、アメリカ人が朝鮮人に紛れ込むよりも遙かに容易にアメリカ人に紛れ込むことができたのだ[70]。

キンケイドもメイヤーも、士気の低下と裏切りは兵士たちが軟弱な環境で育てられたからだと論じている。これを詳しく見てみよう。捕虜のほとんどは一九五〇年の時点で二〇歳前後だった。大恐慌と第二次世界大戦の間の生活状況が「軟弱」などと言えるだろうか。さらに、多くの者が軍に志願したのは、それによって教育を受け、貧困から脱することができると約束されていたからだ（現在も同様である）。

キンケイドは、アメリカ人捕虜と比べて、中国に捕えられた二〇〇人のトルコ人捕虜は天晴であり、団結心を維持し、教化に抵抗し、何が何でも生き延びたと断言した。この違いは、捕虜が捕まった時期の所為かもしれない。戦争初年の捕虜への虐待と生活状況はまさに最悪であった。捕囚中に死んだ二六三四人の合衆国陸軍兵士の内、九九％は一年目に死んでいるのだ[71]。多くのトルコ人が捕えられたのはその後のことである。さらに重要なことに、中国にはトルコ語の通訳がほとんどおらず、トルコ兵を教化することは現実的ではなかったということがある。[72] 中国人にとって、収容所のトルコ人とコミュニケーションを取るためには、四つの段階を経ねばならない。北京語から朝鮮語へ、朝鮮語から英語へ、英語からドイツ語へ、そして最後にドイツ語からトルコ語である。[73] 洗脳に最適とはとても言いがたい。

戦争中の捕虜の扱いは、地理的にも年代的にも千差万別であるから、世界的な生存率を比較するのは困難である。ニューハンプシャー出身の捕虜の死亡率が六二%であったのに対し、ハワイ出身者のそれは僅か一六%に過ぎなかったが、その理由が道徳心にあるとは思えない。[74] キンケイドは単に、戦時体験の複雑性を顧みぬまま、アメリカ人をステレオタイプ化しているに過ぎないのである。

ポピュラー・カルチュアの分野では、洗脳は誰にでも課すことのできる悪魔的な新兵器であった。帰還した捕虜の中に潜伏スパイが紛れ込んでいるのではないかという恐怖、政府高官の中にスパイが蔓延っているのではないかとの疑念もあった。共産主義は、あらゆる場所を攻撃できる恐るべき新兵器であると信じられていた。『影なき狙撃者』には、パブロフの遠い影が揺曳している。レイモンド・ショー軍曹は仲間である捕虜の一人を殺すよう命じられる。ソヴィエト連邦のパブロフ研究所の卒業生という設定の悪の博士イェン・ロウは、恍惚とした共産主義者の聴衆相手にこう説明する。「われわれはアメリカ人を訓練して人を殺させ、そして殺したという記憶を消し去りました。……［その捕虜の］脳は、ただ洗浄されたのではありません。ドライクリーニングされたのです」[75]。

専門家は洗脳をゴシック・ホラーの類いに過ぎないとして一蹴するが、そんな彼らとて、強圧的説得の技術は強力であり、合衆国はそれに対して防衛の手立てを取らねばならないと信じていた。専門家は兵士の破壊点に関する詳細なデータを得ていた。八五日に及ぶ休みなき戦闘、砲撃、睡眠遮断、その他の後、兵士の五〇％は壊れた。七五％は戦闘の一四〇日目、九〇％は二一〇日目に壊れると予想された。[76] 言い換えれば、兵士の破壊点に関わる「投与反応曲線」が存在するのだ。

だが、敵の闇の説得術に抗う兵士を手助けするにはどうすればよいのか？　空軍の専門家たちは、将来の兵士にはサヴァイヴァル訓練が必須であると考えた。[77] 彼らには何が待ち受けているのか——残虐な環境、強圧的説得の戦略——を教え込まねばならない。そのためには、訓練期間の内にそれに類似するものを体験させておかねばならない。それしか手に入らないのなら、虫を食うことも厭わぬよう潔癖さを棄てさせねばならない。アメリカ史と政治体制、敵は何者なのか、何のために戦っているのかを叩き込まねばならない。このような訓練が予防接種となって、敵の手に落ちても脅迫を受けにくくなるだろう。とは言うものの、著名な神経学者ハロルド・ウォルフが警告したように、このような予防接種が常に有効とは限らないのだ、何故なら「中には生まれつき感情が希薄な者もいる。彼らは愛、献身、信仰、忠誠心なども同様に薄い」からである。[78]

中国人は訊問に関する既存の知識に基づき、抵抗と協力に対する社会的影響力の莫大な力を認識することでそれを拡張した。*brainwashing* とは歪曲・誇張された用語であることを認めながらも、合衆国政府は共産主義の脅威に立ち向かう新たな手段の発見に興味を抱いた。もしも「やつら」が武器を持っているのなら、「われわれ」もまた、少なくとも同程度のものを持たねばならない。

斯くして、〈ＭＫウルトラ計画〉の浅ましい物語が開始された。政府はデータを得るために科学者たちと共同した。国防総省の顧問として働いていたハロルド・ウォルフとローレンス・ヒンクルはコーネル大学に社会生態学研究所を設立、科学を活用して強圧的説得を研究しようとした。[79] 彼らは、この新たな研究分野である社会生態学の目的を一九五六年に明らかにした。「個々の人間は……彼の環境全体との満足しうる関係の維持に全面的に依拠する生態系である。一個の人間の生命は……十分な食事、水、空気の摂取……および、十分な休息と活動の量に依拠している。また同様に彼にとって、自らの環境に於ける他の人間たちとの、特に……彼にとって特別の意味を持つ人間たちとの十分な関係が必要である」[80]。

この温和に聞える緒言が、科学者たちの研究所とＣＩＡのＭＫウルトラ計画との不穏な協力関係を導入した。それはいずれ災いをもたらすこととなる。

第6章　CIAの逆襲

死体

われわれは……敵よりも明瞭でより洗練され、より効果的な方法で敵を打倒し、妨害し、破壊することを学ばねばならない。

――アイゼンハワー大統領への委員会報告書、一九五四年九月三〇日

スターリンの公開裁判と、朝鮮戦争の捕虜に関する議論の後、合衆国は頭脳戦を仕掛けることを決意した。CIA長官アレン・ダレスはその目標を次のように提示している。ロシアは「破壊したい人間を選び、彼らを卑屈な自白者に変えて、やってもいない犯罪を自供させたり、あるいはソヴィエトのプロパガンダの代弁者に仕立て上げた。この新たな技術により、脳髄から思考が洗い流され……そしておそらく、何らかの〈嘘の注射〉により、新たな脳のプロセスと新たな思考が創り上げられ、被害者は鸚鵡のようにそれを繰り返すことになる」。

第三者委員会はアイゼンハワー大統領に対し、合衆国が有効な洗脳手段の探究において率先した役

割を果たすことの必要性を説いた。[2] その恐怖があり、そして政治姿勢もあったが、そのプログラムを前進させるための科学はほとんど無かった。専門家たち――朝鮮戦争の捕虜を治療した精神科医や心理学者――は、中国が教化と説得のための強力なツールを用いたということを知っていたが、同時にまた、その技法は革命的なブレイクスルーというわけではないということも知っていた。だがこの専門家たちは冷戦中、補助金を得て大いに喜び、政府は新兵器を求め続けた。

政府にとっては洗脳は慎重な評価を要する脅威であり、偶然にもその脅威はこの国を、強力かつ資金潤沢な諜報機関による共産主義との戦いに集中させることとなった。ソヴィエトの望みは、単なる世界征服に留まるものではないと考えられた――その大規模な偽情報作戦と潜伏諜報員を用いて、彼らは西側の自信を喪失させることを狙っているのだ。西側は如何に対処すべきか？ とあるＣＩＡの著述家は、ミンツェンティ枢機卿の裁判を念頭に次のように述べた。「いわゆる『自供』の様式、コンテクスト、態度は、自供者の精神の再編成、再設定が行なわれたと仮定しなければ説明不可能なものであった。……人間精神の機能組織の根本的な変化は、身体的拷問という伝統的な手段によっては為し得ない。……ならば、より新しい、あるいはより精妙な技術が考えられる」[3]。

ＣＩＡの分析官は、このような不可解な自供は精神外科手術、電気ショック、もしくは薬物によってもたらされたのではないかと考え、そこでＣＩＡは学界に対して、そのような可能性の探究を依頼した。学界は、政府の資金が供給される限り、意気揚々と祖国防衛に努めるものである。〈ブルーバード〉〈アーティチョーク〉そして〈ＭＫウルトラ〉――一九五〇年代および六〇年代に最盛期を迎えたＣＩＡの行動研究プログラムのコードネーム――から、八〇ほどの大学に資金が注ぎ込まれた。[4]

〈ブルーバード〉は一九五一年、セキュリティ上の問題から――このプログラムが人口に膾炙しすぎて――廃止され、〈アーティチョーク〉が残った。[5] 便宜上、ここではこれらの研究を総称して〈MKウルトラ資金によるプロジェクト〉と呼ぶ。「精神のマンハッタン計画」とも呼ばれるこれらの様々なプログラムにおいては、行動制御、社会的影響力、プロパガンダなどの秘密研究に何十億ドルというカネが注ぎ込まれた。[6] 計画の焦点は「任意の人間から、当人の意志に逆らって、また当人に気づかれることなく情報を得るための方法の査定と開発」にあった。「任意の人間を、自在にわれわれの命令を聞くようになるまでコントロールできるか……？ そのような方法を敵が用いた場合、如何にしてこれに対抗しうるか？」。[7]

〈MKウルトラ〉文書のほとんどはシュレッダーに掛けられたが、CIAと学界のパートナーシップの目的を示す文書は豊富に現存している。とある契約者は次のように命じられた――

変節および／あるいは教化の技術に対する感受性を……精確に予想するための人員……の査定。
選抜された諜報員が極秘任務を引き受ける条件
選抜された諜報員に……自らの身を危険に曝す可能性があり……［そして］それ以前に意識的に表明していた意図と利害に反する……行動を採らせる方法。
選抜された諜報員に、虐待的訊問および政治的教化に対抗する永続的な動機を注入する方法。[8]

〈MKウルトラ〉は、アメリカで最も優秀な行動科学者たちを支援した（マーガレット・ミード、B・

F・スキナー、カール・ロジャーズはその極一部)。皮肉なことに、政府が行動コントロールを用いることの危険性を警告したのは、CIAの支援を受けた心理学者カール・ロジャーズであった。「われわれはこれまで夢にも思わなかった形で人々を奴隷化し、非人格化し、コントロールするための知識を増大させることを選択することもできる。その手段はあまりにも入念に選択されているので、彼らはおそらく、自らの人間性の喪失にすら気づくことがない。……[あるいは]行動科学を……創造性を増進し……[個々の発見を]人生およびその問題点と出逢うための新たな手法として……活用するようなやり方で用いることを選択することもできる」[9]。

基礎研究のための資金を必要とする研究者は、NIHのみならず政府にも、さらには諜報機関や軍にも頼ることができる。私設財団もまた研究を援助したが、その多くは裏では政府が資金を提供していた(いわゆる「カットアウト」、すなわち治安当局への媒介役)。CIAは、一部の研究者が同局のための研究を嫌忌していることを認識していたが、資金提供が遠回しに行なわれた場合(例えば、CIAとの関係の有無を問わず、あらゆる研究を支援する財団を通じての支援など)、その嫌忌の度合いは下がる。このような非CIA的な資金援助、すなわち「隠れ蓑援助」は、さまざまな財団の正当性の構築に役立った[10]。一部の学者は、意図的に目をつぶったにせよ単に無邪気だったにせよ、CIAが資金源だったなどとは知らなかったのだと主張した[11]。社会規範および社会規制批判で有名なアーヴィング・ゴフマンですら、そこからカネを貰っていた[12]。

コーネル大学社会生態学研究所は、CIAの資金を大学の研究者に渡す主要な導管の一つであった。その起源は、注目すべき人々による注目すべき裏話を暴露する。CIA局長であるダレスの息子アレ

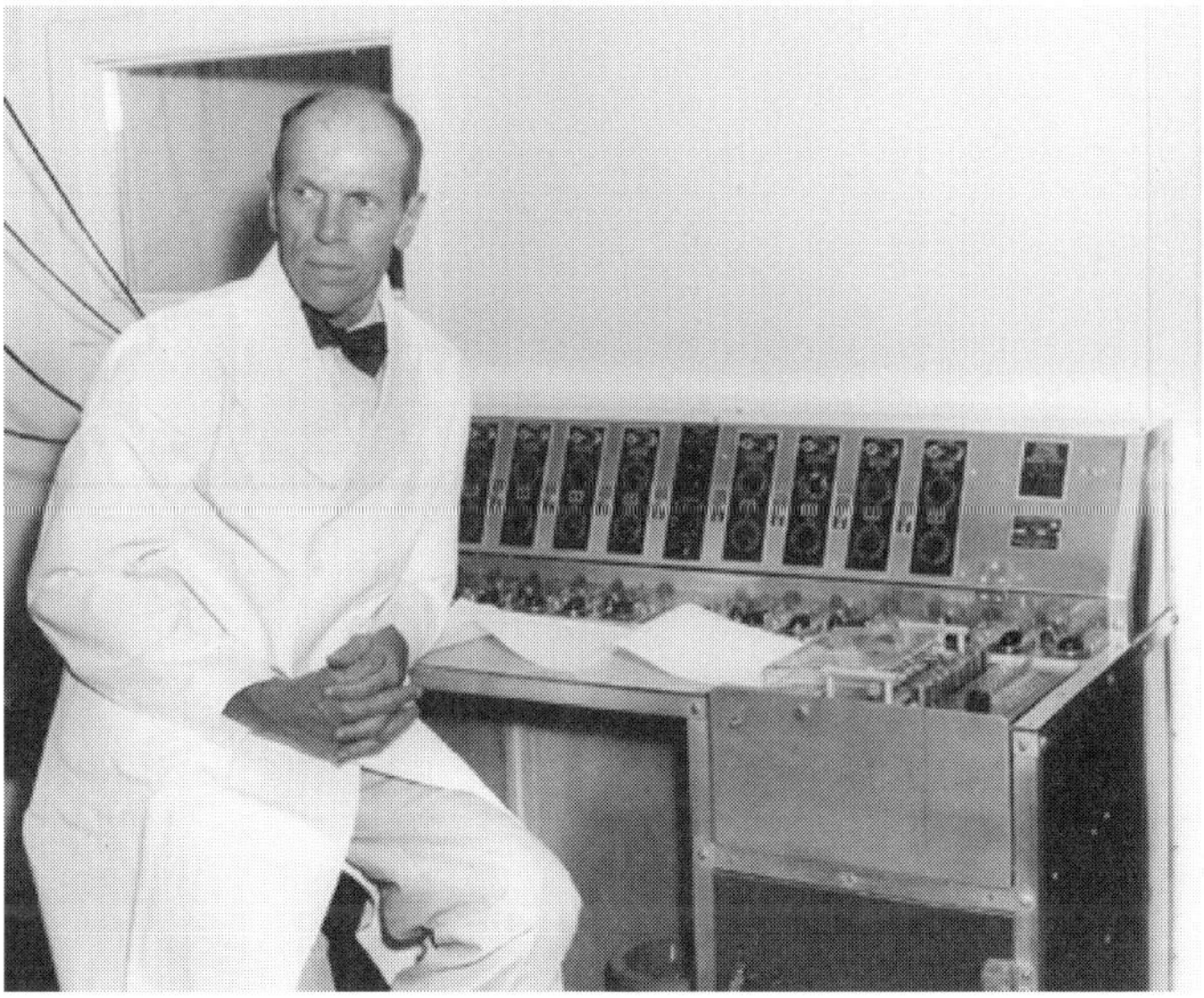

ハロルド・ウォルフ（提供　Medical Center Archives, New York-Presbyterian/Weil Cornell Medicine）

ン・メイシー・ダレス・ジュニアは、頭部の重傷のために障害者となって朝鮮戦争から帰還した。ダレスはコーネル大学の神経学者ハロルド・ウォルフ（一八九八－一九六二）に息子の治療を依頼した。ウォルフは負傷したダレスのリハビリを試み、学部内のさまざまな雑用に当たらせた。[13] ウォルフは第二次世界大戦中、戦略事務局で働いていたことから既にCIAにとっては調査済みで、少なくとも同僚の一人によればダレスがウォルフを選んだのは「パブロフの弟子だったから」だという。[14] ウォルフはアメリカで最も傑出した神経学者の一人であった。頭痛および脳と行動の微妙な相互作用の専門家で、*Archives of Neurology* の編集長、アメリカ神経学協会の会長でもあった。

ウォルフは博識の思想家にして魅惑的

な講演家、情け深い医師であり、ストレスと自動的反応がほとんどの疾病の進行に影響していると確信していた。研究に取り憑かれ、オフィスには「毎日が実験」[15]という意味深な格言を掲げていた。彼はまた質実剛健で専制的、ユーモアを解さず、獰猛なまでに野心的な男であり、近寄りがたい雰囲気を漂わせていた。ウォルフ自身、偏頭痛持ちであり、典型的な偏頭痛患者に関する彼の記述（野心的、遣り手、完全主義者、有能、非現実的な期待を持つ）を見て、これは自分自身のことを言っているのではないかと思う者もいる。[16]ウォルフはこと仕事となると脇目も振らぬタイプで、同僚の一人は顔をしかめてこう言った、「もしも講義中に犬が入って来て、敷物に嘔吐したとしても、奴なら続けただろうね」[17]。だがそんな欠点も何もかも含めて、彼の周囲には精神身体医学の大御所たちが集結した。彼らは「狼の群れ《ウォルフ・パック》」と呼ばれた。

七〇年前、神経学と精神医学は今日のように画然と区別されてはいなかった。とある精神医学の一部門——精神身体医学——は、神経科学、精神分析論、生物学的精神医学の架け橋になろうとしていた。ウォルフは精神身体医学運動の指導者で、当時最も傑出した神経病理学者、精神医学者らとの共同研究を含む一つの訓練系統をそこに持ち込んだ。[18]

息子の治療の件でウォルフに恩義を感じていたダレスは、もしもＣＩＡの研究計画に役立つかもしれない他の傑出した研究者を紹介してくれるなら、ウォルフの研究を援助しようと申し出た。ウォルフは同僚のコーネル大学医学部教授ローレンス（「ラリー」）・ヒンクルに掛け合い、社会生態学研究所の設立を手伝うよう依頼した。私はこのラリー・ヒンクルをよく知っているが、少々不快な人物である。ぶっきら棒で冷笑的な巨漢で、馬鹿には容赦が無く、いつも軍人のように振舞っていた。しょっちゅう国際会議の議場に出没し、鋭い質問を浴びせかけては発表者を困らせていた。幸いなことに、私自身は彼の標的となったことはない。だがそのような見かけの裏で、彼は辛辣ではあるが気持ちが良く暖かいユーモアのセンスを持っていた。

ヒンクルは傑出した内科医で、心臓血管疫学の分野に多大な貢献をした。ウォルフ同様、彼はストレスが致命的な影響を及ぼしうると信じていたので、社会環境のコンテクストにおける疾病研究の重要性を強調していた。そんなわけで、「社会生態学」という名称は人間とその社会環境との関係に対する正統的な科学的興味を意味している。それ以外の点では、同研究所で言う「社会環境」の研究とは、敵から秘密を聞き出すための訊問、洗脳、薬物の研究を意味していた。

共同研究を開始したばかりの頃、ウォルフとヒンクルは国防総省顧問として、共産主義者の訊問技術の調査に当たっていた。彼らの優れた論文は、新たな研究所の名称の起源を説明する興味深い結論に達していた。「人間は社会的動物である。その健康は、食糧や水と同様、周囲との満足すべき人間関係に依存している。……ある程度の受容に繫がるある種の心理的生活様式は、何らの集団に属する人間にとっては必要不可欠なものである[19]」。

ウォルフとヒンクルは一九五三年、コーネル大学に社会生態学研究所を設立した。当初、それは学生寮内の密室にあった。何年もの間、それはさまざまなニューヨークのタウンハウスを転々とし、その間、ウォルフとCIAは電話帳に載っていない電話番号と郵便専用住所で連絡を取り合っていた。

脳機能異常の専門家である空軍大佐ジェイムズ・L・モンローが、一九五六年に研究所に加わった。同研究所のエグゼクティヴ・ディレクター兼出納官となったモンローは、コーネル大学外の研究者にも支援を拡大した。カール・ロジャーズもまた人間生態学委員会に加入し、情動に関する幾つかの研究で資金援助を得た。数年後、自分がカネを貰ったことの言い訳として、当時は資金難に苦しんでいたし、同研究所の支援を受けた後に、他の研究資金獲得の方が容易であることに気づいた、と強調した。自分のキャリアにおけるこの時代を振り返り、ロジャーズはもはやこのような機密資金には「金輪際」手を出さないだろうと述べている。[20] ある意味、彼と同研究所との関わりは、それが真面な財団であると見せかけるための手段として利用された。このようにCIAはロジャーズを利用はしたが、同時にまた、面談及び行動制御に関する彼の業績に興味も抱いていた。その間、社会生態学研究所は一九六五年まで、他の研究――LSD、感覚遮断、隔離など――の膨大なポートフォリオに資金を提供した。[21]

ヒンクルは次第に社会生態学研究所に幻滅するようになり、「いつの間にかCIAが主導権を握るようになった、CIAは基本的に、人間生態学の基礎研究よりも自らの人心操作上の問題にしか興味を抱いていない」とぼやくようになった。[22] さらに彼は、研究所に派遣されたCIA職員の一部を完全に信用していたわけではなかった。数年後、ヒンクルは同研究所がどこで道を踏み外したのかを説明しようとした。「当初から、ハロルド・ウォルフの『人間生態学』の高度に知的で人道的な目的と、科学に無知で基本的に非道徳的なプロの諜報部員の活動には、互いに相容れない葛藤があったのは明白である。この葛藤は、それを無視しようとするウォルフ博士の努力によって却って悪化したのだった」。[23]

ヒンクルは苦情を言ったが、ウォルフは「一度こうと決めたこと以外、どんな懸念に対してもどこ吹く風であった」[24]。その結果、一九五六年七月にヒンクルは研究所を去った。同年、諜報員ジョージ・ホワイトとウォルフ博士の間で交された手紙は、彼らが共に働いているCIA職員に対するヒンクルの懸念が要約されている。ホワイト曰く、「加えられる圧力の度合いに応じた、敵の恐慌の度合いを示すグラフを作製できる可能性は?」。ウォルフはすぐに応えた、「ご質問は極めて興味深いご指摘であり、十分可能であると考えます。ご厚情深謝致します」[25]。

詰まる所、いったい誰が誰を利用していたのか? CIAが純真で無邪気な学者を利用して、自分たちの目的を追究させたのか、それとも学者たちの方が、自分の目的に向けてCIAの舵取りをしていたのか? 明らかに着眼点によるだろうが、ハロルド・ウォルフの場合、彼は決して無力な駒などではなかった。数年後、コーネル大学が社会生態学研究所の怪しい履歴を調査したところ、調査委員会は苦々しげに、ウォルフが強権を振るっていたことを認めた。委員長曰く、「私自身の記憶では……、ハロルド・ウォルフは思ったことを思った通りにやり抜く類いの人間だった。何であれ、CIAが彼のためにプログラム計画を立てたとは思えない。もしも彼のプログラムがCIAの望みと一致していたのなら、ハロルドはそれで良かったのだ。だが、ハロルドがCIAから指図されるところなど想像もできない」。これに応えてラリー・ヒンクルは言う、「[大学]当局ですら、彼に指図なんてできなかったね」[26]。

ハロルド・ウォルフ博士が一九六二年に急死していなければ、社会生態学の仕事はその後も〈MKウルトラ〉の資金で長く続いていただろう。卒中に倒れた時、彼はCIAの本部でU－2の元パイロットであるフランシス・ゲイリー・パワーズに訊問している最中だった[27]。

CIAとコーネル大学社会生態学研究所との提携は洗脳研究支援の最も悪名高い最前線であったが、CIAはその他の多くの財団とも提携していた。今日に至るまで、政府機関にとって共通する興味を支援するために財団と提携することは当たり前である。メイシー財団——意識、神経科学、戦時精神医学、およびLSDに興味を抱いていた——は、CIAの洗脳ポートフォリオと密接に結びつく諸研究を支援していた。

一九三〇年代および四〇年代、ジョサイア・メイシー・ジュニア財団の創設者ケイト・メイシー・ラッドは、宗教、精神と身体、健康問題（特に偏頭痛）などに興味を持ち、学際的な研究を促進した。彼女の財団は精神身体医学の発展を支援し、軍務適合性の研究に焦点を当てる軍事精神医学、戦争神経症の治療法を発展させた。戦争神経症に関する一九四〇年のメイシー会議は、同症治療のための薬物に関するウィリアム・サーガントの研究を主題としていた。このメイシー会議は、令名高い学際的な討論の場で、参加できるのは招待客のみ。その中には〈MKウルトラ〉の支援を受けた多くの科学者が含まれていた。一九四六年から一九五三年まで、この会議はメイシーの主治医であるフランク・フリーモント＝スミスの主宰で開かれていた。彼が注目していたのはサイバネティクス、条件反射、催眠およびLSDである——いずれもCIAに奨励されたものだ。[28] 一九五八年、同財団は国立科学財団と提携し、パブロフの研究と、他のロシアの行動科学研究におけるその残響に焦点を当てた。[29]

LSD研究の先駆者であるハロルド・A・エイブラムソンは、研究の援助を受けたことを何度もメイシー財団に感謝している。それは精神療法において情報開示にLSDが使えることを明らかにする研究であった。LSD投与下において、長期的にエイブラムソンの精神療法を受けていた患者は、それまでは自制していた情報を開示し始めた——ホモセクシュアルな空想や、レイシズム的な思想などである。[30]ＣＩＡは特に精神療法に興味を抱いていたわけではないが、その薬物が情報開示に役立つかどうかには興味津々だった。エイブラムソンのＬＳＤに関する専門知識と、彼とＣＩＡの関係はいずれ不幸な結果をもたらすことになる。

さらにメイシー財団は、さまざまな研究者に支援していた。訊問用薬物の主要な研究家であるルイス・ゴッチョーク。[31]ハロルド・ウォルフの頭痛（ラッズ女史の終生の持病）及び苦痛の測定法に関する研究。ジョン・リリィの感覚遮断用アイソレーション・タンク研究。マーガレット・ミードのカルト宗教研究。このリストは膨大なものとなる。さまざまな理由で、メイシーは洗脳に一家言を持つ一流研究者たちの研究に「興味」を抱いていた。

チャールズ・ゲシックター（一九〇一–一八七）もまた、ＣＩＡの行動研究資金の意外な提供者の一人である。乳癌研究で有名なジョージタウン大学の病理学者であった彼は、一九五三年から七二年まで、ＣＩＡからの資金をゲシックター財団に注ぎ込んでいた。これらの資金は、訊問および囚人に対するＬＳＤを初めとする幻覚剤の使用に関する研究を支援した。ゲシックターは、ニューヨークのハロルド・エイブラムソン、オクラホマおよびＵＣＬＡのジョリー・ウェストのＬＳＤ研究を支援した。この財団は他にも、茸の毒性化合物や人間を無力化したり睡眠を誘導したりする方法の発見にも興味を持っていた。

最終的にＣＩＡの研究に関する醜聞が発覚すると、上院委員会はゲシックター博士の財団とＣＩＡとの繋がりについて彼を審問した。上院議員エドワード・ケネディはゲシックターに、何故ＣＩＡは病院内に研究用の隠れ家を用意させたのか、と訊ねた。ゲシックターはのらくらと答えた、「全く見当も付きません。……彼らが何のためにカネを与えていたのか、見当も」。ゲシックターは全てを大学の杜撰な経理の所為にしたり、全く記憶に無いと主張したりした。実際、CIAは情動的ストレス、催眠薬、中毒性精神病を惹き起こす化合物、脳震盪によって記憶を消去する方法、電波による睡眠誘導などを研究していた。この最後のものだけはゲシックターも憶えていて、それは確かに効いたが、照射量についてははっきりしないと述べた。電波を当てすぎると、「肉を焼く時のように、脳の温度中枢が損傷を受けます」[32]。

最終的に人間生態学財団（この団体の名称は長年の間に少し変った）はニューヨークからワシントンに移り、ゲシックター医学研究所と同じ建物に収まった。CIAにとっては、同じ建物内に二つの主要な隠れ蓑財団があった方が、それと接触を保つのが容易であっただろう[33]。

数多の大学が、あれこれの口座を通じて〈MKウルトラ〉から資金を受け取った。一九六〇年代と七〇年代にこのことが明るみに出ると、憤激の嵐が巻き起こった。たぶん今日では理解できないほどの憤激である。その後、われわれはヴェトナム戦争の泥沼に嵌り込み、本能的に権力を警戒するようになった。「CIA＝軍部＝ニクソン＝暗殺＝陰謀論」は一つの巨大なモンスターであり、そのどれかに関わるものは何であれ不信を買い、汚名を着せられた。後に明らかとなるように、〈MKウルトラ〉が支援した研究の一部はこの悪名の所為で酷い目に遭ったが、実際にはCIAから研究支援を受けること自体に罪はない。問題はその研究の詳細であり、資金に結びつけられた紐の方である。

一部の研究者は、怪しげな研究を提案した。ウォルフの提案は、何十年も経った今日においてすら衝撃的である。「潜在的に有用な自白剤（および脳に損傷を与えるさまざまな処置）を、脳機能及び被検体の気分、思考、行動の条件付け、記憶および発話機能に対するその基本的効果を確認するために、同様に試験する。これらの薬物の研究に当たっては、その解毒薬もしくは対抗策の研究も同時に行なう。これらの研究のいずれかが被検体を損傷する可能性がある場合、必要な実験の遂行に適した被検体と適切な場所を〈局〉が提供することを期待する」[34]。

機密研究には、プラス面とマイナス面がある。ミッション主導であるから、急速な進歩が見込める。戦争の抑止や国家安全保障という名目があれば官僚の妨害も抑えられるし、スポンサーとはしばしば、驚くほど独創的なアイデアを重視するものである。一方、ミッション主導の機密研究は万能薬ではない。基礎研究はあらゆる知識を有益と見做すが、時にミッション主導のアプローチは、独創的なアイデアであっても当初そのミッションとは無関係に見えたなら、それに正しい評価を与えるとは限らない。「驚くほど独創的」というのはしばしば「気違い沙汰」として一蹴される。健全な科学は、無慈悲なまでに批判的である。科学者が自身の研究について他言できないのであれば、他の研究者がそこに潜在的欠陥を見出すこともあり得ない。だが機密研究の場合、われわれはその手法の検査や批判、統計分析ができず――全てが報告されないのだから――故にその成果の価値を判断することは極めて困難である。時に方法論の詳細は意図的に秘匿される。時には意図的に省略される――そして言及されなかったものは反復実験ができない。機密研究の研究に於いては、この批判と反復実験のプロセスが困難となる。借り物のレシピに親しんでいる人なら、誰もがその問題点を知っている――材料と技術が完全に開示されない限り、その再現は不可能だということを。

一九四三年にアルベルト・ホフマンがLSDの幻覚作用を発見すると、世界中の諜報機関がこの物質及び類似の化合物の品定めを始めた。これは結局成果の得られなかった第二次世界大戦中の自白剤研究の論理的延長である。LSDは強圧的説得に利用できるのか？〈MKウルトラ〉が幻覚剤に関する機密研究の援助に熱心になったのは偶然ではない。

各国政府の興味が薬物は訊問を促進しうるのか否かにあった一方、科学者たちの関心はこれらの薬物が精神病を理解するためのモデルを提供しうるか否か、あるいはそれは人間の成長や創造性を増進しうるのか否かという点にあった。CIAの幻覚剤に関する機密研究のポートフォリオは膨大であり、例えばLSDの効果的な投与量の規定、任意の人物に秘密裡に投与する方法、それによって政府首脳に精神病を発症させたり無能力化したり、あるいは障害を引き起こしたりすることが可能か否か、等のプロジェクトが含まれている。〈MKウルトラ〉の研究は、薬物耐性を高めることは可能か、解毒剤は効果を発揮するか、などといったことも調べている。ハーヴァードのヘンリー・ビーチャーは、戦艦のような軍事目標とか、さらには一つの街の水道供給網にLSDを混入することは可能かと考えた[35]。水道供給網に対する脅威は一九六八年のシカゴ民衆党大会でも再浮上した。この時、イッピーが水道供給網にLSDを混入すると脅迫したため、リチャード・デイリー市長は市の全ての貯水池に二四時間の監視体制を敷く羽目となったのだ[36]。

LSD研究には文字通り致命的な欠陥があった。激怒した民衆からの反発を恐れたCIAは、〈MKウルトラ〉のLSDプロジェクトの予算を削減した。実はその実験は、志願者でも何でもない、何も知らない被験者に対して行なわれていたのである。全米の至るところで、人々がサプライズ的にLSDトリップをさせられていたのだ。このような内密の投薬は、浮かれ騒ぎから悟り、パニック、精神病、自殺に至るまで、さまざまな結果をもたらした。研究者たちが薬物反応を研究した対象は学生、囚人、薬物中毒者、精神病患者、子供など多岐に及んでいた。元囚人マーヴィン・ウィリアムズは、自らの経験を次のように語る。「何がどうなっているのか解らなかった。……俺たちは何というか、水みたいなもののグラスを渡されたんだ……飲め、と彼らは言った。そしたらズドンさ。何が何だか解らない。天井も空もぶっ飛んだ。イカレたことが起きた。つまり本当にキチガイじみたことが、現実じゃないみたいなことが、起きてるんだ。どっかのジャングルにいて、野生動物に取り囲まれてるとかさ。このイカレた野獣どもがみんなして俺を殺そうとして、そして……二度と、いやはや、もう二度とご免だ[37]」。

CIAでも最も派手な諜報員の一人ジョージ・ホワイトは、〈MKウルトラ〉およびハロルド・エイブラムソンと共に多くのLSDプロジェクトに従事した。同僚曰く、「ジョージには狂犬からアジトを守る不思議な力があった[38]」。ホワイトは身長五フィート七、体重二〇〇ポンドの禿散らかした男だった。保守的な戦略事務局の諜報員で、その無鉄砲な性格は一部のアメリカ人科学者の暗い側面に訴えかけた。

悪名高い〈オペレーション・ミッドナイト・クライマックス〉に於いてホワイトはサンフランシスコのテレグラフ・ヒルに部屋を借り、売春婦を雇ってその客の飲み物にLSDを混入させた。彼らが喜んで情報を話すかどうか確認するためである。とあるCIA諜報員は暴露する、「ある薬が恐ろしすぎて自分ではやりたくないという場合、われわれはそれをサンフランシスコに送り」そこでホワイトがそれを実験したと。[39]マリン郡のとあるパーティではエアロゾル化したLSDが噴霧されたが、これは無駄に終った——薬物は風で散らされてしまったのだ。このような酷い実験の数々において、人は知らず知らずの内に投薬され、彼らはその反応を観察した。これは長期にわたる研究プログラムで、断続的に一四年も続いた。[40]

だがこうしたやり方はその研究自体のクオリティにも科学的制限をもたらした。一九六三年、CIA査察官はこれらの薬物研究には果して科学的に根拠はあるのかと質した。[41]結局のところ、多くの研究に於いて観察に当たったのは科学的訓練を受けていない諜報員であり、しかも彼らが被験者を観察したのは僅か数時間に過ぎない。よって長期的な影響については不十分な情報しかなく、また医学的バックアップの欠如は危険な状況を作り出した。

どれほど資金があろうと、CIAにとって研究者を意のままに動かすことは容易ではなかった。とある諜報部長によれば、その秘訣は「全てのアメリカ人科学者の心の奥底にいる〈悪童〉にアピールし、こう言うんだ、『いつもの法に縛られた考え方なんて全部窓から投げ捨てろ。本当にやりたかった無茶をやるチャンスなんだぜ』[42]」。時にはCIAの方が一杯食わされることもあった。彼らに協力した科学者たちが実際に〈悪童〉であった場合である。ロチェスター大学心理学部長リチャード・ウェントは、「緘黙者にすら喋らせることのできる極めて特殊な」混合剤を発明したと主張したが、その成分を明かすことを拒んだので、CIAは彼と愛人をヨーロッパに連れて行き、それをスパイと目される人物に試行する際の監督に当たらせた。だが実験は失敗に終り、最終的には新成分と称するものが実際にはバルビツールとアンフェタミン、それにマリファナの混合物に過ぎないことが判明して、CIAは憤慨することとなった。[43]

〈MKウルトラ〉のニュースがついに明るみに出た。一九七〇年代の上院聴聞会で、上院議員エドワード・ケネディは国家を代表し、このプログラムが何も知らされぬまま実験を受けた人々の生命と健康を危険に陥れたことを厳しく非難した。「確かに、この分野を進歩させるためには薬物実験が必要なことは万人の認めるところである。だが、副作用の可能性に関する悪質な不実表示、……参加者に対する……明確な告知の完全なる欠如……によって、彼らはその後遺症への対処ついて全く無知であり、そのような意味で今日、ここでわれわれが聞いたようなことは、何ぴとたりとも経験すべきものではない[44]」。

薬物への執念に加えて、〈MKウルトラ〉はまた、行動形成における社会的隔離の効果にも注目していた。健康で正常な被験者に対する実験の結果、二・三日間の感覚遮断後、被験者は幻覚を見始め、明瞭な思考ができなくなり、やすやすと教化されてしまうということが判明した。だがこの知識が探求されたのは、単に人間を「破壊」するためだけではない。科学者たちはまた、実際上の臨床的意味も見出した。感覚遮断の研究によって、研究者たちは鉄の肺〔訳注：ポリオなどで呼吸ができない場合に用いる鉄製の人工呼吸器〕に入れられたポリオ患者の苦痛の一部は、彼らの感覚が遮断されていることにあるのではないかと考えた。同様に、臨床研究者もまた、集中治療室でしばしば遭遇する混乱と譫妄もまた、部分的には感覚遮断の所為なのではないと考え始めた。

〈MKウルトラ〉は、記憶がどのように形成されるのか、そしてどのような生物学的要素が暴力を駆り立てるのか、といった神経科学的な問題に興味を抱いた。記憶の神経科学と感覚遮断の効果に関する研究のほとんどは、モントリオールにおける一連の悲惨な研究で頂点に達した。これについては次章で論ずる。

このような研究領域の全てに於いて、政府機関と科学者の双方が、自らのアジェンダを促進するために互いを利用した。科学者たちは研究資金を求めて奔走し、自分のアイデアは単に重要であるのみならず、また出資者の目標にも適合していると主張しようとした。出資者とて無邪気ではない――彼らは科学者たちのゲームを理解し、その申込の科学的メリットと、自身のニーズに対する有用性を慎重に吟味した。

〈MKウルトラ〉のプログラム管理者シドニー・ゴットリーブは、才気煥発でエキセントリックな化学博士であった。同僚たちは愛情を込めて彼を「ザ・ビースト」とか「マーリン」とか呼んでいた。[45]彼はジェイムズ・ボンド・シリーズの「Q」や、さらに酷いことに、大衆小説の中からそのまま出て来たマッド・サイエンティストになぞらえられた。[46]一九五一年、エイブラムソン博士からLSDを教えられたゴットリーブはその後、二〇回以上にわたって自らこの薬物を体験した。[47]だが、彼が人体実験を行なった対象は自分自身だけではなかった――オフィスにいる際、彼は日常的に、職員の食べ物、飲み物、煙草などにLSDを始めとする薬物を混入させていたのだ。しばしばその結果は「面白い」あるいは「魅力的」なものとなったが、時にはバッドトリップとなる場合も多々あった。ある時、密かに投薬されたCIAの諜報員が、恐れを為して建物から逃走したことがあった。後の彼の報告によれば、「通り過ぎるクルマはどれも、異様な眼球を持つ恐ろしい怪物に見えた。……まさしく苦痛の時間だった。延々と続く夢のようだった――誰かに追いかけられるという」[48]。

LSDの効果はそれを摂取するセッティングによって大きく変ってくる、ということを理解すのは重要である。初期の頃にはそれは精神療法の補助として処方されていた。療法家は、バッドトリップは稀であり、この薬物は洞察力と多幸感を促進すると報告した。一方、身を脅かすような状況で処方されたり、さらに悪いことに密かに盛られたりすると、恐怖が惹起される。ジョン・レノンとその妻シンシアは、とあるディナーパーティに参加した際、ホストによってコーヒーの中にLSDを混入された。シンシアによれば、「ジョンは泣き喚き、壁に頭を叩きつけていました。私は吐き戻そうとしましたが、できませんでした。眠ろうとして、数を数えました。それは果てしのない悪夢のようで、何をやっても止らないのです。三日三晩、それは続きました」[49]。

〈MKウルトラ〉のプログラムが明るみに出ると、訴訟や議会での審問が続き、ゴットリーブは〈MKウルトラ〉の大義を議会に説明した。

CIAの判断では、ソヴィエトと中共が人間の行動を変える技術を用いているという確かな証拠がありました。それは合衆国にとっては未知のものであり、国家の存亡に影響を与えると思われました。……われわれの諜報機関にとって、この分野において、何よりも優先的に、可能な限りのものを確立することが最大の急務であると……思われたのです。

［われわれは財団を］合衆国の学界・研究界を活用して、火急の国家安全保障上の問題に対する必須の答を提供するための試みとして利用しました。それも、これらの問題における合衆国政

府の利益に対する仮想敵に知られることなくです。……わが国は本物の隠された戦争に巻き込まれていました。……私はこの仕事の一切を、……極めて不快で、極めて困難で、極めて繊細なものであるが、けれどもそれ以上に、極めて緊急を要し、重要なものであると考えていました。[50]

ゴットリーブにとってはこれが釈明のつもりであったが、同時に議会はまた、CIAが何十年も前に直面していた脅威を思い起こした。一九七三年の時点でCIA副長官であったヴァーノン・ウォルターズはこれほど恭しくはなかった。「アメリカ人は常に、諜報機関に対してアンビヴァレントな態度を採ってきた。……脅威を感じると大いにそれを求め、そうでない時には全部まるごと不道徳なものと考える」。[51]

〈MKウルトラ〉のポートフォリオにある、二つの悪名高い研究を吟味するのは有益であろう。いずれも、LSDを用いた致死的な実験である。

人はしばしば、科学とは一匹狼の孤独な研究者がたった一人で取り組むものだと考えがちである。だが実際には、科学は本質的に、極めて社会的なものだ。〈MKウルトラ〉のLSD研究のような、極めて隠密な研究分野ですら、研究者たちは常にお互いを知っている。彼らの中には、一九六〇年代の遙か後になっても、洗脳の物語に登場し続ける者もいる。[52]

マサチューセッツ総合病院の実習生だった頃、私は幸運にも、チェスター(「チェト」)ピアスと共に働いた。長身で白髪のアフリカ系アメリカ人精神科医であるこの男は、ユーモアと暖かさ、そして実用主義を醸し出していた。禁欲的な叡智の泉であり、私が何十年にもわたって人種差別の生理学的代価について研究するようになったのは、主として彼の影響である。この話をしたのは、単に尊敬する友人であり師である人物の思い出を語りたかったからというだけではない。このコンテクストに、ある日彼に聞かされた奇妙な物語を挿入するためである。「ジョリー・ウェストと僕がオクラホマで象を殺した話はしたっけ?」。は?

チェトと私はこれまでにも、資金援助の気まぐれさや自分たちのキャリア、そして研究に於けるたくさんの袋小路について話し合ってきた。専ら話題に出るのはチェトのお気に入りの主題——人生の予測不可能性と謙遜の必要性——だった、少なくとも象の話を持出すまでは。

ジョリー・ウェスト博士は軍隊精神医学の権威で、帰還した朝鮮戦争捕虜の研究に当たっていた。初期の空軍時代にあっても、彼はその無限のエネルギー、そして社会問題と生物学的精神医学に関する幅広い興味でよく知られていた。オクラホマ大学で精神医学部長に就任した後も軍の重視する問題の研究を続け、〈MKウルトラ〉の財団から資金を受け取っていた。

ジョリーはLSDに感嘆していた。実際、精神医学のあらゆる領域は薬物に魅了されていた。何故このようなごく少量の投与が、これほど甚大に注意力と知覚を混乱させるのか? 何を使えば統合失調症の原因が判明するか? この難病の生物学的ルーツとは何か? CIAは統合失調症の生理学には特段の興味を抱いていなかったが、心的動揺を引き起こす薬物に関しては興味津々であった。LSDは敵の洗脳に使えるのか?

雄のアジア象は年に一度か二度、反復的にマスト〔訳注：交尾期の狂暴状態〕に陥り、その間はひたすら暴れ回って極度に攻撃的になる。オクラホマシティの動物園には一四歳の雄象「トゥスコ」がいた。LSDはトゥスコからマストのような行動を引き出し、それによって心的動揺に関するなにがしかの情報が得られるだろうか？

かくしてジョリーとチェト、それに獣医のウォレン・トーマスは、（悪）名高い象の実験を計画した。LSDを処方する前日、彼らはペニシリンを封入した矢でトゥスコを射った。一種のプラセボ・コントロールのためである。象は驚いて顔を上げ、抗議のいななきを上げた。そのまま二・三分ほど落ち着かなかったが、やがて普段通りに戻った。翌日、彼らは象にLSD投与を計画していたが、投与量は？　人間の場合、〇・一ミリグラムのLSDが幻覚を惹き起こしうることは判明していたが、象への投与量となると、誰にも解っていなかった。象は体重が人間の三〇倍であるから、投与量も三〇倍で良い、などと決めつけて掛かることはできない——種族が違えば薬物の代謝も異なってくるのだ。研究者たちは計算で大間違いをやらかし、LSD二九七ミリグラム入りの矢をトゥスコに打ち込んだ。人間への投与量の三〇〇〇倍である。彼らは、一九六二年の「サイエンス」誌の論文で、その時の様子を記している。「トゥスコは甲高くいななき始め、檻の中を駆け回った。それは前日に見せた反応と似ていなくもなかった。だが、今回、この騒ぎは注射後三分間は激化する一方であった。その後、象は停止し、顕著な協同運動障害の徴候を見せ始めた。つがい（ジュディ、一五歳の雌）が彼に近寄り、助けようとしているように見えた。彼よろめき始め、後半身は頽れ、立位の維持は困難となっていった。注射から五分後、象はいななき……倒れた」[53]。

その日の日記の中で、ジョリーは目の前の出来事が信じられなかったと書いている。「ただ「トゥ

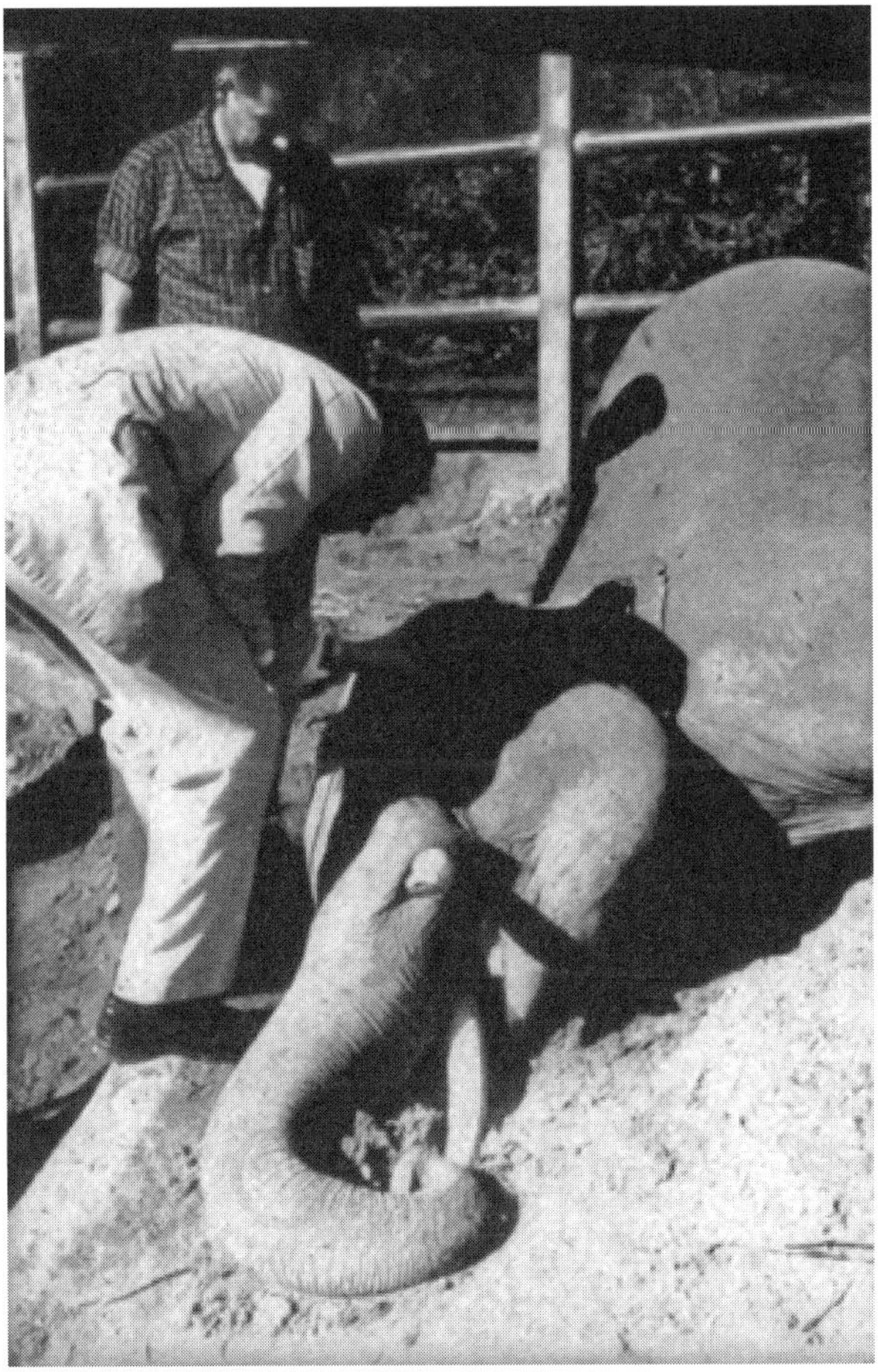

トゥスコの死 (Louis JolyonWest Papers [Collection 590], box 5. Librry Special Collections, Charles E. Young Research Library, UCLA)

スコに」ＬＳＤを射っただけなのに。彼はぐるぐる回って狙撃手を探した。……とても怒っていて、落ち着きが無く、辺りを走り回って注射器を振り落とそうとした。……ジュディ［つがいの象］は彼を落ち着かせようとしているようだった。……彼女は餌を持って来て、過去の経験から、彼の気を惹けると解っているやり方でそれを彼の傍に置いた」。トゥスコの呼吸が停止に近づくと、ジョリーは万策尽きてこう思った、「少々のマウス・トゥ・マウス蘇生法が必要のようだったが、残念ながらそれができるのはジュディだけだ」。彼のその日の日記はこう締め括られている、「象は……リセルグ酸ジエチルアミドに対する中枢神経系の素晴らしい感受性を持っていると言える。このことは……マスト……という現象の……毎年の発現の化学的性質に関して、なにがしかを示唆しているかもしれない」[54]。

この研究は聡明な善意の人々によって設計されたものである。正当な目的を持っていたことも、ほぼ間違いない――薬物が精神病のような行動を引き起こすかを決定することである。それでもなお、その計画は無謀であり、統合失調症の生物学的基盤についても、あるいは心的動揺の誘導や治療についても、何一つ解らず終いだった。これらの問題に答えるには人間に対する研究が要であり、そしてここでは少なくとも、ウェスト博士はそれに対しては妥当な慎重さを持っていた。

一九五九年のとある会議ではＬＳＤの利点が激賞され、ＬＳＤが薬物依存、統合失調症、小児病、希死念慮、躁鬱病、脳損傷、妊婦等々の治療に素晴らしい効果を発揮する、などと発表されたが、眉に唾を付けながらこれを聴いていたのがウェストである。彼は口を差し挟んだ。「永久に根治しない懐疑主義者の汚名を着せられることを覚悟の上で申し上げますが……どの事例においても……「患者が素晴らしい反応を示したということは」……私には全く信じられません。ＬＳＤはこれまでに精神科の治療に導入された最も驚くべき薬物であるということなのか、それともその結果を査定したのが……先入観に満ち満ちた、とまでは申しませんが、ともかく熱狂的な人々であったということなのか[55]」。

ＣＩＡもまたＬＳＤの使用に関しては熱狂的であり、それを人体で実験することに何の躊躇もなかった。ここで「自発的な被験者に対するＬＳＤ実験」と言えればどれほど良かっただろう。だが実際には、この実験に関しては「自発的な」被験者などほとんど存在せず、しかも結果は生命に関わるものとなったのだ。ＣＩＡがＬＳＤ実験に熱心だったのは、人口の大部分を制圧するための行動抑制剤としてのＬＳＤの効果、殊にＬＳＤが訊問用ツールとして使用可能かを確認したかったためである。この薬物は人間を混乱させ、喋らせることができるのか？　ＣＩＡの関心はそれだけではなかった。それは人間の思想を根本的に変え、寝返らせることができるのか？　外国の要人が大衆の前に姿を現すに先立って予めＬＳＤを盛っておけば、その要人に恥をかかせたり名声に傷を付けたりできるのか？　このような疑問は、攻守両面に於いて重要であった。

ＣＩＡは提携した財団を通じて一連の研究を開始した。特に興味を惹かれたのは、何も知らない人間に対する投薬である。時にＣＩＡはその科学者をモルモットにしたが、時には精神病患者、薬物中毒者、囚人、スパイ容疑者、全く無関係な第三者などに投薬されることもあった。

一九六〇年代には、精神療法の補助や自己成長の道具としてのＬＳＤの使用が熱狂的に受け入れられていた。ハロルド・エイブラムソン博士は最初期の支持者の一人である。彼はアレルギー専門医であったから、〈MKウルトラ〉のLSD研究参加者には似つかわしくないバックグラウンドである。さらにエイブラムソンは、彼自身の最初のLSD体験からすれば、人々に密かにそれを盛ることの危険性についてもっとよく知っておくべきであった。と言うのも彼は、自分の研究所で働いていた時にそれと知らずに偶然それを口にしたことがあるのだ。後年、彼はその後の数時間の体験を記している。「私は混乱し……このまま死ぬのだ［と思った］。……生命保険料のことを考え始め、どうしようと思った」。この体験の原因は実はうっかりLSDを口にしてしまったことだと気づいた彼は、こう考えた、「何だ、じゃあ何でもない。数時間で収まるし。そもそも寝てたんだし」。[56]

エイブラムソンはその後もこの薬物の伝道を続け、その危険性を嘲笑い、自分の精神療法の患者がLSDで副作用を起したことはないし、偶発的な副作用ならペニシリンやコルチゾンの方がよくあることだと主張した。だが彼は、精神療法の患者にLSDを投与する時、その体験が強烈すぎると訴えられたら、セコナール（バルビツール鎮静剤）を処方することもあると認めている。[57]

最も悪名高いLSDの弊害の事例は、フランク・オルソン博士の致死的実験である。彼はフォート・デトリックで機密研究に当たっていた細菌学者であった。本件に関してはこれまでにも莫大な量の記述が為されてきたが、ここではCIAの研究意図と本件に対する彼らの対応に焦点を絞る。[58]

一九五三年一一月一九日、オルソンと同僚たちはメアリランド州ドライ・クリーク・レイクでの修養会に参加していた。シドニー・ゴットリーブは参加者のコアントローにLSDを混入し、オルソン博士は重度の副作用を起した。心的動揺と鬱の状態に陥った彼は、周囲にからかわれている、あるいは批判されていると思い込み、みんなの笑い物だと感じた。彼は帰宅したが、その後数日にわたたっ

幸福だった頃のフランク・オルソン。妻アリスと息子エリック。（提供：Eric Olson）

てこのような症状を感じ続けた。一一月二四日、妻が彼をCIA本部に連れて行った。

CIAは彼をニューヨークに移送し、ハロルド・エイブラムソン博士の診察を受けさせた。同日午後に博士はオルソンが逗留しているホテルに往診し、そしてオルソンは一一月二五日、CIAの諜報員に伴われてエイブラムソン博士のオフィスに会いに戻った。エイブラムソンは、オルソンは感謝祭を家で過せば落ち着くだろうと考えたので、翌日、オルソンはワシントンに戻った。だが到着時の彼の代償不全状態はあまりにも甚だしく、諜報員はエイブラムソン博士の再診を受けさせるために彼をニューヨークにとんぼ返りさせた。オルソンは翌日、自分がワシントンのチェストナット・ロッジ病院の自発的な精神病患者であることを認めた。それから彼はCIAの監視員と共にスタトラー・ホテルに戻った。その夜、彼は一〇階の自分の部屋から身を「投げた」。「投げた」に引用符を付けたのは、それが事故だったのか自殺だったのかがはっきりしないからだ。あるいは殺人だったのか。

オルソンがこの混乱状態の中で秘密を暴露してしまうのを恐れたCIAが彼を殺害したのだ、との噂はずっと囁かれている。中には、彼の息子エリックのように、彼を国防上のリスクだと考えたCIAが彼を窓から投げ落としたのだと信ずる者もいる――単に密かにLSDを盛られた後の混乱だけが理由ではないと。オルソンはヨーロッパでのCIAの活動を目撃した後に激しく動揺し、良心を痛めたことがあった。彼はロンドンでウィリアム・サーガントと会ってこの件を話し合った。サーガントは英国情報部の上司に、オルソンは国防上のリスクとなり得ると報告した。たぶん彼らがアメリカの同僚に報せたのだ、というわけである。[59]

今日でも、彼が窓から飛び降りたのか、転落したのか、投げ落とされたのかは判らない。確かなことは、ＣＩＡがＬＳＤ投与の件を揉消し、さらにはオルソンの精神病歴をでっち上げ、自殺はその（ありもしない）病気の論理的な結果だと主張したことである。ＣＩＡ関連の著述家らは、彼の以前の精神病歴や、ＬＳＤ投与が彼の精神病と自殺の原因だったのか、などに関して論争を繰り広げた。「あの自殺の原因が、実験とは無関係の既存の精神病の結果であるという可能性も十分にある。だが、われわれは公式には、あの実験が少なくとも自殺の『引鉄』となったという立場を取る。……だが［一部の者は］この薬物が有害な副作用を持つということはあり得ないと言い張っている」[60]。

この話の奇妙な点の一つは、彼らがオルソンを精神科医ではなく、アレルギー専門医のエイブラムソン博士のところへ連れて行ったことだ。だが、この変則的処置には幾つかの理由がある。一つには、この致命的な選択はＶＩＰ患者が治療を受けた際に表面化するいくつかの問題を実証している[61]。ＶＩＰには迅速かつ機密的な診察が確約されている。だがしばしば、誤った診療科の医師や、あるいは患者の健康よりもＰＲ上の危険回避を優先する医師が選択されてしまうのである。

オルソン博士の心的動揺の期間と重篤さからすれば、ほとんどの精神科医なら彼を直ちに入院させていただろう。だがエイブラムソンは、数日にわたってオルソンの同僚に彼を監視させ、その間、ＣＩＡ関連の患者を受け入れる精神科病院に彼を移送する手筈を整えていた。だがＣＩＡに宛てられたエイブラムソンの経過記録は、オルソンの病状が極めて重篤であったことを示している。オルソンは心的動揺の状態にあり、睡眠が取れず、被害妄想と幻聴に悩まされていると記されているのだ。のみならず、オルソンは罪悪感に囚われ、強い「欠乏感を抱いており、特に彼の責務の科学的成果について悩んでいた。自分の記憶力は貧弱であり、仕事は不十分、家族や同僚との関係も最悪であるという妄想に取り憑かれていた」[62]。ものごとは常に、後知恵の方が良い判断ができるものだ。そうは言っても、これだけの症状がありながら、オルソン博士を即時入院させないような精神科医など、この私には想像もつかない。

エイブラムソンとオルソンは、エアロゾルに関する過去のCIAの研究の時からの知り合いだった。だからオルソンは、知り合いのよしみで彼に会いに行ったのではないかとも考えられた。エイブラムソンはまた、長期にわたってCIAと提携していた「諜報員」のような人物だった。一九四三年から一九四六年までの間、彼は合衆国陸軍の化学戦局のための仕事をしていて、ペニシリンのエアロゾル化に関する彼の研究は極めて重要と判断され、軍の勲功章を貰ったほどである。「傑出した軍務の成果および達成に於ける特別に称讃に値する業績」を讃えて[63]。彼は精神療法を行なう医師としても、また諜報機関の職員としても、秘密を守る術を知っていた。エイブラムソンが選ばれたもう一つの理由は、彼が合衆国において最も幅広い知見を持つLSDの専門家であるとされていたことだ。メイシー財団は彼に資金を与えてLSD研究に関するコンセンサス委員会を招集させ、CIAは薬物に関する彼の研究を支援した[64]。

オルソン博士の死の背後にあった出来事は、二〇年以上もの間、彼の妻や子供たちには秘匿されていた。CIAはLSDの無許可投与の件は家族には内密にし、単にオルソンがホテルの窓から転落もしくは飛び降りたこととしか報告しなかったのだ。そしてその時には混乱もしくは心的動揺の状態にあったと捏造した。CIAはいたく弔意を表し、葬儀と保険金の手配を手伝った。その一方、長官アレン・ダレスはコアントローへのＬＳＤ混入の首謀者ゴットリーブ博士を穏やかに非難した。「本件に関するあなたの判断は適切ではなかった、というのが私の見解であるということを申上げておく[65]」。

明白に言えるのは、控えめに見てもオルソン博士に対するＬＳＤ投与は倫理規範に欠け、医学的ケアも不十分な、杜撰な研究計画であったということである。別のコンテクストにおいてカール・ロジャーズは、行動科学者が軍事諜報部と提携する時、その目的が善良なものともなり得ると信ずるのは無邪気すぎると警告している。曰く、彼らは「ドイツのロケット工学者」のようなものであり「当初彼らは、ソヴィエト連邦と合衆国を破滅させるためにヒトラーのために献身的に働いていた。今では誰が彼らを捕えたかによって、ソヴィエト連邦のために合衆国破壊を目的に献身的に働いているか［またはその逆である］。行動科学者の関心が彼らの科学の発展にしかない場合、権力を持つ個人や集団の目的に仕えるだろうというのは最も妥当な判断だ[66]」。

オルソン一家がオルソン博士へのＬＳＤ投与のことを知るのは遙か後に、また別の洗脳に関する惨禍の暴露により、ＣＩＡの秘密が漏れた時のことであった――それもカナダで。

第7章　死せる記憶

イーウェン・キャメロンがカナダに遺した遺産

人間の精神は、あらゆる機械の中で最も繊細である。それは極めて精妙に調整され、外界の影響の刺激に対して極めて高い感受性を持っているので、邪悪な人間の手に掛かれば従順な道具となるのだ。

CIA長官アレン・ダレス、一九五三年

ちょっと待って、カナダ？

私はいつだってカナダを、文明度が高くリベラルで思い遣りがある国だと見做してきた。そんなカナダが、選りにも選って行動科学に於ける最も悲惨な実験の一つに連座するなどいうことがあり得ようか？　実は、カナダ版〈MKウルトラ〉の研究は、ジェイソン・ボーンを主人公とするロバート・ラドラムの本や映画の元ネタとなった。ラドラムの小説では、CIAが一人の若者を特殊施設に連れ去り、そこで情け深い精神科医が彼の脳髄から全ての記憶を抹消。再プログラムを施された彼は完璧なる暗殺者ジェイソン・ボーンとして生まれ変わる。これはつまり、洗脳と呼んで良いであろう。そのプロット（暗殺訓練はさておき）は社会生態学プログラムとCIAの庇護の下にモントリオールで行なわれた実話に基づいている。その精神科医の名はイーウェン・キャメロンだが、彼以外にも、モントリオールには洗脳と関わった神経科学者が多数いた。

世界に冠たるモントリオールの神経科学プログラムには、脳に関するわれわれの知見に革命をもたらした研究者も含まれていた。キャメロン博士は同僚たちにアイデアを借り、それを自分自身の業績に適用したので、当の同僚たちはしばしば面喰らうこととなった。キャメロンに先行する知的潮流を辿ると面白い。

一九三四年、モントリオール神経科学研究所の資金によってその全てを開始したのは脳神経外科医ワイルダー・ペンフィールド（一八九一－一九七六）。彼は脳神経外科的処置によって、難治性の癲癇を引き起こしている脳のごく一部を破壊した。身の毛も弥立つような話かもしれないが、この手術は局所麻酔下で実施され、患者はこの処置の最中にも覚醒していたので、ペンフィールドは破壊しても安全な部位を知ることができた。刺激を与える電極を脳の表面を上へ下へと動かすことによって、ペンフィールドは文字通り思考と感覚、記憶を人間の脳の表面に地図化することができたのだ。[1]

ペンフィールドと共同研究した心理学者ドナルド・ヘッブ（一九〇四－八五）は学習とニューロンの情報伝達を研究していた。ヘッブの修士論文の最初の段落は、尊敬するパブロフに言及している。「シェリントンとパブロフによる反射と抑制に関する実験に基づき、シナプスの機能に関する理論を提示する」[2]。

ヘッブは聡明な大学院生ブレンダ・ミルナー（一九一八－）を招き入れた。記憶の認知精神科学の創設者の一人であるミルナーは、記憶の破断が生じる部位が海馬と呼ばれる脳の小さな領域であることを突き止めた。脳の両側にあるこの構造体が損傷を受けると、壊滅的な記憶障害が起る。その患者は依然として歩いたり、話したり、運転したり、パズルを解いたりすることはできる――まあほとんど何でもできるのだが、新しいことを憶えたり、過去のことを思い出したりすることができなくなるのだ。[3]軍事諜報部にとっては、敵の諜報員を縛り付け、脳の適切な部位に針を突っ込みさえすれば、自在に話させることができる、というのは魅惑的な可能性であった――その逆、すなわち自国の諜報員を生かしたまま、その記憶を「保護する」（すなわち、破壊する）ことができる可能性と同様に。これについては後述する。

説得の科学にとって特別の重要性を持っていたヘッブの研究は、これだけではない。ヘッブは、刺激のない環境では知性が衰え、情報に溢れた環境では知性が増進することから、感覚入力のほとんど無い脳は異常行動を起すと推論した。[4]ヘッブの研究が、〈プロジェクト・ヘッドスタート〉や〈MKウルトラ〉のような、全く異なるプログラムのための大義を提供したのは皮肉な話である。

一九五一年、カナダとアメリカの諜報部当局者が、ヘッブに面会して朝鮮に於ける洗脳をどう思うかと訊ねた。彼は、洗脳は収容所での感覚遮断を利用しているとの所見を述べた。何故なら人間は感覚入力を奪われると明瞭な思考ができなくなり、説得に対して従順になるからだと。諜報員たちはこの理論に関心を抱き、そのアイデアについてもっと教えてくれと頼んだ。ヘッブは続けた。「あらゆる感覚刺激を遮断された人は……概念などを植え付けられるような状態に陥る可能性があります」[5]。

この「植え付けられた《インプランテッド》」というアナロジーは魅惑的だった——彼は直ぐさま、感覚遮断に関する秘密研究のための資金を得た。補足だが、*implanted* という単語には注目して戴きたい。それはその後のモントリオールのコミュニティに取り憑くこととなる。

ヘッブは若くて健康な学生を募り、実験用の小さな部屋のベッドに寝かせて、環境の刺激から隔離した。腕を円筒で包み、手袋を嵌めて触覚を減衰させた。目は半透明のゴーグルで覆い、感覚遮断用の小部屋にはホワイトノイズを流した。研究スタッフが被験者に与える食事は単調なもので、トイレは介助したが、それ以外の点で被験者と話したり交流することはなかった。本来はこれを六週間にわたって続ける計画であったが、被験者のほとんどは二・三日以上耐えることはできなかった。彼らは不安になり、ふさぎ込み、ちゃんとものを考えられないと訴えた。暗算や思考や——何かを書くことすらもできなくなった。中には聴覚的、視覚的、触覚的幻覚を体験する者もいた。[6]

被験者は、フリーハンドで幾何学図形を描くように求められた。「三インチの長さの直線を右から左へと引いてください。そこから直角に上へ、二インチ伸してください」というように。図は、指導の通りに描かれた正しい形と、実際に指導を聞きながら被験者が描いたもの、それと感覚遮断の後で段階的に描いたものを示している。明らかに、遮断によって感覚と筋肉運動に酩酊効果が現れている。[7]

知覚に関するこのような観察は諜報機関にとっては特にそそられるものではなかったが、ヘッブらが隔離によって被験者の非暗示性が高まるかを調べ始めると、ＣＩＡは揉み手をするようになった。研究者たちは被験者を隔離部屋に置き、あらゆるものに興味を持たせるよう試みた。[8] 歯科衛生や禁煙を説くテープ、ポルターガイストや現在のトルコ情勢を論じたテープなどをひたすら聞かせたのだ。

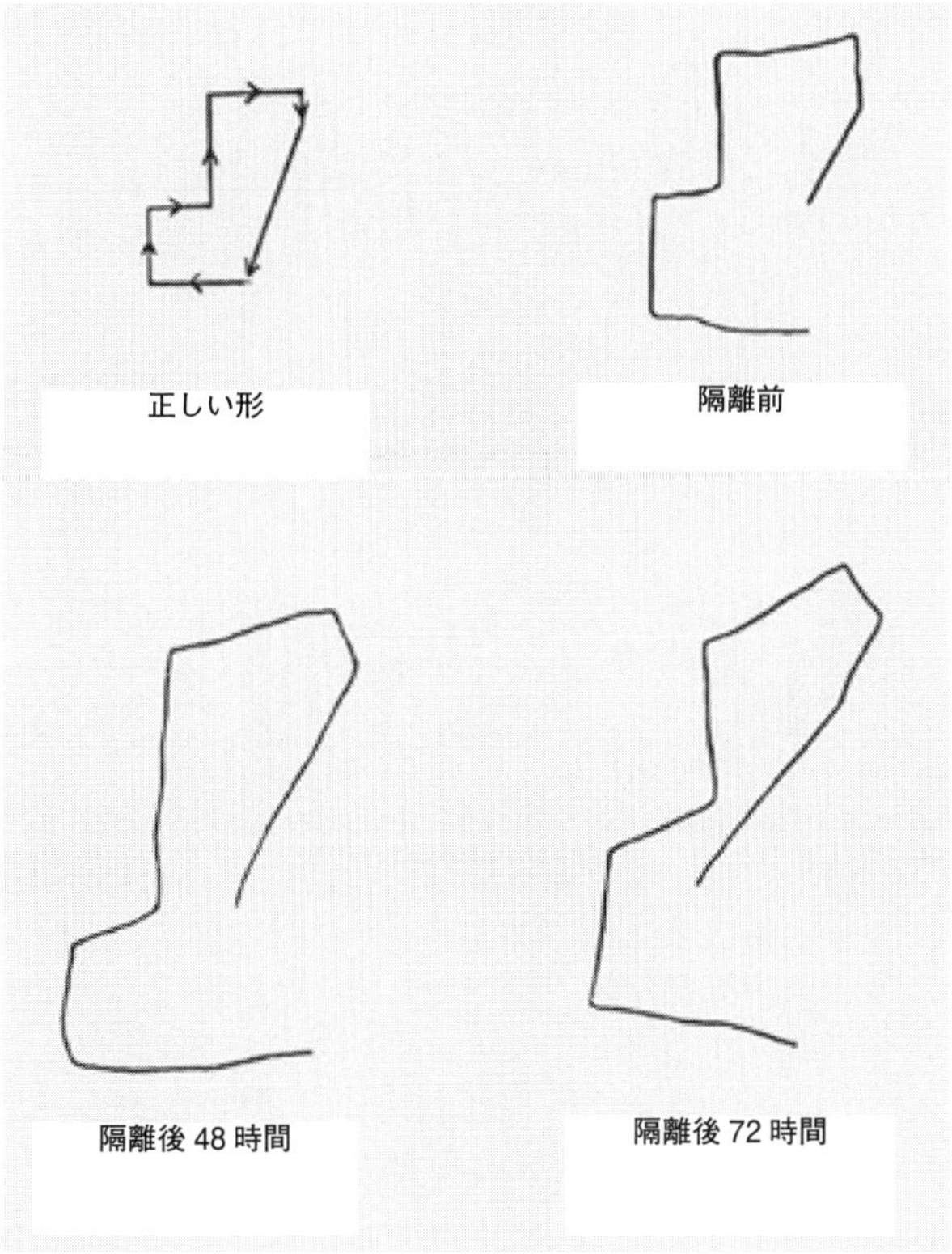

知覚と筋肉運動に対する隔離の効果（Woodburn Heron, “Cognitive and Physiological Effects of Perceptual Isolation,” in *Sensory Deprivation: A Symposium Held at Harvard Medical School*, edited by Philip Solomon, M.D., Philip E. Kubzsnsky, M.D., P. Herbert Leiderman, M.D., Jack H. Mendelson, M.D., Richard Trumbull, Ph. D., and Donald Wexler, M.D., Cambridge, Mass.: Harvard University Press, Copyright © 1961 by the President and Fellows of Harvard College. Copyright © renewed 1989 by Philip Solomon）

こうしたものを聞く以外に何もすることのなかった被験者はそれにすっかりのめり込み、実験終了後もこれらの事柄についての興味を保ち続けた、と研究者は報告した。[9]

中には、聞かされたテープに直ぐさまなびいてしまう者もいた。感覚遮断用の小部屋の中でテレパシーや透視、ポルターガイストに関するテープを聴かされた被験者に対する追跡調査が行なわれた。三・四日後、一部の学生は幽霊という概念にすっかり魅了され、わざわざ図書館まで行ってそれについて調べた、と報告した。一人は幽霊を恐れるようになり、他の一人はポーカーに勝つためにテレパシーを試してみた、と言った。[10] カネを出した機関はこのような結果に魅了され、テープによる説得に対して無力化した者に関するさらなる情報を求めた。[11]

朝鮮戦争での経験から、内科医のラリー・ヒンクルもまた、感覚刺激の遮断によって脳は正常に機能しなくなると確信していた。彼は、ヘッブのアプローチは囚人を虚脱させる最高の方法を提供したと信じた。何故ならそれは「まさしく訊問官が望む通りの状況を創り出したからである。従順さ、話したいという願望、さらに被験者自身が強制や強圧は全く用いられていないと自らを騙すという利点もある[12]」。

ヘッブとCIAとの関わりがどの程度であったのかという点に関しては議論があるが、彼は自分が機密の軍事研究に携わっていることを知っていたことは明白であり、前章で論じたように、それは何も彼に限ったことではなかった。[13] のみならず、彼はその機密案件が「実際に元々洗脳の問題に関するものだった。そのように言うことは許可されていなかったが」とあっさり認めている。[14]

ともかく、ヘッブは極めて慎重な研究者であり、実験への参加を止めたいと言った学生を引き留めたりすることはなかった。いずれの側面に於いても、彼はジェイソン・ボーンの小説で描かれる悪の天才とも、またそういう天才の紋切り型であるイーウェン・キャメロンとも違っていた。[15]

キャメロン博士の話に移る前に、もう一人の傑出したモントリオールの研究者をご紹介しておこう。ナチス・ドイツを脱出した精神科医ハインツ・レーマン（一九一一—二〇〇〇）は一九三七年にモントリオールに移住、精神薬理学の分野で先駆的な研究を始めた。患者の生命を救うことを何より切望した彼は、試行錯誤によってあらゆるものを研究した——長時間睡眠療法、発熱誘導、高濃度カフェイン投与など、効くという噂のある治療法は何でも試した——が、願望によってデータを見る眼を曇らせることは決してなかった。[16] 実験は綿密であり、数多い失敗の公開には誠実であった。そしてようやく、彼は当りを引いた。彼は北米で初めて、クロルプロマジン（ソラジン）を統合失調症に、鬱病にイミプラミンを処方する慎重な臨床試験を実施した。彼は精神薬理学の創設者の一人となり、そしてヘッブやペンフィールド同様、キャメロンのライヴァルとなった。

このようにモントリオールは神経科学にとって重要な中枢であったので、この街に主要な精神医学研究所があるのも当然である。マギル大学はロイヤル・ヴィクトリア病院と手を組んで、アラン記念精神医学研究所（略称「アラン」）を設立した。彼らは、所長を探すための調査委員会を創った。このような調査委員会は大抵、重責を負っている。当の研究所自体が、自分たちの求めるものをはっきり認識していないというのはよくあること。彼らの欲しがっているのは水の上さえも歩いてみせるスーパースター的な医師兼教育者兼研究者兼管理者で——しかもあまりカネが掛からずに今すぐ着任できたら最高と来る（当然、疑問は生じる。何でそんな凄い人が今すぐ着任できるのか？）。それなりの地位を持つ

アラン記念精神医学研究所（著者撮影）

人の中には、これらの基準に合う候補者は驚くほど少ない（たとえ「水の上を歩ける」という条件を外したとしてもだ）。

一九四三年、委員会はイーウェン・キャメロンをアラン神経精神医学研究所（別名「アラン記念精神医学研究所」）初代所長に選定したが、もうこの時点で既に危険信号が出ていた。とある書簡は、キャメロンの科学論文を激賞していたが、遠回しに「その人格面については定かではない。それがマギルの条件に適合するかどうかも」とまで述べている。[17]

ロックフェラー財団からのかなりの額の設立資金に加えて、アラン研究所は教授職、研究施設、マギル大学の最新の病院のための寄付を受けた。全ては、レイヴンズクラッグと呼ばれる、全七二室のやや威嚇的な石灰岩の建物に収容されている。この建物はキャメロン博士のリーダーシップの下、その見かけに相応しいものとなった。その建物の部屋には新しい研究室と感覚遮断室が設けられたが、それでも尚この建物は不吉に見えた。[18]

書類上では、キャメロンは妥当な選択であった。彼は精神病の最新の治療法の声高な唱道者であり、世界的な名声を集めている。副総統ルドルフ・ヘスの精神鑑定のために、ニュルンベルク国際軍事裁判に呼ばれたことまであった。[19]

キャメロンは厳格な長老派牧師の息子としてスコットランドに育ち、終生、教会および権力との間に困難な関係を抱えていた。グラスゴーとロンドンで医学と精神医学を修めた後、ジョンズ・ホプキンス大学でアドルフ・メイヤーと共にさらに高度な研鑽を積み、その後スイスでも研鑽を続けた。一九二九年、マニトバのブランドン精神病院に移り、論文執筆を開始。新しいガジェットが好きで、患者に有効と見たものは何でも試してみる気満々だった――脱水療法、熱療法、赤色光線照射、鱈肝油、二酸化炭素吸入、ケトン産生食。[20] この中には特に有効なものはなかったが、少なくとも彼は患者を長期入院に追いやるよりも、ともかく何かを試していたのだ。彼はこうした捨て鉢の努力について記しているが、その手法は出鱈目だった。何らかの指標が症状の改善と関係している、と彼が言う時、その「改善」の定義は彼の主観以外の何ものでもなかった。彼の目から見れば、患者の自己報告は進展状況の指標としては全く当てにならないものだった。むしろ彼は睡眠の改善を差し迫った治癒の先触れと見たのだが、この「治癒」というのも、当然ながら彼のみが決めるものであった。

キャメロンは治療行為を州の大病院から引っ張り出し、マニトバの辺鄙な村農家のための診療所を作りたいと熱望していた。一九三六年、彼はマサチューセッツに移り、そこでウスター州立病院の研究指導者となった。常に新しい治療法に目を光らせていた彼は、ウスターにインシュリン・ショック療法を導入した――北米初の使用例である。インシュリンの危険性の一つは、その大量投与によって深刻な血糖値減少が惹き起こされ、その結果、痙攣と昏睡に陥ることである。キャメロンは重度の精神病患者の治療のために、意図的に一度当り二時間から五時間の昏睡を惹き起こし、これを最高五〇日にわたって続けていた。悲しいかな、彼はこの強烈かつ危険な手法ですら、特段効果的ではないことを見出した。だが、インシュリンが効かなかったのは既に手遅れ状態の患者をこれで治そうとしたためだ、と彼は結論した。課題は初期段階の患者に、極めて強度の高い治療を施すことで、そうすれば彼らの病気が慢性化することはないのだと。[21]

二年後、彼はウスターを去り、オルバニー医学校の精神医学および神経学の教授となった。そこで

D・イーウェン・キャメロン（提供：American Psychiatric Association Foundation, Melvin Sabshin, M.D. Library & Archives [Copyright © 1953]）

彼は血圧と心拍の研究に従事するとともに、不安障害の治療にアミタールを用いた。つまり彼は、一九二五年から一九三八年の間に、五つの職場を転々としたことになる――何の証明？　聡明さ？　献身？　出世主義？　個人的な不安定さ？

アランに来た彼は、人類学、精神分析学、生物学的精神医学を研究する巨大な研究部署を創設した。そしてカナダ初の精神病の開放治療を行なう施設、そして北米初の精神科の外来を開設することで、臨床治療、教育、研究を一つ屋根の下に統合すると誓った。[22]

彼は中間施設の建設と、医療教育における精神医学教育の向上を唱道した改革者であった。

これら全てが、彼の人選時の約束を成就させたが、奇妙な点も多々あった。彼のスタイルは超然として権威主義的であったが、極めて精力的で、何でも成し遂げてしまう男だった。患者は競って彼に眼を掛けてもらおうとし、この長身で自信満々の教授に治療してもらうことを光栄に感じた。[23] その奇癖にも関わらず、彼は患者想いだった——一日に二度も診察し、週末や休日には、彼らの進展状況をチェックするために看護婦たちに電話を掛けていた。[24]

キャメロンは宗教を迷信深い戯言として一蹴し、宗教の教義は罪悪感に苛まれる患者を生み出し続けていると確信していた、彼らは健全な主張を育むよりも、ただただ「善良」であろうとするのだ、と。彼はモラリズムよりもヒューマニズムを求めた。そのため、一九五一年に聖公会との間に公然たる対立が勃発した。一九五一年のモントリオールで（それも、アラン研究所のための資金集めに奔走している最中に！）、かくもけたたましくヒューマニズムを信奉することは賢明ではなかった。教会権力は彼を「忌まわしき異端者」と糾弾して反撃した。「世界を困惑させている諸問題の全ては根本的には人間の問題であり、これまでに試みられたあらゆる解決策は頓挫してきた。それは人間が『堕落した』状態にあるということ、……および贖罪の死活的な重要性を考慮しなかったためである」。[25] キャメロンの怒号は、モントリオールにおいて常に角逐《かくちく》を繰り返していたカトリックと聖公会の同盟というありえない事態まで生み出した。[26]

キャメロンの同僚たちは、彼の数多い矛盾について複雑な絵を描いている。曰く、「暖かくてよそよそしく、献身的で邪悪、英雄的で病的、執念深くて極端なまでに公正である。暴君的で民主的、驚鼻の一匹狼で反対を許さず、他人の意見を歓迎し、精神医学の最前線を推し進めると共に、モントリオールに築き上げつつある精神医学の帝国を情け容赦なく拡大した。患者に対してはほとんど魔法のような臨床手腕を持ち、イカれたように方向性の誤った療法をとことんやり抜いた」[27]。

キャメロンは遅々として進まない精神療法の過程に耐えられず、もしも全くの白紙状態《タブラ・ラサ》から始めることができれば、ものごとは遙かに効率的に進められると考えた[28]。プラトンはこの *tabula rasa* という用語を、元来は記憶の働きを説明するのに用いていた。「議論のために、われわれの魂は蝋の塊を含んでおり……そこにわれわれは、われわれが見たり聞いたり考えたりしたことの中から、記憶したいと望むものを何でも刻印できる、と仮定したい……ちょうど認印指輪を捺すように。この塊に刻印されたものは何でも、その像が蝋の上にある限り、思い出し、知ることができる。一方そこから消えたものは……われわれは忘却し、知ることはない」[29]。

キャメロンのアイデアは、古い記憶は厄介なものなので、電気ショック療法やインシュリン投与による昏睡、薬物などを用いて消去すべきである、というもの。これができれば、精神医療上の解決は、長時間の睡眠療法と感覚遮断に「心的駆動《サイキック・ドライヴィング》」、すなわちテープを回し続けて患者に繰り返し同じメッセージを聞かせる療法を組み合わせることによって達成できる、と彼は考えた。このような、誤った構想による介入の組み合わせはまさしく *furor therapeuticus*、すなわち捨て鉢な介入の暴走特急に他ならない。もしも彼が、あらゆる治療に失敗して養護ケアに追いやられた重度の精神病患者、あるいは自ら志願して極端な治療を受けることにした患者にのみ集中していたのであれば、たぶん彼の遣り口にもう少し寛容になれただろう。だがキャメロンは、このアプローチをあらゆる患者に対して適用した――軽度の不安障害と鬱病の主婦、不安障害の重役、アルコール中毒患者、慢性統合失調症患者。不吉を孕んだアラン研究所に隠れて、彼は自ら精神病を克服する手段と信ずる、身の毛の弥立つような組立ラインを構築したのだ。

その一方で彼の名声は花開いていた。一九五二年にはアメリカ精神医学協会の会長となり、ワシントンのロビーやカクテル・パーティに通い詰め、その場で精神病の最先端の治療法を語り、記憶抹消のための革新的なアプローチに注目を集めた。キャメロン、ハロルド・ウォルフ、ウィリアム・サーガントは同じカクテル・パーティを巡り、そこでしばしばCIA局長ダレスと会った。ダレスの度重なる不倫（姉のエレノアによれば、少なくとも一〇〇回）の所為で、彼と妻との間に問題が生じた。[30] このような絶え間ない不倫にすっかり嫌気の差したダレス夫人に対し、CIAはメイフラワ・ホテルでの昼食会で、モントリオールのキャメロンと会って特殊な治療を受ければ、旦那の浮気に関する記憶を抹消して貰えますよと進めた。彼女はこの治療を断った。[31] この不倫問題はさておき、ダレスは職業上の理由でもキャメロンの理論に魅了されていた。電気ショック療法は敵スパイに刺激を与え、秘密を喋る状態にさせる迅速な方法と思われたのだ。

一九六一年、今やそのキャリアの頂点にあり、そしてその仕事に対する疑問の声が上がる直前でもあったキャメロンは、世界精神医学会議を沸かせる演説をした。「あらゆる場所で、人はその偉大な冒険に――解っている範囲で言えば――新たな世界を切り開かんとして前進しています。人間を理解すること以上に冒険の必要なもの――将来性のあるものはどこにもありません。……人間の精神の理解はその原子の解明にあり、そして人間の精神こそが人類を滅ぼすかも知れぬものなのです。われわれはこのような時代を生きており、そしてこの時代こそ、決断を奮い起こし、想像力を燃え立たせ、われわれを駆り立てる千載一遇の機会なのです」[32]。

キャメロンの想像力は、手に入るありとあらゆるツールを駆使してアグレッシヴに精神病の治療に当たることによって燃え立たされた。彼の技法の多くは当時も使用されていたが、キャメロンの使い方が他と異なっていたのは、これらの介入の全てを過剰に用い、その介入を科学というベニヤ板で隠し、失敗には目を瞑り続けたことである。

キャメロンはショック療法、特に電気ショック療法（ECT）を唱道した。ECTは時に、行動コントロールの技術として濫用されていたが、鬱病に対しては極めて効果的な治療法だった。今日では、難治性鬱病の患者の治療や、抗鬱剤に耐性を持つ患者のために世界規模で用いられている。

ほぼ一世紀近くの間、精神科医は重度の精神病患者が痙攣発作を起した後、少なくとも一時的には回復するという現象を観察してきた。そこで彼らは、意図的に惹き起こした発作の後でも回復するのではないかと考えた。最初の介入はインシュリンによるものだった。一九二七年、重度の低血糖症と発作を引き起こすためのインシュリン大量投与が行なわれた。この技術は複雑で危険なものであった。血糖値が下がり過ぎたり、長時間に及ぶと、重度の脳障害が起るのだ。

インシュリン昏睡療法にはこのような問題があったので、医師たちは発作を引き起こすための別の方法を探し求めた。一九三〇年代にはメトラゾールが導入されたが、この薬品は要求を満たさなかった。数年後、イタリアの精神科医がECTを用いて、即時の気絶、発作、そして治療後の短期間の混乱を創り出した。現代のECTは、患者に麻酔を掛け、発作を穏やかにするための薬剤が処方された後に実施される。電流の量は慎重にコントロールされ、それに従って混乱は減り、記憶中断の期間は延びている。今日では、典型的なECTは脳の片側にのみ、それも数週間で六回から一二回という頻度で用いられる。

キャメロンの時代には、ECTは両脳に対して一〇回から二〇回、それも遙かに高い電圧で行なわれていたが、彼はさらに高頻度の実施を求めるタカ派であった。第二次世界大戦の終結時には、キャメロンは一二歳以上のドイツ人全員にECTを処方して、ドイツを非ナチ化しようという提案までしていた。[33]

このような興味深い外交思想はともかく、キャメロンはまた、ECTの異常な使用法にも熱心だった。英国の精神科医ルイス・ペイジとロバート・ラッセルは、一九四〇年代半ばに強度ECTを用いた実験を開始した。彼らの実験は、例えば患者に対して一日に何度も電気ショックを与え、その度ごとに電圧と持続時間を上げていくというものであった。このペイジ＝ラッセル法は、完璧にキャメロンの世界観に合致していた。ある程度のECTが有効なら、さらに強度のECTはさらに有効に違いないのだ。それにECTの副作用である記憶障害は実際、寧ろキャメロンのアプローチの目的の一つでもあった。彼の論文の一つは主張する、「記憶喪失が持続する限り、統合失調症の総体的徴候は復活しない」[35]。ある患者に対しては、ペイジ＝ラッセル法を用いた電気ショック療法を数百回も実施し、場合によってはECTにインシュリン昏睡を併用していた。彼によれば、ECTが記憶を破壊し、患者を幼児の状態にまで戻すことができれば、再プログラムはいとも容易なのだった。

キャメロンはまた、患者に対してありとあらゆる薬物を用いた――アンフェタミン、バルビツール、クロルプロマジン、PCP、そしてLSD。彼はこれらを「喋らせカプセル」と呼んでいた。[36]彼のアプローチにはガラクタ収集癖の気味があり、新旧取り混ぜて薬物を組み合わせていた。典型的には、患者は同時に五種から六種類の薬物を投与される。鎮静剤に興奮剤に幻覚剤。この件に関して、患者に選択権はない。解放病棟を強く唱道したキャメロンではあったが、こと投薬に関しては患者を自分の命令に従わせることを頑として譲らなかった。

二〇世紀初頭、ソヴィエト連邦では臭素製剤やバルビツールといった鎮静剤を用いた睡眠療法が盛んだった。このアプローチはさらに古いルーツを持っており、心的動揺を起した患者の症状が睡眠後に改善され、睡眠は精神障害の一時的中断や忘却をもたらすという観察に基づいている。その原理は滅茶苦茶であったが、ロシアではパブロフの名さえ出せば睡眠療法も正当化された。睡眠は、精神疾患によって疲弊し最初期の神経回路を支配・抑制できなくなった脳に対して有効であるとパブロフは考えていたのだ。[37]たいていの場合、患者は鎮静剤によって、一回当り二週間眠らされる。この間は用便や食事のために一時的に起されるのみである。これは危険な療法であり、注意深い看護がなければ床擦れや肺炎、肺塞栓を起す危険性がある。中にはこのような療法が重度の精神病患者に効くのは三分の一程度だという主張もある。[38]

アラン研究所では、バルビツールとクロルプロマジンの混合剤によって睡眠が維持されていた。患者たちは定期的に起され、インシュリン投与によって空腹にされ、食事、用便、その後また鎮静剤によって長期の睡眠に入る。その間、看護婦は床擦れを防ぐために彼らの姿勢を変え続ける。患者たちは一日に二〇時間に及ぶ深い（へべれけと言っても良い）睡眠を、約三週間取らされる。アランのとある報告によれば、六〇％の患者は治療に成功した――統合失調症、躁鬱病、重度の強迫症、薬物中毒、性格障害などの患者たちが。その報告書は、どのように診断が為されたのか、あるいはどのように治療効果が認められたのかには触れていない。だが肺炎や肝機能障害、発作、パーキンソン病などの副作用があったことは認めている。報告書はまた、睡眠療法とショック療法の組み合わせのもう一つの利点を強調している。患者全員を薬物で眠らせることで、職員は非常に効率的にベッドからベッドへと移動でき、素速くＥＣＴを行なうことができるというのである。アランの元実習生は、この環境のお陰で彼らは一時間に二〇人の患者を世話することができたと誇らしげに述べている。[39] 纏めると、キャメロンとその信奉者たちによれば、ＥＣＴ、薬物、睡眠は患者の病状を改善し、忘れられた記憶の回復させ、抑圧された葛藤を解決するというのである。[40]

キャメロンは精神療法には耐えられなかった。早い段階から彼はテープによるセッションを開始し、重要なフレーズと思われるものを編集し、それを再生して患者に聞かせた。テープに関する考えを書き出させ、その記録をセッションに持ち込んだ。彼はこれを「自動式精神療法」、後には「心的駆動」と呼ぶようになった。徐々に彼は、これらのさまざまな段階の全て――薬物とショック療法による記憶消去、睡眠学習、そして心的駆動――を、一つの中毒性カクテルに纏め上げた。一九五六年の論文で、彼は心的駆動は例外なく反応を引き起こすと断言している。[41]

オールダス・ハクスリーは『すばらしい新世界』（一九三一）において心的駆動を予見していた。彼のディストピア小説には、小さな子供たちが「新パブロフ主義的調整室」に送り込まれ、将来的な社会における役割を担えるよう、睡眠中にプログラムされる様子が描かれている。寝台の上にあるスピーカーが、次のようなメッセージを繰り返し放送する。「アルファの子供は灰色を着る。彼らはわれわれよりも遙かに懸命に働く。何故なら彼らは恐ろしいほど賢明だからである。私は、自分がベータであることが恐ろしく嬉しい。何故ならそれほど働かなくて良いからだ。それにわれわれはガンマやデルタよりはずっと良い。ガンマは馬鹿である。彼らは皆緑を着る。そしてデルタの子供たちはカーキを着る。ああ嫌だ、デルタの子供たちとは遊びたくない。そしてイプシロンはさらに悪い[42]」。

一九三二年、マックス・シェローヴァーは「リンガフォン」の合衆国特許を取得した。これは睡眠中に外国語を習得できると称する装置である。この会社は魅力的なコンセプトを押し出していた――睡眠中に、何の苦労も無く文法と語彙が身につくというのだ。同社は、睡眠学習によって「あなたの人生の三分の一の時間を自己改善、学習、自己の向上に充てることができる」と約束していた[43]。とはいえ、この方法は実際にはそれほど上手く行かなかったようである。とある研究者は、睡眠中の兵士にモールス信号を憶えさせようとして失敗した。また別の者は、睡眠学習は子供の爪嚙みの治療に役立つと主張した。「僕の指の爪はものすごく苦い」というメッセージを繰り返し聞かされた子供の一部に改善が見られたというのだ。但し、そのためには二ヶ月のサマーキャンプ中にこれを一六二〇〇回も聞かされるという悪夢を体験しなければならなかったが。だがこの研究者によれば、この介入実験の被験者は僅か二〇人の子供であり、そのうち改善が見られたのは僅か八名ということで、この結果にはさほど自信を持っているわけではないとのことであった[44]。このような正直な懐疑主義は、キャメロンの遺伝子の中には存在しなかった。

リンガフォンの広告を見たキャメロンは、このような装置は精神療法の洗脳のために強力な治療器具となり得ると考えた。彼は患者の睡眠中に枕を通じて録音テープを放送したり、また起きている時にはヘルメットからそれを聞かせた。キャメロンは、適切なメッセージの再生によって、自分自身や人間関係に関する患者の思考を変えることができると確信していた。彼は各患者の核となる問題を抽出して簡潔なテープ・メッセージに落とし込もうとした。患者がこのメッセージを繰り返し聞くことで、その後の治療セッションにより大きな牽引が得られと信じていたのである。[45]

彼はこのテープを「ダイナミック・インプラント」と呼び、機械論的に論じている。曰く、それは患者を「脱パターン化」し、それによってものごとに関する考え方や行動を変えさせる注射のようになものであると。[46] さらに彼は、インプラントの強度は増強によって強めることができ、その処方は安全かつ容易であると主張した。CIAがこれに飛び付いたのは無理もない。

この処置は患者には不評だった——延々繰り返されることも、メッセージそれ自体も——そしてキャメロンは、患者の睡眠中、および／もしくは薬物で脱抑制を来している最中にテープを流す方が患者も従いやすいことに気づいた。彼はこの全過程を「心的駆動」と呼び、このアプローチは大きなブレイクスルーに繋がると主張した。経験を重ねるほど彼はその強度をどんどんと上げて行き、心的駆動を一日に一〇時間から二〇時間、一〇日から一五日にわたって処方した。それも患者を半知覚状態の隔離室に置いて。[47] 彼はまた、テープのフィルタリング——高音と低音の調整、音量の修正、エコーの導入——によって患者の集中力を高める実験も行なった。このような可変性はパブロフの指向定位反射を思い起こさせる。[48]

キャメロンの同僚の一人によれば、とある患者は「違う。私の義母が私に毒を盛ろうとしているのは事実ではない。彼女はとても優しい女性だ」と強制的に聞かされ続けた。良識あるメッセージのようだが、キャメロンには別の思惑もあった。まずは患者の防衛を切り崩せば、その後に新たな建設的メッセージが根付くだろうと考えたのである。とある出産後鬱の女性は、次のテープを聴かされた。「あなたは自分がとても悪意ある人間であることに気づいていますか？　看護婦に対して悪意を持っていることを知っていますか？　患者たちに対して悪意を持っていることを知っていますか？　何故そんなに悪意があるのだと思いますか？　自分の母親が憎いのですか？　自分の父親が憎いのですか？」[49]。

このようなネガティヴなメッセージを七日から一〇日にわたって繰り返し効かせてから、ポジティヴな宣言に切り替えて数週間続ける。重度のパニック発作を起したとある患者に対しては、キャメロンはポジティヴなメッセージを処方した。「ありのままの自分でいい。私は愛情深くて心が温かい。愛情深くて心が温かいのは良いことだ。……自分を駆り立てる必要はない。みんなありのままの私が好きだ」[50]。

これらのメッセージは何週間、時には何ヶ月にわたり、批判と支援を交替しながら患者を爆撃し続けた。「ジャニーン、君は責任から逃げ出そうとしている！　何故だ？　君は夫の世話がしたくないのだ！　何故だ？　子供たちの世話がしたくないのだ！　何故だ？……君は子供たちの世話がしたいいんだよ、ジャニーン！　君は夫の世話がしたいいんだよ！」。あるいは、「マドレイン、君はこれまでずっと、母親と父親が君のことを子供扱いするのを許してきた。……君は一度だって、自立して母親や父親に反抗しなかった。抵抗するよりも、厄介事から逃げ出してきた。……感情を表に出さなければならない。怒りを表すのは良いことだ、誰だってやっている」[52]。

研究にはカネが掛かり、キャメロンはロックフェラー財団から貰った最初の資金をほぼ使い果たしてしまった。さらに、ヘッブやペンフィールドら同僚たち（それに聖公会）との刺々しい関係も、何にせよ彼の井戸に毒を入れ、カナダの資金源からの援助は困難となった。だが幸いにも、彼はCIAの注目を集めることとなり、彼らは心的駆動の研究を続けられるよう、資金援助を申し込むように彼に勧めた。一九五七年一月、彼は人間生態学研究協会に援助を申し込んだ。この提案は〈MKウルトラ・サブプロジェクト68〉として直ちに承認され、三年間の支援が実現した。この提案の中にはさほど新しいものはなかった、ということは強調しておこう。キャメロンは既に、CIAの支援無しに何年もの間、薬物投与、ショック療法、心的駆動による洗脳などを行なってきたのであり、そしておそらく、何が何でもそれを続けていたに違いないのだ。


この技術は患者にとって有益であるとキャメロンは確信していたが、彼はまた「その評価は格別に困難な問題であった」と認めてもいる[53]。データは彼にとって十分、もしくは卓越したものにすら思えたが、彼の図表には何の根拠もなかった。記録を改竄したわけではない——寧ろ逆に、証拠を軽視していたのだ。その意味で、彼は異常ではなかった。ヴィトゲンシュタインが述べたように、「自分自身を欺かないことほど難しいことはない」のだから[54]。

彼は、現代の臨床試験なら未然に防げるように設計されているはずの、ありとあらゆる間違いを犯していた。研究のための適格性基準が首尾一貫せず、極めて雑多な病状を持つ患者たちの他、異なる治療や脱パターン化を受けたことのある、あるいは現在受けている最中の患者もまた実験に参加させた。治療開始前の予備テストのために心理学者を雇っていたが、どの患者をテストするかは恣意的に選んでいた。患者が治療に反応しないと、キャメロンはその患者を研究から外し、最初からいなかった者として扱った。これでは正しい研究とは言えないと職員が苦情を言うと、キャメロンは答えた、「気に食わないのなら、構わないよ」。かくしてその職員は配置を転換された。[55] 治療の効果について、心理テストで「誤った答え」が出ると、キャメロンはただこれを却下し、自分の臨床経験と判断力こそが絶対基準なのだ、と嘯いた。さらに彼は、治療の成功の定義に関して、恐ろしく曖昧だった。[56] 今日なら、以上のような研究上の欠陥はもってのほかであるが、一九五〇年代の医学研究においてはさほど異常なものではなかったのだ。[57] たぶんキャメロンの行動が他より目立っているのは、それが当時、最も傑出していた精神医学者がやったことだからであり、またそれによって患者には悲惨な結果がもたらされたからに過ぎない。

治療の目的は、患者の記憶を抹消し、退行状態に戻すことであった。その状態では、患者は自制も効かず、自分で自分の面倒を見ることもできない。次に患者は、寝ても覚めても心的駆動を処置され、変化を強いられる。キャメロンが最初の目標に達していたことは誰もが認めるだろう。問題は、一部の患者がロボットのような状態から脱せず、記憶の大部分を喪失したままであったということだ。第二の目標、心的駆動による新たな観念のインプラントに関しては、果して上手く行ったのかどうかはさほど明らかではない。

キャメロンの初期の報告書は成功を主張していたが、人々は次第に疑念を抱き始めた。ウィリアム・サーガントはこの仕事を「犯罪との境界線上」にあるものと見做した。[58] 人間生態学グループ（ウォルフとモンロー）は、モントリオールへの査察を決定した。キャメロンは彼らを案内し、図表を見せ、病床で虚空を見つめる患者たちを紹介した。ハロルド・ウォルフは不審げに訊ねた、「[この患者たちが]あなたの成功の典型例なのですか？」。キャメロンは、彼らは確かに心的駆動の成功の代表例ですと答えた。モンローは驚愕した。「完全に別物だ。彼の住む世界と、われわれの現実世界とは」。査察者たちは、もうこれ以上人間生態学からの援助は期待するなとキャメロンに告げ、CIAは彼の介入が「われわれのこれまでの期待に応えるようなものではなかった」と結論した。[59]

アメリカ精神医学協会への会長演説（一九六三）で、キャメロンは首尾一貫しないデータや予算削減などの障害にも関わらず、自分が正しい道にいるとの確信を持って心的駆動プログラムに邁進してきた、と述べた。「もしもこれ［心的駆動］が三〇回の反復の後に効果を発揮したのなら、その反復を一〇倍、一〇〇倍、それ以上へと増やしていけばどうなるかを見るのは当然であります。……しかしながらわれわれは間もなく、それが所期の計画ほどには効果を発揮しないということを見出しました。……個体差ですが、これらの反復を……二五万もしくは五〇万回にわたって聴かせても、依然としてこれらの短いセンテンスを復唱することのできない患者もいるということを見出しました。……しかしながら、われわれは糸口を開いたのであります」[60]。

科学は、虚心坦懐でなくてはならない。最後まで志操堅固であったキャメロンは、自分が間違っているのではないかという考えを思いつくことさえなかった。彼は自分の研究の杜撰さにも、倫理的欠陥にも気づくことはなかった。

キャメロンの後継者であるロバート・クレグホーンは、一九五〇年代に於ける精神医学研究の状況を次のようにまとめている。「[キャメロンの頃は]……診断は精確ではなく、入院は啓発されておらず、教育と訓練は嘆かわしいほど不十分だった。これら全てに彼は取組み、向上させたが、その起業家的スタイルは、組織に於いては大成功を収めたものの、研究に於いてはその限りではなかった[61]」。

キャメロンの引退を受けて、クレグホーン博士は脱パターン化プログラムを評価する委員会を結成した。病院には、強度心的駆動を受けた患者が七九名いたが、彼らのその後と同時期にアランで治療を受けていたそれ以外の患者とが比較された。先ず第一に、長期的な結果という点でキャメロンの介入が赫々たる成果を上げたことを示す証拠はほとんどなかった。両群とも、更なる入院が必要であり、社会適応力が貧弱で、実際に症状から解放されたのは少数派であった。さらに重要なことに、心的駆動患者の四分の一ほどが深刻な身体的合併症を起しており、また彼らの記憶テストは困った結果を示した[62]。短期間の内に複数回のショック療法を受けた患者には概ね記憶障害が見られた。追跡調査によって、キャメロンの患者の六〇%が、治療を受ける前の六ヶ月から一〇年にわたる記憶の大部分を喪失していると報告した[63]。

同僚の科学者たちは、このネガティヴな発見にもさして驚くことはなかった。長年にわたってキャメロンと角逐し、キャメロンの感覚遮断モデルの採用を恨んでいたヘッブは、遥か後になって彼の悪口を言った。「キャメロンは人生の大半を伝統的な実験と論文執筆に費やした後、ブレイクスルーを望んだ。これがキャメロンの致命的な欠陥だ――彼は知的欲求に駆り立てられていたのではない――ひとかどの者になりたいという欲求――ブレイクスルーを成し遂げたいという欲求に駆り立てられていたのだ――その所為で彼は駄目な科学者になった。犯罪的なまでの馬鹿だ」[64]。キャメロンは実際に、ヘッブが並べ立てた全ての欠陥を備えていた。彼は聡明でありながら自分の意見に固執し、面倒見が良いか野心的だった。シェイクスピアのフレーズを借りるなら、キャメロンは「其記憶から根深い愁ひを抜き去り、脳髄に記録してある苦痛《くるしみ》を擦り消」すことを熱望した。だが、悲惨な大失敗に終ったのだ[65]。

一九九三年のマギル大学精神医学部創設五〇周年記念講演では、キャメロンが生きていた時代は現在とは異なっており、キャメロンの時代以後、行動科学に於けるインフォームド・コンセントの考慮が極めて重要となったことが語られた。同様に、心的駆動実験に関するキャメロンの赫々たる説明は、当時の研究設計における典型的な欠点を例示していた。最後に、当時の医師と患者の関係は、インフォームド・コンセントと協力的治療関係ではなく、盲目的な信頼と権威を特徴とするものであった、と[66]。

ドナルド・ヘッブはこれほど慈悲深くはなかった。「キャメロンは無責任である――犯罪的なまでの馬鹿であり、あの実験から何らかの成果が期待できる訳はない。人間の精神の複雑さを理解している者なら誰であれ、成人の精神を削除して、あの馬鹿げた心的駆動とやらで新たな観念を植え込むことができるなどと期待したりはしない」[67]。

キャメロンは一九六六年に頓死したが、その一〇年後にスキャンダルが噴き出し、訴訟が開始された[68]。弁護士らはコーネル大学人間生態学研究協会に対するキャメロンの提言書を入手、そこから〈MKウルトラ〉、さらにCIAへの資金の流れを追った。CIAとの繋がりは人々を驚倒させたが、最終的に有罪の証拠となったのはキャメロンの提案書自体であった。彼は歯切れ良く提案していた、「患者の行動の現行パターンを、特に強度の電気ショックによって破壊し……予め用意された言語的信号の強度の反復（一日当り一六時間を六もしくは七日）［を加え］……［その間］患者を部分的感覚遮断の状態に保ち［その後］……七から一〇日間の連続睡眠［を取らせる］[69]」。この酷すぎる介入の組合せによって、キャメロンは患者の記憶を破壊はしたが、新たな思考、感情、行動を植え付けることには失敗した。

もしもこれが一九五〇年代と六〇年代において学術研究に可能であった最善策であったのなら、ツールとしての洗脳は諜報機関にとっては見込みのないものに思えた。敵に対する強力な武器を手に入れるどころか、機関は告訴と悪評の標的となってしまったのだ。ＣＩＡに対する告訴状を見れば、キャメロンの実験の結果として生じた障害の大要が解る。「一九五七年以来……ＣＩＡはキャメロンに資金を提供し、マギル大学に於いて、何も知らない精神病患者に対して行動制御および洗脳の実験を実施させた。……一九五七年から一九六三年までの期間、原告は精神医学療法および医学的治療をキャメロンに求めたにも関わらず、ＣＩＡの資金による洗脳と行動制御実験の不同意の被検体として利用された。連邦の資金によるこれらの実験への非自発的な参加により、原告は深刻かつ恒久的な障害を負ったため、賠償を求める[70]」。

この治療の開始は一九五〇年代であったが、合衆国およびカナダ両政府によって訴訟が示談に終ったのは一九八八年と一九九二年のことであった――そして更なる訴訟もまだ控えている。

キャメロンの研究は、ＣＩＡの最上位ですら犯罪に無自覚で、職業的に非倫理的で、法的には境界線上にあり、厭わしく、完全に嫌悪すべき存在であることを例証している。[71] キャメロンはジェイソン・ボーン・シリーズに潜む悪役のモデルとなったが、われわれが今後、洗脳の物語で遭遇する人物は遙かに邪悪である。またしてもシェイクスピアを借りれば、「病んでゐる心を介抱」せんとする熱望など毛ほどもない人物である。

一方、洗脳はもはや政府機関や学界のみの専売特許ではないということが明らかとなりつつあった。

第２部　犯罪者と宗教団体

第8章　人質たちの即時的転向

ストックホルム症候群とその変種

人質の所為なんだ。連中は俺がやれと言ったことは全部やった。
……何故連中の中に、俺を攻撃する奴がいなかったんだ？……
あの時はただお互い、よく知るようになる以外なかったんだ。
――ヤン＝エリック・オルソン

だいたい一九一五年頃から一九六五年頃まで、政府と大学は洗脳のためのツールの開発を試みていた。それは厳密には成功しなかった。拷問では人に異なる政治信条に適応するよう説得することはできなかったし、信頼に足る情報を引き出すこともできなかった。鎮静剤や興奮剤、幻覚剤などをどれほど用いても、訊問や説得には効果がなかった。集団的圧力、感覚遮断、睡眠遮断などは説得ツールとしては有望であったが、時間と手腕が必要だった。

一九七〇年代と八〇年代、闇の説得術の新たな技術を披露するために、二種類の意外なプレイヤーが参入した――誘拐犯と聖職者である。一部の誘拐犯は人質の行動をラディカルに変えることができたが、これは通常、誘拐犯の意図を反映したものではなかった。むしろその変化は、とある人質言うところの「絶え間ない明白な生命の危機」の副産物であった。[1] 逆説的に、人質は誘拐犯を好きになり、救出者に反抗するようになったのだ。つまり誘拐犯は、故意ではないにしても、強力な闇の説得術のタイプを例示したことになる。一方聖職者は、さらに危険な影響力を示すことになるだろう。

一般に人質はどのように行動すると考えられているか？　救出されれば、誘拐犯に対する感情はどのようなものになるか？　普通に考えれば、救出された人質は救出してくれた人に感謝するのみならず、犯人に対する処罰も望むはずだ。だがしかし、二つの銀行強盗の事例は、人質の感情と行動が予想をラディカルに裏切るものとなり得るという事実を明らかにした。最初の事例は「ストックホルム症候群」という語の語源となったものである。二番目は次章で扱うが――サンフランシスコに於けるパティ・ハーストの銀行強盗事件――人質の行動に関する世界的な関心に火を着けた。いずれの場合も、洗脳という問題が万人の脳裡に焼き付いた。

一九七三年八月二三日、知性が高く経験豊富な強盗ヤン＝エリック・オルソンは、化粧と変装をしてストックホルムのクレディットバンケン銀行に押入った。彼は人質を取り、友人のクラーク・オロフソンを釈放させ、カネを奪って逃走しようと計画していた。銀行の天井にサブマシンガンを発砲、銀行員四人を捕えて大金庫に監禁、ロープで繋いで（！）交渉を開始。金庫の前には緩衝地帯である廊下があり、トイレもそこにあって、警察と強盗の交渉もそこで行なわれた。この強盗事件が全世界に中継され、諜報機関の注目を集めていることなど、オルソンはほとんど知らなかった。

警官隊が銀行を包囲し、交渉が開始された。当局はヤン・オルソンの相棒クラーク・オロフソンを釈放、彼はオルソンおよび人質たちと合流した。一方、警察は盗聴マイクと監視カメラを仕掛け、誘拐犯と人質を盗聴できるようにした。また大金庫の天井にドリルで穴を開け、万一の場合は催涙ガスの投入も可能とした。監視カメラの粒子の粗い映像は、この状況におけるドラマを捉えた。

ヤンは交渉をさっさと終えてカネを持って逃げおおせようと考えていたのだが、実際にはには六日に及ぶ疲労困憊の睨み合いとなった。スウェーデン首相オロフ・パルムまでもが、電話で交渉に参加した。この体験は人質にとっては恐怖だったが、強盗たちはある種の配慮を以て彼らを扱っていた。クリスティン・エーンマークという若い女性によれば、オルソンはとても親切で、トイレへ行く際にはロープを外してくれたという。その途上、彼女は警官が廊下に隠れているのを見た。警官が大金庫の中に人質は何人いるかと訊ねると、彼女は指を立てて示した。彼女は言う、その時自分は「まるで裏切り者のように感じました。何故かは解りません」[2]。

拘束中、人質ビルギッタ・ルンドブラットは武装警官の接近に感づき、叫んだ、「撃たないで！」。侵入者に気づいたオルソンは応射し、警官は負傷した。犯人は電話器を要求し、人質を励まして家族などに電話させた。夫に繋がらなかったビルギッタは泣き喚き始めた。オルソンは慰めるように彼女の頬に触れて言った、「もう一度だ。諦めるな」。またある時には、彼は彼女を自分の膝に引寄せて慰めた。解放後のビルギッタによれば、「警察さえいなくなれば、万事上手く行くと犯人は言いました。そして私は彼に同意しました。そうです、私が子供たちに会えないのは警察の所為だと私は思ったのです」[3]。

場合によっては、オルソンの態度は脅迫的にもなった。進展の遅さに苛立った彼は、エリザベト・

警察の監視カメラに写った人質と犯人。1973年、クレディットバンケン銀行。(提供：Stockholm Police Authority Archives)

オルドグレンの喉を掴むや、政府が彼らの逃亡を保証しない限り、今すぐ彼女を殺すと脅迫した。後に、エリザベトが金庫の中で寒気を感じ、震えた時には、オルソンは自分のコートを彼女に着せた。後に彼女は、彼の中では野蛮さと優しさが奇妙に混じり合っていたと語った。[4]

政府は、人質の健康状態を確認するために警官に調べさせるよう求め、犯人らは承諾した。警官はそこで見たものに面喰らった。人質たちは敵意に満ち満ちて黙りこくり、オルソンは気楽に、気安げに女たちの体に腕を回していたのだ、まるで友人みたいに。人質のクリスティン・エーンマークは首相に電話し、四五分に及ぶ会話の中で、彼女を救出しようとしているはずの警察に対する驚くような敵意を示した。

クリスティン：とても失望しています。あなたがたはそこに座って、私たちの命を賭けてチェッカーをしているんです。私はクラークと犯人を心から信じています。……とても優しくしてくれました。でも、御存知でしょうオロフ、私が恐れているのは、警官の攻撃で私たちが死ぬことです。

首相：いや、警察はそんなことはしませんよ。

クリスティン：犯人たちと一緒に行かせて下さい。彼らに外国の通貨と二丁の銃とクルマを与えてください。……親愛なるオロフ、愛しい人、変なこと言ってると思われるかも知れませんけど……私は彼らを信じています。警察が追ってくることさえなければ、彼らは私たちを解放してくれるんです。……

首相：警察があなたを傷付けることはありません。それは信じられますね？

クリスティン：どうか許してください、でも今のこの状況では、信じることはできません。

首相：それはとんでもなくアンフェアなことですよ。ここでは多くの警官が、自分の命を危険に曝しているんです。ここまでずっと、攻撃的な動きは控えています。その目的は、言うまでもなく、あなたを守ることです。

クリスティン：……警察が入ってくれば、彼は撃つでしょうし彼らも撃つでしょう。生き延びるチャンスは誰にもありません」[5]。

ヤン・オルソンはクリスティンを安心させ、手を握った。彼女を優しく愛撫しながら、もう二年も女と寝ていないんだ、と言った。彼女は彼が胸と尻に触れるのを許したが、性交は拒絶した。彼は背を向け、彼女の隣に寝転んで大金庫の絨毯の上で自慰をした。つまりオルソンは人質を痛め付けたり撃ったり強姦することはなかったのだ。さらに、時には彼らのことをとても気に懸け、食糧を与えたり優しく愛撫したりした。もう一人の人質は言う、「私たちに優しく接している時には、彼のことを……神様だと思いました」[6]。

人質たちは、銀行強盗よりも警察を恐れ始めた。大金庫の中から彼らは家族やマスコミ、政府に電話を掛け、警察に関する不満を表明した。彼らを銃で脅しているのは犯人たちの方だというのに。一方、犯人らは警察が大金庫内に催涙ガスを注入するのではないかと恐れていた。彼らは人質を直立させて首に輪縄を巻きつけ、警官を脅した。もしもガスが注入されれば、人質は倒れて首が絞まり、助け出す前に死ぬぞと。

だがいずれにせよ、催涙ガスは投入された。奇蹟的に犯人らは投降し、それ以上の犠牲者が出ることはなかった。誰にとっても驚きだったのは、人質たちが犯人に接吻し、お別れの握手をしたことだ。二人が刑務所に送付される際、人質の一人は叫んだ、「クラーク、また会いましょう！」[7]。解放後の事情聴取の際にも、人質は警察を敵と見做し、自分の命が助かったのは犯人のお陰だと感じていた。中には獄中の彼らを訪ねた者もいた。だがこの元人質たちは自分でもこの反応に驚き、医者に訊ねた、「何故彼らが憎くないのでしょう？」。

突然の拘束で数日間にわたって生命の危機に直面させられたことからすると、人質たちが不可解にも犯人を気に入り、自分たちを救出しようとしている人々に不信を抱いたという事実は衝撃的である。彼らはある種の感覚遮断と、絶え間ない死の恐怖という極度に混沌とした状況にあった。人質は完全に犯人たちに依存しており、犯人は彼らの生活のあらゆる側面を支配していた――彼らの行くことができる場所、食べられるもの、何時トイレに行けるのか。一つの説明は、犯人らは最悪の可能性にまでは至らなかったということかもしれない。何人かの警官には負傷を負わせたが、殺したわけではない。また人質を撃ったり、サディスティックに痛め付けたりもしなかった。常に近くにいる状態で数時間の拘束が数日に及ぶようになると、犯人も人質も互いの中にある種の人間性を見出すようになり、強盗は人質に対して慰めるような小さな仕草を繰り返すようになった。

人質は、恐ろしいのは犯人よりも警察の方なのだと信ずるようになった。あるレベルでは彼らは正しかった。法執行機関は、これらの事例をＨＯＢＡＳ（hostage and barricade situations）に分類している。

三四八名の人質が巻き込まれた七七例のＨＯＢＡＳの研究では、銃撃戦で突入した治安部隊に射殺された人質の数は、テロリストに処刑された人質の四倍に及んでいることが判明しているのだ。[8]

ストックホルム症候群はスカンディナヴィアの自由主義者だけの特異な逸脱ではない——それは全く異なる社会的コンテクストに於いても再浮上した。二〇〇二年、チェチェンのテロリストが、モスクワの劇場で八〇〇人以上の人質を捕えた。爆弾と銃で武装したテロリストは三日にわたって人質を拘束、そこへロシアの特殊部隊が催眠ガスを使って全員を無力化した後に劇場に突入した。殺害された一三〇人の人質の内、テロリストに殺されたのは僅か五名。残りは全員、特殊部隊に殺られたのだった。このような状況に於ける危険に関するＨＯＢＡＳの研究がさらに裏付けられる結果となった。

事情聴取を受けたロシア人の人質は、当初の不信、衝撃、恐怖を報告した。多くの者は、チェチェンのテロリストは今宵の演物の一部か単なるジョークだと思ったが、テロリストは人質の一部に残虐な殴打を加え、またある者を殺害したりして、即刻その誤解を解いた。ストックホルムのヤン・オルソンとクラーク・オロフソンとは異なり、チェチェンのテロリストは人質を皆殺しにして自決するつもりだったのだ。籠城が続く内に、人質は時間の感覚を失い、感情は麻痺したと報告している。睡眠遮断のために疲労困憊したからである。

テロリストの残虐さにも関わらず、一部の人質は彼らを気の毒に思った。ある者は言う、ガスから「意識を取り戻した時、私は彼らが全員殺されたのを気の毒に思いました」[9]。ある者は、劇場に囚われた子供たちに対してテロリストは親切だったと語った。またある者は、彼らの礼儀正しさと目的に対する真摯さに言及した。またある者は「チェチェン人は良くしてくれました。グロズヌイ［チェチェン共和国の首都］は解放されるべきです」と述べた。ロシア人はこのような共感的な反応に仰天した。ある女性は、解放された隣人に噛みついた、「あんたチェチェン人か何かになっちゃったの？」[10]。

一九七五年一二月、南マルク青年運動に属する一グループがオランダの列車を占拠、一二日にわたって人質を取り、一部を射殺、残りの者を不断の恐怖の状態に置いた。乗客の一人へイラード・ファーデルスは著名なオランダのニュース編集者で、拘束中の入念な記録を取っていた。「マルク人に対する特定の共感の気持ちと戦わねばならない。こんなことは不自然だとは解っている。だがある意味で、彼らは人間的になって来たのだ。……彼らはわれわれに毛布をくれた。だが同時にわれわれは、彼らが殺人鬼であることに気づいていた。意識の中でそれを抑えようとする。……私はまた、彼らも犠牲者であるということを知っていた。……彼らの士気の崩壊に気づいた。彼らの人格の分裂を体験した。大きくなる絶望。彼らの指からものごとがこぼれ落ちてゆく。ある種の憐れみを感じずにはいられないのだ[11]」。

一九七六年、クロアティアのテロリストが、ニューヨーク発シカゴ行きのTWA機をハイジャックした。犯人は礼儀正しかったが、乗客乗員を脅した。交渉が進み、機はモントリオールへと向かった。犯人は乗客の一部を解放したが、それは取引のためであった。解放された乗客は、犯人らはニューヨークのグランド・セントラル駅に爆弾を仕掛けた、さらに他の場所にも幾つか仕掛けている、と当局に伝言した。これを解除しようとした警官の一人が死に、二人が重傷を負った[12]。一方、機はニューファンドランドのガンダー、アイスランドのケフラヴィークを経由し、最終的にパリに到着して、犯人は投降した。同機に搭乗していた精神科実習生リチャード・ブロックマンは、最終的に投降が決定した際の乗客乗員の行動に対する驚きを書き記している。「われわれは皆安心した。微笑む者、涙する者。乗客の中には、犯人に感謝している者もいた。何を？　乗客の一人は［犯人を］抱きしめて……言った、『なあ、われわれを連れてこのままニューヨークに引き返すのはどうだ？　フランスよりもアメリカの方が公正な裁判を受けられるぞ』。何を言っているのか？　聞き間違いか？」。ブロックマンはさらに、機長による乗客への驚くべきアナウンスを報告する。「こちら機長です。……われわれは皆、信じられない体験をしました。けれども、われわれにとってはそれはようやく終りました。……しかしながら、犯人の皆さんにとってはまだ終っていません。彼らの試練は今まさに始まったばかりなのです。……彼らは勇敢で、献身的な人々です。……われわれの建国者たちと同様に。彼らは自分たちの国で同じことをしようとしているのです。私は、皆が彼らに手を差し伸べるべきだと思います[13]」。

人質事件の全てに政治や急進主義、あるいは身代金が関わって来るわけではない。中には性や支配に対する犯人の妄想を満足させるために行なわれるものもある。だがそのような場合ですら、何らかのストックホルム症候群の属性を見出すことができる。

一九九一年、一一歳のジェイシー・ドゥガードはフィリップ・ガリドーに誘拐された。彼は以前にも誘拐と強姦で有罪判決を受けていた。ガリドーは彼女を小屋に監禁し、繰り返し強姦し、この小屋から出たら戦闘犬に殺される、と告げた。こんなことが三年も続くと、拘束は弱まったが、暴行と搾取は一八年にわたって続いた。

驚くべきことに、ガリドーの許には仮釈放事務所の職員が定期的に訪れていたにも関わらず、ドゥガードの正体が突き止められて救出されることはなかった。最終的に職員はガリドーの家にいる彼女の存在に疑念を抱くようになったが、ジェイシーは助けを求めることも、正体を明かすこともなかった——自分の名前はアリッサだと言い張ったのだ。ガリドーが性犯罪者であることに気づいているかと職員が訊ねると、彼女は答えた。「ガリドーさんはすっかり変って、とても偉大な人で、子供に優しいです」。そして彼女は、それ以上の情報提供を拒んだ。職員は食い下がり、彼女の実名、親族か彼女を知る友人の電話番号を聞き出そうとした。アリッサは、自分には個人情報はない、弁護士を呼んでくれと答えた。それから彼女は、自分はミネソタ出身で、夫の虐待から身を隠しているのだ、という話をでっち上げた。方、実際に彼女を虐待しているガリドーは個別に訊問を受け、アリッサを誘拐して強姦したことを認めた。そうなのだ。先に自供したのは彼の方なのだ。アリッサが実際にはジェイシー・ドゥガードであることを認めるまでに、さらに数回の面会が必要だった。[14]

数年後、ガリドーと生活していた際の体験を訊ねられて、彼女は今なおこの出来事全体に困惑していると答えた。「どうやって自分を保っていたのか、解らないの。……何だってあんなことをしていたのか?」[15]。彼女はガリドーに対して何らかの愛情を抱いていたかという問いには断固として否定し、ストックホルム症候群だったのかという示唆も否認して、むしろ自分の行動は誘拐犯に対する愛情の反映ではなく、生き延びる手段だったと答えた。「ええと、まあ確かに、恥さらしよね、家族のみんなに、あたしがこの誘拐犯に恋をしていて、一緒にいたいと願っていると信じさせるなんて。事実からは程遠くて、吐きそうになるわ。……あたしはただ、あの環境の中で生き延びようとしただけ。そうするしかなかったのよ」[16]。

二〇〇二年、一四歳のエリザベス・スマートが誘拐され、数ヶ月にわたって監禁・強姦された。彼女の体験は、ドゥガード女史の体験の一部の繰り返しである。九ヶ月にわたって彼女は誘拐犯らに連れ回されたが、一度も逃げようとはしなかった。もしもそんなことをしたらどこまでも追いかけて、お前と家族を皆殺しにする、と脅されたのである。遂に警官に誰何されると、「言われていた通りにしました。……最初、口裏を合せていた嘘話を本当だと言い張ったんです――あたしはこの人たちの娘だって」[17]。誕生日に関しても嘘をついて、警官に言った。「解ってるわよ。……あたしがあの、家出したっていうエリザベス・スマートって娘だと思ってるんでしょう。違うわよ」[18]。

ストックホルム症候群には汚名が付き纏う。それは一つには、新聞で誇張される毒々しいSM的なファンタジーの所為であり、またその行動があまりにも奇妙なので、世間は人質の方が「キチガイ」に違いないと考えるからである。生き残った人質（あるいは、何なら強姦や性的トラフィッキング〔訳注：女性や少女を国境を越えて売買し売春や強制的結婚などを強いること〕、虐待などを生き延びた人）はしばしば、残酷な質問を受ける。「何故あなたは逃亡したり、叫んだり、反撃したりしなかったんですか？ 犯人との間に、恥ずべき関係ができたんですか？」。言われた本人は当然ながら、警察やメディア、知り合いからの不躾な遠回しの非難に対して激怒する。エリザベス・スマートは言う、「何故何もしなかったんですかなんて訊くもんじゃないわ。訊いてる本人にだってどうすれば良かったかなんて全然解らないんだし、当然、誰かを裁く権利もない。あたしがやったのは、全部が全部、生き延びるためよ。だからやった。もっと何かやってたら、助かってた時もあったかもしれない。けど助かってなかったかも。だから何か後悔してるかって？　ないわ」。

テロリズムは人々に傷跡を残す――若者にも老人にも、馬鹿にも教養人にも、通りすがり、看守、虐待された妻と子にも。被害者は自分の体験したことがあの程度で済んで良かったと感謝する。「私を殺せてたのに、そうしなかった」と言って犯人に感謝する。[20] 時にはこの感謝が愛情に変る。とある被害者は言う、「犯人が私を生かせてくれたから、生きていたんです。……誰かの命を自由にできて、なのにそれを返してくれるような人はあまりいません。それが終って、私たちは安全になったのに、あの人たちは手錠を掛けられています。私は彼らに近づいて、一人一人に接吻し、命を返してくれてありがとうと言いました[21]」。

被害者が犯人に何らかの感謝を覚える一方で、多くの者は世間に棄てられたと感じ、ある意味で自分の利害と犯人の利害が一致していると感じる。一九七七年のワシントンに於けるハナフィ派のテロを生き延びたダイアン・コールは、その格好の実例である。「テロリストは海賊のようだ。彼らは身代金目当てで人質を取る。世界と世界の良心を相手に取引する。それは間違いない――彼らは命の遣り取りをしている……世間から孤立すれば、世界に見棄てられたのかと思う[22]」。

そこで人質は、犯人と仲良くしようと決意する。最悪の状況の中の最善を目指すわけである。ここでは「決意」という単語を使ったが、実際のところ、この意識的な意図と無意識の行動の複雑な混合を上手く言い表すことのできる言葉はない。生命を脅かすストレスに曝され続けると、逆説的だが一部の者は救出者よりも犯人を信頼し、愛情を抱くようになる。これがストックホルム症候群の本質である。

人がこの症候群を発症する要因を査定することは困難である。何故なら、記録のほとんどは単独もしくは一連の事例報告に基づくものか、あるいは極めて特殊な状況を反映するもので、全ての人質事例に一般化することはできないからである。[23] 例えば、イタリアの研究者たちが、サルディニアにおける二四例の個別の誘拐事例を研究した。いずれも身代金目当ての誘拐である。生き延びた被害者の五〇%は、犯人との間に何らかのポジティヴな関係を築いていたことが判明した。拘束中に、より屈辱的な体験をした者、および長期にわたって拘束された者ほど、そのような感情を持つ傾向があった。被害者の年齢や精神病の既往症などは、このような感情を持つ傾向とは無関係であった。[24]

もう一つの研究では、四四七名のハイジャック犯と、二万人の人質に関する合衆国連邦政府のデータを検分し、どのような状況の下でハイジャック犯と人質との間にポジティヴな感情が生まれやすいかを調べた。サンプル・サイズは意気阻喪するほど膨大である（こんなにいるなんて知ってた人いますか?）。ハイジャック犯との間に強い社会的相互作用が生じる長期間の拘束体験は、ストックホルム的な感情を育みやすいと思われた。興味深いことに、このような感情の発生は、被害者に対する犯人の虐待の量とは関係がなかった。[25]

ストックホルム症候群発症の頻度については、かなり幅広い見積がある。とあるＦＢＩのエージェントは、完全なストックホルム症候群は「極めて少数の被害者にしか」起らないと報告している。[26] 一方、学童が巻き込まれたとある人質事件では、人質八七人中八四人が「法執行機関にネガティヴな感情を、犯人に対してはポジティヴな感情を抱いた」と報告されている。[27]

その発症率が「ほぼ稀」から被害者の九五%以上（先の学童の事例）まで、これほどの開きがあるのなら、この現象の発生頻度を記述するのは不可能であり、「時折起る」としか言いようがない。記録を見る限り、長期に及ぶ拘束や誘拐の状況において発生しやすいとは言える。また、子供、あるいは外の環境における体験の比較的乏しい人の方が発症させやすいという傾向も多少はある。RAND研究所の報告によれば、「犯人に対して、人質にされたことに恨みを抱く被害者は驚くほど少ない。実際、彼らはしばしば、犯人たちとポジティヴな関係を築く。解放の際には友好的に別れ、互いの健勝を祈る。元人質の中には、『ホスト』のことをほとんど好ましく思い出す者もいる――『彼らはありえないほど礼儀正しかった――特に、テロリストにしては』」[28]。

古い理論的枠組み（「攻撃者との自己同一化」）を反映した精神医学的説明は、今日の元人質からは大抵否定されている。一方、生活上のストレスや対処といった観点から見れば、この症候群は実に解り易い。精神病理学の指標ではなく、異常なストレスへの対処の事例として見るのである。

犯人と親しくなることは、実際に生き延びる確率を上げる。元国立精神衛生研究所副所長でFBI顧問でもあった精神科医フランク・オックバーグはストックホルム症候群を「テロリストと人質の間の不道徳な同盟であり、外界の権威に対する恐怖、不信、怒りを含むもの」と呼んでいる[29]。人質は犯人の野蛮さよりも、時折見せる優しさに集中する。これが生存率を上げるのは、ポジティヴな絆が犯人と人質の双方に影響するからである。警官に取り囲まれ、いつ突入されるかという状況で、犯人と人質は共通の弱さを認識する。人質は生き延びたいが、完全に犯人に依存している。両者の間の力の相違は莫大であり、生き延びるためには人質は全力を振り絞って、殺意ある犯人の怒りを他所に向けねばならない。

ＦＢＩのエージェントが子供の発育と退行を語るのはよくあることではないが、エージェントであるトーマス・ストレンツはこの状況を上手く説明している。「五歳の子供は自分で食べたり自己主張したりできるし、また移動もできる。人質というのは幼児のようなもので、食べ物を求めて泣くしかなく、喋ることもできず、縛られていることもある。……人質は極度の依存と恐怖の状態にある。彼は外の世界を恐れている[30]」。

ストレンツは一九七六年から八五年までの間、ＦＢＩの人質／危機交渉プログラムの創設と指導に当たった。ＦＢＩのこの部署は人質の行動の複雑さとストックホルム症候群を熟知している。次章で見るように、ＦＢＩの他の部署はパトリシア・ハーストの誘拐事件の際、その辺りの理解が足りなかった。

フランク・オックバーグは「洗脳は意図的に行なうものだが、ストックホルムはただ生じるものである」と述べている[31]。実に含蓄ある言葉だ。このような状況では、犯人は被害者を教化しようとする意図はない。説得はただ生じるのであり、それは大抵は一時的なものである。意図的な教化がストックホルム症候群と結びついた時にどうなるかを見るためには、クレディットバンケン強盗の六カ月後に地球の反対側で起ったもう一つの銀行強盗事件を見る必要がある。〈シンバイオニーズ解放軍〉によるパトリシア・ハースト誘拐事件である。クレディットバンケン強盗が一九七三年にストックホルム症候群という概念を生んだとすれば、翌年のサンフランシスコで起ったハイバーニア銀行強盗事件は、即時的転向、ストックホルム症候群、洗脳などの概念をタブロイド紙や法廷、そして最終的にはホワイトハウスに持ち込んだのだ。

第9章　パトリシア・ハースト

ストックホルムと教化の出逢い

私は晴れた青空、明るい陽光、どこまで広がる空間、遠くまで続く緑の芝生、大きくて快適な家、スイミング・プールとテニスコート、乗馬用の馬のあるカントリー・クラブという環境で育ちました。その全てを当たり前のことだと思い込んでいたのです。……今は私有の、守られた街に住んでいます……家には最高の電子セキュリティ・システムがあり……何も怖くありません。年を取り、賢くなったんだと思います。……自分は弱く、外には力があるという厳然たる事実に気づいています。……それはずっと脅威であり、どんな個人よりも強いのです。

パトリシア・ハースト、一九八二

朝鮮戦争捕虜の帰還から二五年ほど経った頃、裁判所は洗脳と犯罪責任の新たな事例を審議していた――国対ハースト裁判である。洗脳は存在するのか、それは単なる信念の変化とはどう違うのか、洗脳という事由は個人の犯罪責任を免除するか、といった問題を巡って議論は紛糾した。

パトリシア・ハーストはバークリ在住の一九歳の大学生。フィアンセであるステーヴン・ウィードと大学構外の高級アパートの一室に同居していた。一九七四年二月四日、ハーストはバークリのアパートで襲撃され、銃口を突きつけられた上に顔面を銃の台尻で殴打され、クルマのトランクに押し込められた。誘拐犯は〈シンバイオニーズ解放軍（SLA）〉と呼ばれる過激派の小グループのメンバーであった。

SLAに綿密な計画があったわけではない。リーダーであるアフリカ系アメリカ人の前科者ドナルド・デフリーズは獄中で革命に関する本を読み、プロの革命家としての華やかな人生に憧れていた。自らSLAの陸軍元帥サンク・ムトゥーメと名乗る彼は、一握りの信奉者を惹き付けた——基本的に白人中流階級の教養ある若者である。彼らは銃を弄び、さらなるドラマを求めて特別の紋章と、七つ頭のコブラの旗を作った。彼らは、一九七〇年代初頭にサンフランシスコ・ベイエリアで活動していた多くの奇矯な革命グループの一つに過ぎない（とあるコメンテーターによれば「蠅の糞みたいな地下グループ」）[1]。当時のヒッピー・コミュニティのアイコン的存在は言った、「向き合おう、この国は今、おかしなことになっている」[2]。

SLAのメンバーは互いに革命的な響きの名前を命名し、武器の訓練を行ない、「レイシズム、セクシズム、エイジズム、資本主義、ファシズム、個人主義、所有、競争、そして……資本主義」への復讐という壮大な空想に耽った[3]。彼らが出した冷え冷えとするような声明は、常にトレードマークのスローガンである「人民を貪るファシストの虫どもに死を」で締め括られている。デフリーズの典型的な声明は、例えば次の通り――

お前は……私を知っている。ずっと知っていた。私は夜も昼もお前に狩られ、恐れられたニガー。私は、もはや狩られ、奪われ、殺されるだけの存在ではなくなったニガー。今やお前を狩るニガーだ。

そう、お前らは私を知っている……そしてわれわれもお前を知っている――迫害者、殺人者、強盗だ。……今やわれわれこそが狩人であり、お前に安息はない。……

人民を貪るファシストの虫どもに死を。[4]

SLAが遂に、切望していた注目を得た時、マスコミは必ずしも好意的ではなかった。「リッチモンド・ニュー・リーダー」誌はこの声明を「空想世界の子供じみた妄想」と呼んだ。[5] それは事実かも知れないが、SLAのメンバーには武器があり、殺意があった。理由は不明だが、一九七三年一一月六日、彼らはオークランドの有名なアフリカ系アメリカ人の教育長マーカス・フォスターを襲撃し、青酸入りの銃弾で射殺。その後、来るべき革命に関する支離滅裂な声明を出した。

それから、SLAはパトリシア・ハーストの誘拐を決断した。ウィリアム・ランドルフ・ハーストの孫であり、ランドルフ・ハースト（ハースト出版帝国の役員会会長）とキャサリン・キャンベル・ハースト（カリフォルニア大学理事）の娘である。この標的なら、さらに注目を集めるだろう。それに、ハースト家から莫大な身代金をせしめて貧民に寄付すれば、SLAは革命界隈で一種のロビン・フッド的な名声が得られるだろう、と彼らは考えたのだった。

パトリシア・ハーストが述べているように、この誘拐は甚だしく荒っぽいものだった。クルマのトランクの中で泣いていると、グループのリーダー（「サンク」）は彼女を脅して言った、「口を閉じろ、ビッチ。さもなきゃそのファックなオツムを吹っ飛ばしてやんよ」[6]。ＳＬＡの最初のアジトに到着すると、彼女は手枷と猿轡と目隠しをされ、クローゼットに投げ込まれた。そしてそこに二ヶ月近くも放置された。

> 私は荷物の詰まったクローゼットに入れられました。私は……殺されると思いました。私が「逮捕」されたのは、ランドルフ・Ａ・ハーストの娘だからだというのです。「サン」は父を人民の敵の企業家と呼びました。……私は完全にそれまでの環境から切り離されました。……捕まってから三日目、何時間にも及ぶ訊問が始まりました。私は、「人民の敵」である私の家族について彼らが言った全てを認め、彼らが望んでいるような答えをすることを憶えました。……私は衰弱し、熱が出て鬱になり、だんだん訳が判らなくなっていきました。……もう死ぬんだと思いました。ウィリアム・ウォルフとドナルド・デフリーズ［ＳＬＡのメンバー名はクジョーとサンク］は、クローゼットの中で私を強姦しました。[7]

「お手洗へ行くから」クローゼットから出して、と懇願すると、グループは正式な遺産相続者である彼女を嘲笑した。サンタは言った、「おい見ろよ、このファンシーなお嬢サマをよぉ、リアル・マリ・アントワネットってかぁ？　いいか、しょんべんしたいんならよぉ、こう言うんだ、『しょんべんしたいです』。うんこならだ、『うんこ出ますぅ』だ」[8]。

　後にハーストは、SLAのメンバーの中で一番恐ろしかったのはビルとエミリーのハリス夫妻だったと証言した。癇癪持ちのビルは彼女を殴打し、エミリーは恐ろしいほどSLAのイデオロギーに傾倒していた。ハーストによれば、エミリー・ハリスは強盗した際に銀行の客を殺したが、後にそれを正当化した。「ええ、死んだわよ。けどどうでも良いことだわ。どうせブルジョワの豚じゃない。ダンナは医者だしさ」。悲しむべきことに、ハーストが最終的に逮捕されるまでの間、最も長く共に過したのはこのハリス夫妻だった。ビル・ハリスと一緒にいるのは生易しいことではなく、彼女は常に暴行を受けていた。「めそめそしてんじゃねえ、いい加減にしやがれ。いったいどうしたってんだ？……このくそったれのブルジョワ・ビッチが！」[9]。

　SLAのメンバーの中には、時折彼女に優しくしてくれる者もいた。用を足すために彼女をクローゼットから出ししてくれたり、彼女がパニックに陥った時には、「ただのクローゼットじゃないか。もう、頼むぜ」と声を掛けた[10]。パトリシアはグループに適応した。彼らの言うことの全てに賛同し、模範囚となれば、扱いも優しくなる――そしてクローゼットのドアを開けてもらえるということを学んだのだ[11]。

　ハーストを捕えている間、SLAは彼女のさまざまな音声テープと声明を出した。最初のテープは彼女の捕獲から四日目に出された。まさにド直球な代物で――両親に対して、怯えきった声で身代金を払うよう依頼し、「私が支配階級の家の一員だから」攫われたと宣言していた。[12]

犯人はハースト家に、数百万ドル分の食糧をカリフォルニアの貧民に配布するよう要求した。その金額、および配布方法について、一進一退の交渉が続いた。[13] 開始された食糧配布は、まさしくカオスとしか言いようのない様相を呈した。群衆がトラックに殺到し、トラックから放り出された冷凍の七面鳥に当たたって負傷した者もいた。

その後のパトリシアからのテープは、まるでプロパガンダ的な革命原稿を読んでいるかのような口調となった。彼女は腹立たしげに、抑圧された人々のための自由を要求し、自分の家族を「豚のハースト家」と呼び、自らを「人民軍の兵士」と称した。

誘拐から八週間後、SLAはグループに入るか去るかを選択する機会を彼女に与えた。サンクは言った、「おめえは農場で飼われてるペットの鶏みてえなもんだ――日曜のディナーのためにシメなきゃならなくなっても、誰もやりたがらねえ。……あのな、俺たちはまあ、おめえが気に入った。だから本当は殺したくないんだ。殺さずに済むんならな。良く考えろ」[14]。

パトリシアはグループに入隊し、タニアと改名した。二週間後、一味がサンフランシスコのハイバーニア銀行を襲撃した時、タニアの姿が銀行の監視カメラに映っていた。

テープを出す度に、パトリシア・ハーストはラディカルになって行った。両親は、彼女は洗脳されてそんな言動をしていると推測したが、その後数ヶ月にわたって彼女は反撃を続け、自分は洗脳などされていないと激烈に主張した。

法務長官は、ハーストは自発的にグループに入ったと思われるので、他の銀行強盗と共に逮捕され

銀行の監視カメラ。パトリシア・ハーストとドナルド・デフリーズがハイバーニア銀行を襲撃している。1974年4月（提供：ＦＢＩ）

るだろう、と発言した。かくして、ストックホルムの人質たちと同様、十分な理由を以て、ハーストは自分が本当に恐れるべきは誰なのかという疑問を抱くようになった――犯人なのか、警察なのか。

一九七四年五月、一味がロサンゼルスに潜伏していた時、タニアとビルとエミリー・ハリスはメル運動具店に集まった。ビルは万引きして捕まり、タニアは彼を助けるためにマシンガンを乱射した。後年、この件についてハーストは書き記す。「私は本能的に行動していました。何故ならそうするように訓練され、叩き込まれていたからです。……実際、私は本能的に行動し反応することを憶えていました――唾を垂らすパブロフの犬のように[15]」。

この万引きの一件の後、タニアとビルとエミリーはロサンゼルスのアジトの仲間と合流する代わりに、ディズニーランドに潜伏した。翌日、

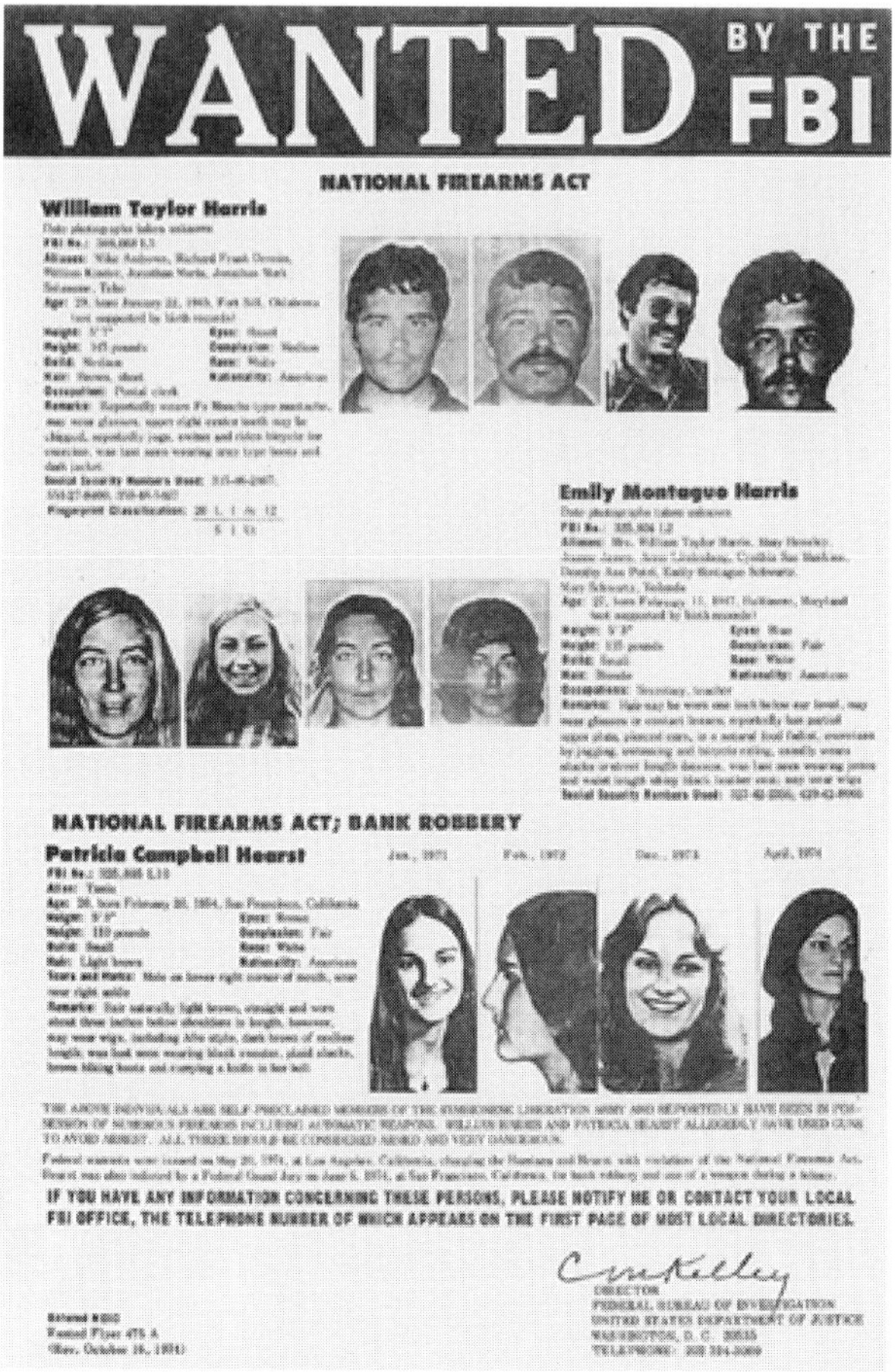

〈シンバイオニーズ解放軍〉のメンバー、ウィリアム・ハリス、エミリー・ハリス、パトリシア・ハーストの指名手配ポスター。署名はＦＢＩ長官クラレンス・ケリー（提供：ＦＢＩ）

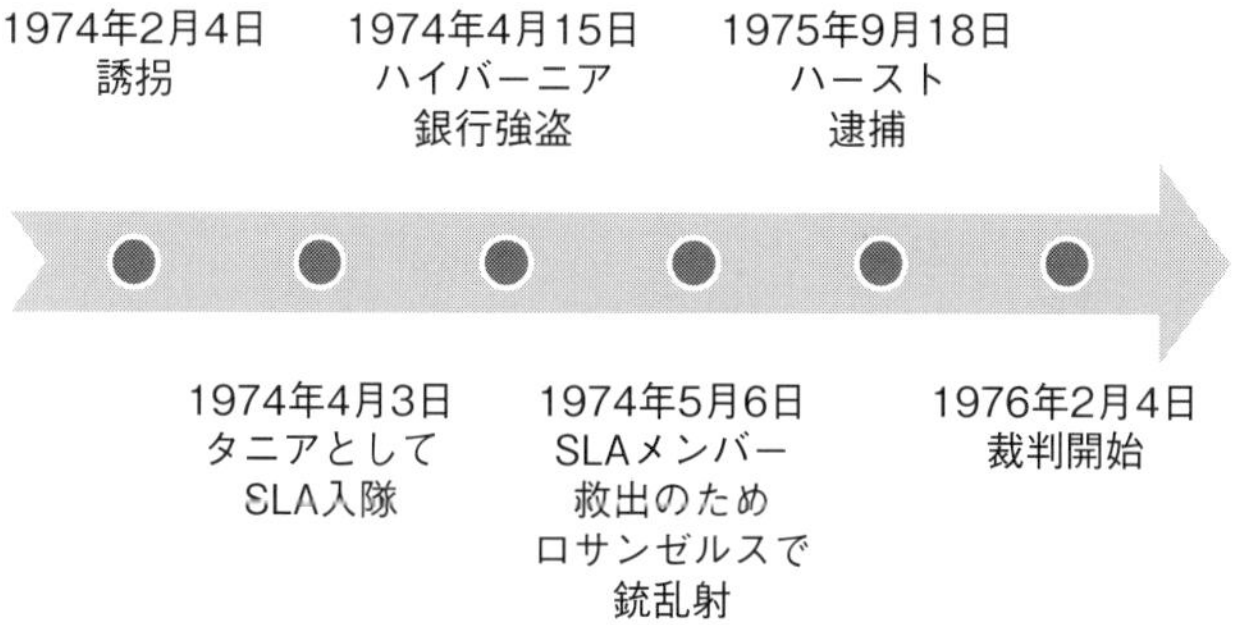

パトリシア・ハーストのタイムライン

他の六人のメンバーはロサンゼルス警察と悲惨な銃撃戦の末、殺害されて荼毘に付された。

タニアとハリス夫妻は一八ヶ月にわたって失踪し、東海岸まで行って、彼らの話を書きたがっている作家に協力した。タニアは、当初はSLAを全く信じていなかったが、時間が経つ内に彼らの目的に共感するようになった、と打ち明けた。彼女が洗脳されているとの見方を「戯言《ブルシット》」と斬って捨て、洗脳というのは「学校教育に始まって……社会で支配階級の奴隷としての地位を受け入れるように人々を条件付けるプロセス」のことだと言ってのけた。[16]

一味は最終的に西海岸に戻り、数少ない新たな信者も獲得し、さらに犯罪を続けた。元国防長官ロバート・マクナマラと物理学者エドワード・テラーの暗殺を計画したが、実行には移せなかった。その代り、バンク・オヴ・アメリカのオークランド支店、カリフォルニア大学サンタ・クルーズ校の建物、マリン郡市民会館、そしてさまざまな警察車両を爆破した。また、サクラメント近郊で再び銀行を襲撃、妊婦を殺害した。[17]

最終的にパトリシアは、一九七五年九月一八日に逮捕された。拘置されると、職業は「都市ゲリラ」であると名乗り、「人民に権力を」の拳の挨拶をして見せた。看守は密かに、ハーストと親友トリッシュ・トゥビンの会話を記録していた。その中でパトリシアは不利な陳述をしていて、それが裁判に響いてくることになる。

ハースト：出られると解るまで何も供述しない。……出たら供述するわ、……それはあのー、完全に革命的フェミニスト的視点のやつで、えー、あのー、ほら、……正直、私の政治姿勢は全然変ったから、ほら、あの頃とは……

トゥビン：そうね。

ハースト：（笑）どう見てもね。……だからこの所為で、弁護となると、いろんな問題が出るわね。……それであのー、……ほんとムカつくんだけどさ。……ここから出られたら、全部話したげるわ、全然信じられないだろうけどさ、いやほんと（笑）[18]。

ハーストの誘拐に関しては矛盾する話が数多くあり、文字通り『羅生門』の様相を呈している。気楽な遺産相続人から誘拐の被害者、そして過激派のメンバーから銀行強盗という目まぐるしく高密度の日々に想いを馳せていただきたい。

パトリシアは、自分はずっとビルとエミリー・ハリスの支配下にあって、脅されていたと主張した。

彼らから逃亡できなかったのは、そんなことをすれば必ず追跡されて最終的には殺されてしまうからだと。さらに、もしも自首したりすれば、今度はＦＢＩに殺されると思った、とも。

最終的に逮捕されると、パトリシアとエミリー・ハリスは隣り合った監房に入れられた。パトリシアは、エミリーが恐いのでわざと過激な自供をしたと主張した。直ぐ傍でエミリーが聴いていると思ったからだと。自分はＳＬＡに誘拐され脅迫されていたという宣誓供述書に署名したパトリシアは、エミリー・ハリスからメモが来て、「やっぱりね。あの時さっさとお前を殺しておけば良かったんだ」と書いてあった、と述べた。

法律コメンテイターのジェフリー・トゥービンの報告によれば、ビル・ハリスはこうした主張の多くに反論し、自分はパトリシアを脅迫などしておらず、寧ろ彼女を慰めようとした、それも誘拐直後からだ、と供述した[20]。彼はまた、サンクが彼女を強姦したという話も否定した。結局ビルとエミリー・ハリスは誘拐の罪で裁かれたが、ハーストが身体的暴力を受けたことはないと否定し、彼女が自分たちに不利な出鱈目を言っていると仄めかした[21]。長い面談の中で、ビルとエミリー・ハリスは自分たちから見た彼女の誘拐を語っている。

問：人質の扱いについて、他のメンバーとの間に意見の相違もしくは議論があったのか？

答：彼女を落ち着かせて慰めようとしました。そうすれば大人しくしてくれるだろうと思ったのです。……

問：彼女の声明は何らかの形で編集されているのか？

答：はい、編集されています。私たちは彼女の声明をトーンダウンさせなくてはなりませんでした。彼女の声明は……最初はあまりに過激でした。……これでは彼女の言っていることは誰にも信じて貰えないだろうと心配しました。……タニアがあんな人だったなんて、全くの予想外でした。……私たちは典型的なブルジョワを期待していました。スカーレット・オハラみたいな。本当に見下げ果てた奴をです。

エミリー・ハリスはまた、パトリシアの監禁の苛酷さについても一蹴した。だってあのクローゼットには絨毯が敷いてありましたし、時々は外にも出していたんです、と。彼女はパトリシアが傷害を受けたという主張も嘲笑し、誘拐中の怪我なんて掠り傷程度です、と断言した。ハリスは保護観察官に言った、「彼女が誘拐の被害者であった間中ずっと、どんな形であれ、傷付けられたり虐待なんて受けたりしていません。確かに恐かったろうし、不愉快でもあったでしょうけど。……［でも私たちは］彼女が快適に……いられるようにしたし、危害を加えるつもりはないと言いました」[23]。

ハーストとＳＬＡのメンバーであるウィリアム・ウォルフ（別名クジョー）との関係にも、相反する報告があった。ハリス夫妻は、ウォルフに強姦されるどころか、パトリシアの方から色目を使って誘惑したんです、と断言した。ハーストと彼女の関係は彼女の裁判で決定的な争点となった。クジョーは彼女に、メキシコ製の小さな安物のお守りを贈っていたが、彼女は一味と一緒にいた時、それを持って写真に写っていた。逮捕された時、そのお守りは彼女の財布の中にあった。もしも彼女がウォルフに強姦されて恨んでいたのなら、何故そんな愛のお守りを身に着けていたのか？　さらに、ロサンゼルスでの銃撃戦で彼が死んだ後、彼女は彼のことを「これまでに会った中で一番優しくて美しい人。……お互いにとても愛し合っていました。……クジョーも私も、あれほど強く誰かを愛したことはありません。たぶん、私たちの関係はブルジョワのファックな価値観、態度、目的に基づくものではなかったからです。私たちの関係の基盤は、たたかいへのコミットメントでした。私たちの愛は人民への愛でした」と述べているのだ。[24]

ハーストは後に、あれはただエミリー・ハリスが書いた原稿を読んでいただけで、お守りを肌身離さず持っていたのも、これは値打ちものだと言ったウォルフを無邪気に信じていたからだと弁明する。精神鑑定と裁判の間、彼女とウォルフとの関係は常に好色な好奇心の対象となった。精神鑑定者の一人は、攻撃的な質問で彼女を号泣させた。「誘惑について教えて下さい。彼に接吻しましたか？　彼は割礼を受けていましたか？　……あなたの恋人について教えて下さい」[25]。

彼女の元婚約者であるスティーヴン・ウィードは、パトリシアの過激化を理解するためには苦労を惜しまず、フランスのマルクス主義哲学者レジス・ドゥブレに、彼女の新しい過激思想について相談までした。かつてチェ・ゲバラの盟友であったドゥブレは、彼女の全ての声明を調べて言った、「何ぴとであれ二ヶ月で革命家に仕立て上げられるものではない。これは政治的というより宗教的なものだ」。彼女の態度の変化は、改宗に近いものなのか？　ウィードは言った、「彼女のＳＬＡへの〈入隊〉を、共和党への〈入党〉と同じようなものだと考えるのは馬鹿げています。けれども……彼女の声を聴いて、彼女が…単に殺されるのが恐くてハイバーニア銀行強盗に参加したとも思えません。それは〈その二つの間の何か〉だったのです。……彼女は生き延びるために、どうにか適応しなくてはならなかったのです」[26]。

裁判記録を吟味する際には、裁判というものは弁証による闘争であることを念頭に置かねばならない。判決から引用すべき真実があるとすれば、それは既存の法、検察側と弁護側の議論、提出された証拠、裁判官の説示、陪審の審議が交わるところにある。ハーストの裁判には極めて多彩で雄弁な主人公たちがいて、ゆえに洗脳という弁明に関する法的問題は、数十年を経た後も鮮やかに残っている。

殺人には幾つかの等級があるが（例えば謀殺、故殺、正当殺人）、銀行強盗については連邦法にはそのような等級はない。「私は預金しようとしていて、気づいたらたまたま強盗してしまってたんです」などという言い訳は通用しない。同様に、「あの銀行には強盗が必要だったんです」というのも、たとえどれほど見下げ果てた銀行であったとしても、賛同は得られない。そんなわけで、銀行強盗では衝動か予謀かというのも判決には影響しない。量刑には影響するかもしれないが。

だが、銀行強盗の罪の弁明となるかもしれない領域が一つだけ存在する。もしも誰かに、強盗しなければ殺すと脅された場合、この極端な強制は軽減事由になるかもしれない。ハーストの裁判においては、裁判官はその強制が即時的な人身攻撃ではなければならないと強調した。曖昧で不明確な脅迫では弁明にならないのだ。ゆえに、強制されたという弁明は、例えばその脅迫が次のようなものである場合、有効とは認められない――「絶対だぞ、いつかきっと、お前が忘れた頃に、お前か家族を追いかけてやるぞ」。もしもその脅迫者が絶対に嘘をつかない人物で、マフィアなどの犯罪組織と関わりがあるとしても、裁判官の説示によればそんなことは関係無いのである。

SLAのメンバーはハーストに、彼らは巨大なテロ組織の一部であり、その組織はアイルランド、プエルト・リコ、フィリピンに支部を持っている、と説明した。つまり明白に、殺人的暴力の行使を示唆したのだ。ハーストはこのグループ内で過した長い期間に自首できなかったのは、SLAが自分もしくは家族を追跡してくると信じていたからだと証言した。実際この長い裁判の間中、絶えず不気味な過激派グループからの公開の脅迫があり、他のSLAのメンバーの弁護費用をハースト家が負担せよと求めていた。また復讐と称してサン・シメオンのハースト城、およびもう一つのハースト家の邸宅が爆破されたこともある。〈新世界解放戦線〉と呼ばれる怪しげな過激派の地下組織が、裁判所の爆破および裁判官、検察、さまざまな証人の殺害を予告した。陪審に対する裁判官の説示によれば、これらのいずれも「強制」とは認められなかった。ランドルフ・ハーストは憤慨して語った、「この連中、こいつらただのキチガイ集団だ[27]」。

多くの者が、ハーストの仰々しい弁護人F・リー・ベイリを批判した。司法取引が可能な場面で、彼女を不必要な実刑判決に服させようとしているというのだ。彼には利益の觝触があるとの主張もあった。自著の宣伝のために裁判を長引かせる必要があったというのである。だが何より人々が批判したのは、ハーストを証言台に立たせるという彼の決断である。彼女の元弁護士ヴィンセント・ハリナンは、ベイリの弁護を公然と批判する。「どれほど酷い不運、怠慢、愚鈍さ、愚行が積み重なろうとも、本件が今以上に台無しにされることはなかっただろう[28]」。後年、有罪判決を受けた後にハーストは、何を措いてもベイリの弁護が酷かったとして上訴した（却下）。

パトリシアは誘拐と脅迫について感動的に証言したが、証言台ではまた、ハイバーニア強盗以後の行動に関する多くの質問に直面することとなった。他にどんな犯罪を起したのか？　何故逃亡しなかったのか？　彼女は四二回にわたってこの種の質問を拒否した。迂闊に証言すれば、他の犯罪で有罪になったり、あるいは自身や家族に危険が及ぶことを恐れてのことである。まさに難題であった——SLAと犯した他の犯罪についての証言を拒絶し、何故逃亡しなかったのかも説明せずに、どうやって強制を主張できようか？

ベイリは裁判中、活発かつ情熱的に彼女を弁護した。彼は一九七五年九月二六日のハーストとの最初の面談を回想している。彼女は感情に乏しい小柄な人物で、どこか麻痺しているかのように単調に話したという。仕舞いには知恵遅れなのか、精神耗弱なのかとまで訝るようになった。[29]

相手側は主任検察官のジェイムズ・ブラウニングと助手のデイヴィッド・バンクロフト。ブラウニングの見解はすこぶる効果的であった。

> 皆さん、どうか被告人の証言の全てを、信ずるに値しないものとして拒絶してください。彼女は言いました、テープで語ったことは本意ではなかったと信じてくださいと。文書に書いたことも本意ではなかった、拳による抗議の挨拶をしたのも本意ではなかった、逮捕後に固めた拳は本意ではなかったと。……サン・マテオ郡保安官代理に、自分は都市ゲリラだと名乗ったのも本意ではなかったと。……彼女はトウビンとの会話は本物のパトリシア・ハーストではなかったと言っています。……メルの店の銃撃事件は単なる反射だと。……一九ヶ月にわたって国中を縦横に移動しながら、恐怖で逃げ出せなかったと。……ウィリー・ウォルフには逆らえなかったと言いなが

ら、逮捕される日まであのお守りを肌身離さず持ち歩いていたのです。可笑しすぎる事実ですよね、皆さん。とうてい信じることはできません。[30]

パトリシア・ハーストがハイバーニア銀行強盗に加わっていたことは間違いない。問題はそれは何故か、より正確に言えば彼女の「動機」は何だったのかということだ。これに関しては双方とも、精神科医の詳細な証言に依拠していた。実際、裁判の大半は、原告被告双方が召喚した専門医の証言に費やされた。

いろいろ問題はあったとは言え、ベイリは洗脳について入念に調べていた。彼は四人の専門家を見つけ出した。当初、彼は英国の精神科医ウィリアム・サーガントに依頼しようと考えていたが（この人物は洗脳という主題になるとどこにでも顔を出す――パブロフ、薬物、朝鮮戦争、フランク・オルソン、そしてイーウェン・キャメロン）、おそらくサーガントではアメリカの陪審に対しては説得力が低いと判断したのだろう。さらにサーガントは迂闊にも、裁判が始まる前にTVのインタヴューを受け、さらにハーストとの面談について新聞に記事まで書いてしまっていた。ロンドンの「タイムズ」で、彼は述べている。「私としては、パティ・ハーストが『洗脳』されていたことに疑いの余地はないと思う、……洗脳というか、まあ同じことを表すのに他のどんな言葉を用いても良いのであるが。……先の戦争では、ほぼ三〇日が……常人が緊張とストレスに耐えることのできる最長期間であることが明らかとなった。それを過ぎると、被暗示性が著しく高まった状態になる。……人間の行動や思考は、通常のものとは正反対となる。疲労困憊した兎が、遂にオコジョの口の中に自分から飛び込んでいくように[31]」。

サーガントはハーストとの最初の面会を次のように記す。「私は恐ろしくなった。彼女は痛ましい状態にある。戦争中、たった今戦闘から帰還したばかりの人間のようだ」。パブロフのひそみに倣って彼は言う、不断のプレッシャーに晒され続けた神経系は、逆説的な脳活動を示す、と。[32] また別のところでは、もしも自分が裁判で証言していたなら、ハーストは洗脳されていたと言うよりも転向させられていたのだと強調するだろう、とも述べている。[33]

サーガントの代わりに、ベイリは米軍で洗脳の研究に従事してきた三人のアメリカ人精神科医と一人の心理学者を選んだ。いずれも傑出した学者たちである。UCLAの精神科学長ジョリー・ウェストは、〈MKウルトラ〉とLSD研究で既に出逢った人物。イェール大学教授ロバート・リフトンは、中国の洗脳術の権威。ペンシルヴェニア大学教授マーティン・オーンは催眠と偽装の研究で注目を浴びていた（これまた〈MKウルトラ〉の支援）。そしてバークリの心理学者マーガレット・シンガーは、心理テストと発話特徴の専門家であった。

シンガー（一九二一―二〇〇三）は、ハーストの逮捕時の心理テストで、IQが二〇以上も低下するという重篤な障害が判明したという事実を指摘した。シンガーはまた、ハーストの発話と筆記の特徴を分析し、SLA時代のハーストが発表した声明とテープは彼女の筆記スタイルとはまるで違うと証言した。検察側は、ハーストが自分の障害を実際よりも重く見せかけるために心理テストで虚偽の答えをしたのだと反論した。さらに、ハーストはSLAの筆記スタイルを真似るようになった、特に誘拐されたばかりのころには、ハーストはSLAの言う通りに書けと言われたのだ、と論じた。

ハーストの心理的障害の問題は、当初予想されていたような、証言能力の有無に関する議論の方向へは行かなかった。むしろ弁護側は、彼女の障害の度合いは、SLAに捕えられていた際の虐待の長期的影響を示している、と論じのだ。これほど明け透けに述べたわけではないが、弁護側は、このような虐待のために彼女の意志決定能力が脆弱化し、犯人グループに協力してしまったのだと仄めかしたのだ。

ジョリー・ウェストは朝鮮戦争中の洗脳と強圧的説得について、これ以上もないほど巧みに総覧して見せた。ウェストは、*brainwashing* という言葉は避けるようにと注意した、何故ならそれは「捕えた者が捕われた者に対して行使するあらゆる種類の影響力を意味する寄せ集めのような言葉に成り果てているし、科学的・医学的観点から見ても正確とは言いがたい」代物だからである。[34]彼は朝鮮戦争の研究に言及し、衰弱、依存、不安（彼の言う「DDD」）の状態にある者は容易に教化を受け入れると説明した。捕虜が栄養不足、睡眠遮断、医療上の問題などで疲弊すると、重度障害が生じる。日常生活のあらゆる些細なこと（用便、直立、歩行）までをも捕獲者に依存するようになると、捕虜は捕獲者に対して徹底的に従属的になる。最終的に、絶えず死の恐怖に苛まれることによって、捕虜は極度の不安に陥るのである。

ウェストはハーストのDDD体験と、朝鮮および中国の捕虜収容所で捕虜が直面した状況とを比較する。こうした収容所から解放された時、兵士たちは一般に感覚が麻痺し、抑鬱、不安、恐怖に苛まれていたと報告している。彼は逮捕時のハーストもまた類似の徴候を呈していたと証言した。また、朝鮮の収容所から脱出した捕虜はほとんどいなかったことを指摘し、それはDDDの所為であると主張した。この推論は、何故ハーストがSLAから逃亡しなかったのかという謎に関してそれなりの説得力を発揮した。

ウェストは、捕虜は解離を惹き起こしやすいと報告した――強大なストレスへの反応として、記憶と感情の諸側面が分裂することである。ハーストの場合、タニアという別人格を身に着けた時点で、彼女は「さらに解離が進むこととなり、精神から古いパトリシア・ハーストと家族に対する気持ちを消し去り、可能な限り過去から切り離されることとなった……そしてただ来る日も来る日も、学ばねばならないことを身に着けていった。……それはあたかも、心理的な鎧を身に着けて、耐えがたい思考について考えることができなくなるようなものだ」[35]。

ウェストの証言は強力であり、検察側にとっては厄介だった。だから彼らは彼を獰猛に攻撃した。常々ウェストは、自分には法廷判断に関わった経験がほとんどないという事実を告白するようにしていたので、検察側は彼を象牙の塔の学者と決めつけた。ウェストは戦争捕虜との膨大な経験を語ったが、検察側はそんな経験はもはや時代遅れであって、今では何の意味もないと示唆した。さらに検察は攻撃を続けた。合衆国の士官の一部が実際に中国に寝返っていたが、その離脱者の中に実際に中国軍に入隊して合衆国を攻撃した事例が一つでもあるのか？　もしないなら、何故ウェストは銀行強盗へのパトリシアの参加を洗脳の所為だと言えるのか？

ウェストは、あらゆる証言に更なる論証を迫られた。例えば、クローゼットの中からでもラジオの音声が聞えていたのに、ハーストが感覚遮断を受けていたなどとどうして言えるのか、と検察は問うた。ハーストが何を言おうと、ウェストはそれを、彼の先入観で作られた洗脳という概念上の鋳型に押し込めることができるではないか。もしも彼女が何らかの症状を報告すれば、彼は彼女を信ずる。

何かの症状を否定すれば、それは解離の証拠となる。彼の診断はあまりにも都合が良すぎて、どんな証拠を出そうと論駁不可能な代物ではないか。

さらに、ウェストは自分の役割を解っていなかった。彼は専門家としての自分の見解を作成するために客観的にハーストを診断していたのか、それとも彼女のセラピストのように振舞っていたのか？症状についてどのように述べるべきかをそれと知らぬ間に彼女にコーチして、絶えざる脅迫に晒されていたという彼女の弁解を支えていたのか？

検察は、ウェストは先入観に囚われていると主張し、パトリシアがSLAに捕われていた際に彼女の両親に手紙を書いていたという事実を挙げた。曰く、希望を棄ててはなりません、適切な治療を施せば、パトリシアは回復します、と。何故診察もする前から、そんなことが解ったのか？　検察はまた、彼がハースト家と癒着していると指摘し（食事を共にしたりしていた）、カリフォルニア大学に雇われている身として、彼は同校の理事であるキャサリン・ハースト（パトリシアの母）に頭が上がらないのだと断定した。

マーティン・オーン（一九二七－二〇〇〇）は、ハーストが真実を語っていると思われる理由を説明した。彼の証言は、虚偽の看破法に関する研究に基づいている。これはかなり難解な議論であったので、検察は徒に時間を掛けて反論するということをしなかった。ジョリー・ウェスト同様、オーンもまたハーストがSLAでの虐待について真実を話していると信じていた。詐病者のように症状を大袈裟に言うことで同情を引こうとする素振りが見られなかったからである。

オーンはまた、ハーストがトラウマによって解離を起していると述べた。彼女が銀行強盗の最中に朦朧としていた際の出来事や感情を思い出すことができないのはそのためであるという。さらに彼女は「タニア」として別人格を演じたが、これは中国で隔離された捕虜たちにも見られた現象であるという。このような役割演技は現実のものとなり得る、とオーンは証言した。「彼女はその役割の練習を続けたと……信じております……何故なら彼女には脱出の術がなかったからです。……われわれは時に役割を演じます。……上司を憎む男は……上司のことを気に入っているふりをするかもしれません。けれども、帰宅後には妻に、本心を言うのです。……もしもある人を完全に隔離し、殺すというふうに脅迫すれば、役割を演じさせることができます。その際には……その人が本来の自分自身の価値を認めることができるような人間を近づけてはなりません。このようにすれば、その役割はますます現実的なものとなります[36]」。

検察は、ハーストの言動によってこれに反論した——彼女は逮捕されたことに対して「ムカつき」を表明し、ラディカルなフェミニスト、都市ゲリラになった、と述べたのだ。これが真実でないとどうやって確信できる？　単に彼女は心変わりを起して、ものごとの見方も変っただけかもしれないではないか？　何でわざわざ「解離」なんて代物を持出して説明する必要がある？

こんなことをしでかしたのは役割を演ずることに慣れてしまったからだなどと主張したのは、ただ助かりたい一心からではないのか？　結局のところ、ハーストは次のように書き記しているではないか、「ゲリラ戦士になるために頑張るという決断は、突拍子のないところからいきなり出て来たものではありません。私の突然の転向と思われているものは、実際には成長《ディヴェロプメント》のプロセスであり、写真を紙に現像《ディヴェロプメント》するのと同じことなのです。……後は現像液にその紙を浸せば、画像が現れます[37]」。

これに対してオーンは、これはハーストの通常の話し方、書き方ではなく、誰か他の者が書いたものに違いないと述べた。検察は、マーガレット・シンガーの先の証言と瓜二つなこの論法を嘲笑した。オーンは、現実に政府は発話分析に並々ならぬ関心を抱いており、これに関する幅広い研究に資金を提供している、と応えた。[38]

オーンとウェストは何度も「解離」に言及した。検察はその定義を求めた。解離とは、通常の思考、感情、記憶に断裂が生じることであり、時にはアイデンティティの感覚自体が断裂する。われわれは皆、毎日のようにある程度の解離を起している。クルマで職場へと向かう時、よほど珍しいものでもない限り、路上にあるものには気づかないし、憶えてもいない。素晴らしい映画やコンサートを鑑賞すると、「我を忘れる」。だが時にこの解離が重度になると、問題が発生する。犯罪者はしばしば、自らの犯罪の細部を思い出せないと訴えるが、それは必ずしも質問をかわすためにわざと言っているわけではない。[39] ハーストは何度も、SLAと共にいた期間は何だか自分ではなかった感じだとか、靄が掛かっていたような感じであり、監禁中の体験は非現実のようだったと述べている。弁護側は、このような供述はトラウマや虐待に共通するものであり、トラウマによる解離を反映していると訴えた。検察は、そんなのはナンセンスだと嘲笑した。

一九七〇年代には、精神科医の標準的な便覧である『精神障害の診断と統計マニュアル』（DSM）の中に洗脳に起因する障害の項目はなかった。その最新版であるDSM－5では、トラウマに起因する障害は「その他の指定解離障害」と呼ばれるカテゴリに入れられ、次のように記述されている。「長期に及ぶ強度の強圧的説得に起因する自己同一性障害。強度の強圧的説得（すなわち、洗脳、思想改造、監禁中の教化、拷問……セクト／カルトもしくはテロ組織による徴用）に曝された者は、自らの自己同一性の長期的な変化、もしくは意識的な疑問を抱く場合がある」[40]。ハーストの裁判がDSM－5の登場以後であったならば、当然このような議論が為されていただろう。だがDSM－5が世に出るのは四〇年も後のことである。

最後の弁護人ロバート・リフトン（一九二六－）は、中国の思想改造を受けた捕虜の研究を解りやすく概略した。彼によれば、中国人が用いた徹底的な集団訊問と自白は、思想と行動を変える有力なツールとなるという。リフトンは、思想改造は囚人が罪悪感を感じている場合に有効であることを強調し、SLAがハーストの生まれ育ちを批判した際の苛烈な糾弾に言及した。中国では、と彼は言った、囚人は訊問官の聞きたい答えを見出そうと必死になります。何を言おうと自供しようと十分ではない、だから彼らは最終的に訊問官が受け入れてくれるまで、これまで経験したことがないほど仔細な自供をするのです。

リフトンは返答の言葉を選びながら、人間の思考を崩壊させることは比較的容易だが、新たな信念に転向させることはそれよりも難しいと認めた。ウェストの依存状態の話にも踏み込みながら、彼は朝鮮や中国で捕虜が直面したような状況に於いては、生存それ自体が日々の問題となることを指摘した。看守の示す僅かな慈悲が捕虜の心の中ではとてつもなく大きなものとなり、その慈悲によって捕虜は容易に操られる。ハーストがハイバーニア銀行強盗に参加し、ロサンゼルスでマシンガンを乱射したのは、「誘拐の際とクローゼットの中で感じた元来の恐怖」の反映であり「この若い女性の中に起きたことを理解するためには、あの早い段階における恐怖を正しく評価しなくてはなりません」[41]。

彼によれば、朝鮮の捕虜と中国の思想改造の被害者は帰国の際にしばしば非常に混乱する。彼らにとっては、自由になって最初の数日は訊問官に言われた通りのことをそのまま鸚鵡返しするのは異常なことではない。このことは逮捕時のハーストのラディカルな言動の説明になる。

これもまた検察にとっては痛手となる証言であったので、彼らはリフトンに、洗脳が事実であることを証明せよと迫った。リフトンの過去の被験者の一人は、自分は洗脳されていたと言うよりも寧ろ犯人が言っていることを本当に信じるようになったのです、と証言したではないかと。そして彼らはリフトンに言った、あなたの著作では、研究に於ける主体性と共感の重要性が強調されていますね、それにあなたは、犯罪の責任の査定に関する経験が乏しくていらっしゃる。

検察はまた、リフトンの思想改造の被験者のほとんどが中国人によって二年以上も投獄されていたが、ハーストがクローゼットに監禁されていたのは二ヶ月弱に過ぎない、と論じた。つまりハーストの行動に関する彼の説明はその複雑性に於いて奇異であり、最も簡潔かつ論理的な説明は、彼女のさまざまな犯罪への参加は自発的なものであったというものだ、と。

リフトンは反論した。「あなたの説明が事実なら……次の三つのこともまた事実であるはずです。その内の一つとして私は事実である可能性はないと思っておりますが。次の三つです。一つは、この若い女性がトラウマ神経症に対する教科書のような知識を持っていて、故にそれを模倣もしくは擬態することができるということ。私には非常に疑わしく思えます。二つ目、彼女はまた、強圧的説得の主要な特徴に関する同じく教科書のような知識を持っているということですが、これまた極めて疑わしいことです。第三に、彼女は心理テストの入念かつ客観的な結果を欺く方法に関する、またしても教科書のような知識を持っていなければなりませんが、これもまた私にとっては非常に疑わしいことです」[42]。

弁護側の精神科医に共通するテーマがもう一つあった。司法判断の問題のみに留まるのではなく、彼らは自らの役割を、ハーストを擁護して彼女の犯罪行為が過大なストレスに晒された結果であるという事実を法廷に理解させることにあると見做していた。彼らの証言は、ハーストがタニアになった時点でそれは荒々しい誘拐と虐待の結果であるということを仄めかしていた。彼女は脅迫されて動いていたのであり、強圧的な説得を受けていたのであると。故に、彼女に不法行為の責任を負わせるべきではない。突き詰めると、彼らはハーストの責任と処罰よりも、罪の免除と同情に集中していたのである。

ここで、検察側が連れてきた二人の精神医学の専門家が登場。彼らはその背景も気性も、弁護側の専門家とはまるで違っていた。いずれも強度のトラウマやPTSD、洗脳などは専門ではなかったが、司法判断に関する広範な経験を持っていた。検察側の精神科医は白か黒かの世界観を持ち、単純な語彙を駆使した。それぞれの個性はさて置き、彼らは極めて限定的な状況を除けば人は自らの決断の責任を負わねばならないという信念を滔々と語った。彼らは洗脳という概念を嘲笑い、ハーストが一八ヶ月にわたって脅迫下にあったという議論を一蹴、彼女には逃亡の機会は多々あったにも関わらず、そうしなかったという事実を強調した。

サンフランシスコのジョエル・フォート（一九二九―二〇一五）は精神科医としての訓練を受けたが、「社会および健康問題の専門家」と称していた。裁判に先立ち、自己宣伝のプレス・リリースを配布。

要は自分をべた褒めする内容であったが、ある意味では的を射ていた。曰く、司法判断の経験の乏しい学者的な精神科医は、法廷ではほとんど役に立たない。一方司法の専門家は常に中立を保ち、「被告人」と「患者」を混同してはならない[43]。フォートは法廷で、自分は洗脳という概念を確証のない曖昧なものと見做していると宣言した――が、彼が別件で弁護側に立った際の証言では、まさにこの概念に立脚してたという事実を弁護人が指摘すると、虚を突かれた形となった。

　検察はフォートに、ハーストには法を遵守すること、あるいは銀行強盗への参加の悪質性を理解することを妨げるような精神疾患もしくは障害はありますかと訊ねた。フォートはこれを否定した[44]。彼は、態度の変化を強制する力、例えば改宗、同調圧力、誘拐などについて慎重に考察したと述べた。また彼の判断は誘拐前のハーストの人格と背景、およびSLAのメンバーに対する態度に基づいているとした。結論は単純であった。「彼女は死の恐怖から銀行強盗を演じていたのではありません。SLAのメンバーとして自発的にそれを行なったのです[45]」。

　フォートは、強圧的説得や思想改造のような言葉は有用だが曖昧であり、この問題は煮詰めてみれば単純に態度変化に行き着くと考えた。ハーストは単にSLAの説得に応じて転向したのであり、人生の多感な時期に悪党と連み、SLAのメンバーの中のある者と強い絆を築き、愛情さえ抱くようになったのだ。それだけではない。世界中のメディアの関心を一身に集めることに彼女はワクワクした。「私見では……彼女は決めて自律的で、強い意志を持ち、反抗的で知的で、高い教育を受けていましたが、特に知性に傾倒することはありませんでした……［彼女は］法を……賛同できず、蹂躙すべきものと見做す……異常な人間です[46]」。

彼は、ＦＢＩに射殺されるかも、というハーストの懸念を一蹴し、彼女が二ヶ月にわたって監禁されていたクローゼットは実際にはさほど居心地は悪くなかったと述べた。彼女が睡眠を遮断されていた証拠は発見されなかったし、タニアの声明には洗脳を受けたという示唆を明確に否定する箇所が数多くあると。

フォートは自分の証言に自信満々だった。これに対して弁護側は、彼の履歴書には無数の誤りがあると指摘した――彼がこれまで嘘を吐き続けてきたとはっきり断言したわけではないが、明らかな失点だった。彼は実際よりも司法経験があると主張していた。何度も自著を引き合いに出したが――実際には執筆すらしていなかった。正式な資格もなく、職歴も偽装していた。さらに弁護側は、実習生時代の彼が全く優秀ではなかったので、精神療法には手を出すなと助言したという昔の指導教官の報告書まで掘り出してきた。何だかんだで、弁護側はフォートに関する全く芳しくない絵を描いて見せたわけである。だがそれによって、パトリシア・ハーストに関する彼の見解自体が無効化されたのか？

ボストンの精神科医リー・コゾル（一九〇六―二〇〇八）は、危険な性犯罪者の診断と治療のための施設を営んでいた。ジョエル・フォートとは異なり、コゾルは法医学の精神科医で、患者の治療にも当たっており、臨床経験も豊富だった。精神医学に対する敵意などはなく、弁護側の精神科医にも尊敬を払っていた。訴訟で彼を騙そうとした患者を相手にしたこともある。証言台の彼は自信に満ち満ちており、その証言は腹立たしいほど長ったらしかったが、最終的には本題に入り、質問に答えた。コゾルとハーストのやり取りには他とは何かが違う困難さがあった。コゾルは多くの遠回しな質問をして彼女を落ち着かせ、慎重に核心に迫ろうとしていたが、彼女は何度も彼の質問をかわして泣き崩れた。

法廷では彼は何度も、彼女を「この少女」と呼び、ハーストはそのわざとらしさに腹を立てた。コゾルはSLAに於ける彼女の行動は彼女自身の自由意志に基づいて行なわれたと論じた。何故そんなことになったのか？　パトリシアは次第に、誘拐前の人生に幻滅し、魅力を感じなくなっていたのだ。

> この少女は絶望し挫折していました。とてもプライドの高い少女であり、矜持に満ちています。……けれども誘拐された少女は恨みと怒りに満ちた、混乱した人物でした。……権威に対する怒り、権力に対する怒り、偽善に対する怒り、……［婚約者］……に対する怒り。……選ばれた少女は、ある意味で行き場がなかったのです。
>
> 　この少女は叛逆者でした。人生に於ける百万もの体験の精妙な相互作用によって何が育まれたにせよ……彼女は熟し、摘み取られるのを待っていたのです。……彼女の心のありようは明解ではありませんが、受容的です。何かを行なう準備ができており、大義を求める叛逆者なのです。
>
> ……
>
> 　そして大義が彼女を見つけました。ある意味で彼女は大義によって誘拐されたのです。彼女にとっては恐るべき、恐るべき、恐るべき不幸でした。[47]

コゾルはハーストの行動の急速な変化を辿り、誘拐後に出された一連のテープを精査した。他の人々と同様彼もまた、明らかに彼女が書いたものではない初期のプロパガンダ的声明の中の恐怖に気づいた。それからコゾルは、救出されないことに対する彼女の増大する怒りを描写していく。四月三日に「私は入隊した」と宣言した彼女は、四月一五日に銀行強盗に参加した。コゾルは言う、「彼女はSLAの精神的な妹だったのでしょう。……そのための準備ができていたのです。……［誘拐の］遙か、遙か以前から[48]」。

コゾルは説得力ある証人だった。弁護側は彼に下品な老人のレッテルを貼り付けようとした。ハーストの性生活について舌なめずりしながら質問したというのである。また、ハーストの不幸な家庭生活について縷々述べていながら、それを担保する情報は何一つ掴んでいないし、何ならハーストの家族にすら面会していない、と指摘した。ベイリは、監禁中のパトリシアが屈したのは、彼女が怒りや幻滅に陥る傾向があったからこそだ、とコゾルに反論した。

ベイリ：これを聞いてください、ドクター。これが何かお解りでしょうか。

「私の抵抗力は徐々に弱っていきました。感情がなくなり、何ものにも無関心になりました。真実と嘘、現実と非現実の境界は、どんどん曖昧になって行きました。……確かなことはたった一つしかありませんでした。もはやこの状況から逃げ出すことはできないということです。意気消沈した私の神経は心の抵抗力を弱め、記憶を曇らせ、自信を喪失させ、心を狂わせました」

ベイリ：この文が何かお解りですか？

コゾルが何だか解らないと言うと、ベイリは勝ち誇って言った、これはミンツェンティ枢機卿の手記の一節ですと。ドクター・コゾルなら、この枢機卿の中にもやはり何らかの「傾向」を見出していたでしょう、何故なら彼もまたハンガリーに幽閉されていた時に屈服したからですと。[49]

弁護側はコゾルの信用に異議を唱え、元同僚を証言台に呼んだ。同僚は、ハーストの査定に於いてコゾルが客観的であったとはとても言えないと証言した。パトリシアと面会する何ヶ月も前から、コゾルはハースト家について「腐敗堕落した、ムカつく連中だ。……もしもパトリシアみたいな家で育てられたら、彼女が何に対して反抗的だったのかがよく解るよ。連中は豚だ」などと評していた。[50] ベイリはコゾルの診断を「嘆かわしく、糾問主義的」と評し、「彼は診断のために呼ばれた精神科医や医者というよりも、訊問官のようだ」と述べた。[51]

裁判から何年も後に書かれた回想録で、リフトンはこの裁判が情け容赦のないほど敵対的だったと述べ、検察側の精神科医主張には衝撃を受けたと記す。曰く、コゾルは「真面目腐った顔で、『ハーストは自発的にSLAに入った、それは両親に対する根深い反抗心からだ、彼女は大義を求める叛逆者だったのだ』と述べたのだ」。さらに彼は、双方を批判して言う、「ロバート・R・ブラウニングは若くて底意地の悪い、だが仕事は有能で政治的野心を持つ男だった。ベイリは、たぶんこの国で最も有名な刑事専門弁護士で、極めて知的だが、どこか詐欺師のような雰囲気があり、昼食時にマティーニを鯨飲し、ラス・ヴェガスで主宰する法曹セミナーと法廷を行き来していることが判明した」。[52]

オリヴァー・カーター判事は確固として、尊敬を以て弁護士たちを扱い、しばしば緊迫の場をユーモアで和ませた。自らの最低を丁寧に説明し、陪審には明確な説示を与えた。カーターは裁判を迅速に進めようとしたが、それでも二ヶ月を要し、裁判記録は数千ページに及んだ。その最後の説示で、カーターは陪審に念を押している――


　人間の精神の働きを精査することは……できません。あなた方は周囲の環境から被告人の意図を推論するでしょう。被告人が行なった、あるいは省略した全ての供述、及び……彼女の心の状況を示すような……その他のあらゆる事実と状況を吟味するでしょう。

　意図と動機を混同してはなりません。動機は人を促して行動させたり、あるいは行動を止めさせたりするものです。意図というのは、行動したりしなかったりする際の心の状態を言うのです。動機が善良というだけでは、犯罪行為が行なわれた際、あるいは回避された際の弁明にはなりません。

　強迫もしくは脅迫は、告発された犯罪に対する法的弁明になるかもしれません。……「けれども」その強制は火急的かつ即時的なものでなくてはなりません。さらに、切迫した死や重大な負傷に対する、十分な根拠のある恐怖を惹起するようなものでなくてはなりません。そして、犯罪の実行以外にその強制を逃れることのできる理に適った機会が全くないものでなくてはならないのです。[53]

ブラウニング検事の最後の所見は、心理的な意図の問題、精神科医の見解、ハースト証言の信頼性に的を絞っていた。彼は陪審に言った、「捻じ回しで彼らの頭を開けて中を覗き込み、『ほらここです、これこそが一九七四年四月一五日［ハイバーニア銀行強盗の日付］の彼らの意図です』……などと言うことはできないのです」。それから彼は、被告人の証言は何から何まで利己的で信じがたいものに思えるかもしれないが、他のデータから推論を引き出すことができる、と述べた。「例えば、ロサンゼルスでのハーストの行動（SLAの仲間の逃亡を助けるために銃を乱射したこと）は、彼女がSLAに協力していたことを示しています。あの時点で彼女はクルマの中に一人きりでしたから、逃げようと思えば逃げられたのです。さらに、アパートの中で彼女が見張りをして、他のSLAメンバーは寝ていたということも何度もあったのです」[54]。

ブラウニングは弁護側の戦略を、脅迫されたのだから仕方がないという弁明と位置づけ、心理的強迫に関する言説の全ては「もしも脅迫ということで押し通せないなら、何か別のもので押し通すことを願って弁護側がねじ込んだもの」であると述べた。彼は弁護側の精神科医を、司法判断に関する経験の乏しい学者に過ぎず、パトリシアの言うことを何でも受け入れているという点で基本的に馬鹿であると当て擦った。最後にブラウニングは、ハーストの証言に不正確な箇所や虚偽が多く含まれていたこと、彼女がSLAの脅威や恐怖を繰り返し訴えていたにも関わらず、逮捕されたことについては「ムカつくぜ、クソ野郎」と毒づいていたという事実を強調した[55]。

弁護人ベイリの最後の所見は、彼女が犯人に協力しなければ生き残れない誘拐被害者であり、逮捕されるまでFBIを恐れていたことを強調した。曰く、「本件は銀行強盗に関するものではないのです。……生きるか死ぬかの問題――それこそ、パトリシア・キャンベル・ハーストの頭の中にあった全てです。……彼女は若い女性であり、政治的動機や活動歴も全くありません。そんな彼女が乱暴に家から拉致され、顔面を銃床で殴られ、政治囚として連れ去られたのです。……あなた方がここに来たのは［彼女が銀行強盗をしたか否かに］答えるためではありません。……あなた方がここで問われているのは、それは何故なのかという問いです。そして、ご自分なら生き延びるために同じことをしたか？　犯罪に手を染めずに死んでおくのが彼女の責務であったのか、ということなのです[56]」。

驚くほど短い審議の末に、陪審はパトリシア・ハーストを有罪とした。陪審にとっては容易な決断ではなかった——審議のストレスに泣き崩れる者、嘔吐までする者。長引く裁判のために、彼らは数ヶ月も隔離されていたのだ。「私たちの誰もが、彼女は無罪だと信じたがっていました……だって誘拐されたんだし。そして彼女が初めて証言台に立った時、誰もが彼女に心を寄せました[57]」。

彼らは、逮捕されたことに対してパトリシアが「ムカついている」ことを暴露したトリッシュ・トゥビンのテープを思い出した。彼女の証言の信頼性は、ウィリアム・ウォルフから貰った猿の小像のお守りの件が浮上した際に打ち砕かれた。彼の死後も何ヶ月にもわたってこの小さな愛のお守りに執着していたというのに、彼は唾棄すべき強姦魔だったという証言をどうして信じることができようか。

陪審は、テープに収められた彼女の声明を全て聞き込み、彼女は強制されたというよりも、転向によってSLAに入ったのだと結論した。ハーストが何度も憲法修正第五条［訳注：黙秘権を行使することを認めた修正条項］を申立てたことで、陪審は彼女が真実を告げていないと判断した。これほどの年月にわたって囚われの身でありながら、逃亡を図らなかったという事実からしても、証言は嘘っぽく聞こえた。一方、陪審の審議以外の裁判全てに出席していた補充陪審員は、自分は有罪には投じなかった、何故なら「もしも誘拐されていなければ、彼女はあの銀行にいることはなかったからです」と述べた。[58]

パトリシア・ハーストは懲役七年の判決を受けた。世間はまだ、彼女の件に関しては「闇の説得術」の意味を理解できる状態ではなかった。そして彼女は、莫大な遺産相続人、特権階級の子女として、あまりにも軽すぎる量刑の誹りを受けた。にも関わらず、多くの者が彼女の釈放に声を上げた。その中には、上院議員S・I・ハヤカワ、ロナルド・レーガン、セサール・チャベスのような、意外な政治仲間もいた。地元の下院議員リーオ・ライアンは最大の擁護者であった。彼はジョーンズタウンに発つ直前に獄中の彼女に手紙を書いた、「ガイアナ行き。帰り次第会う。頑張れ」[59]。彼は帰らなかった。

ジョーンズタウンの一件は人々に衝撃を与えた。ジェフリー・トゥービンがいみじくも述べたように、一九七八年のジョーンズタウンでの殺人事件は懐疑的な世界に、たぶん洗脳はインチキな概念でも何でもないということを示した。[60] ハーストの肩を持つジョン・ウェインは、ハーストの体験とジョーンズタウンを論理的に結びつけた。「たった一人の男が九〇〇人の人間を洗脳し、集団自殺に追い込むことができたという事実を直ちに受け入れたアメリカ人が、無慈悲な集団である〈シンバイオニーズ解放軍〉が拷問と虐待と監禁によって一人の若い女性を洗脳できたという事実を受け入れないのは、私に言わせればおかしな話だ」[61]。

カーター大統領がハーストの減刑を考慮すると、驚くほどたくさんの支持者が大統領に働きかけた。実際、一九七九年二月二日の週末、ハーストの減刑問題は、大統領に手紙を書く理由の七番目となり、中東に対する彼の姿勢やインフレ対策を上回った。その月一杯、ハースト問題はずっと上位一〇番以内にとどまった[62]。

パトリシアの多種多様で有力な支援者、それに強圧的説得というものを受け入れる新たな時代精神のお陰で、カーター大統領は一九七九年に彼女の刑を減刑し、彼女は二二ヶ月で仮釈放された。司法省もまた本件の特殊性に鑑み、彼女の減刑を支持した[63]。言い換えれば、司法省ですら洗脳を、判決における情状酌量要素として受け入れたのである。だが洗脳は彼女の無実を証したのか？

後年、多くの人々がハーストを赦免するようクリントン大統領に働きかけた。つまり無罪放免にしてやってくれと。例えば、カリフォルニア州ウェスト・コヴィーナの元市長は言う、「彼女は意志に反して連れ去られ、クローゼットに監禁され……狂信的な説得に曝され続けました。……私は彼女の疲労困憊した、単調な声をはっきりと思い出すことができます。……それは彼女が打ち拉がれ、疲れ果てていたことを示しています。彼女はその苦難から逃れるためにはどんなことでも話すでしょう。……［彼女は］悲しく、打ち負かされた若い女性であり、反抗的な銀行強盗ではありません。状況を見る限り、彼女への判決は司法の手違いであったと私は思います[64]」。

司法省は恩赦には執拗に反対した。同省の見解では、カーター大統領による刑の減刑は受け入れられても、遡及的に無罪を宣言することはその限りではなかったのだ。当時連邦検事であったロバート・S・マラー三世は恩赦には強く反対し、彼女の要求は「彼女の過ち、誘拐された後の利己的行為、ハイバーニア銀行強盗事件に進んで参加したわけではないという支持できない主張を繰り返すだけだ」と述べた。そして司法省に対して、ハイバーニアにおけるハーストの行動は例外的なものではないと言い聞かせた。彼女また、メル運動具店で店員を撃ち、逃亡を図った際に若い男性を誘拐し、一年後に強盗に参加した際には共犯者が妊婦を殺した。さらにサンフランシスコの様々な爆破事件にも参加したのだ。[65]

二〇〇一年に執務室を去る数時間前、クリントン大統領は彼女を赦免した。

本件の紆余曲折を鑑みれば、果してパトリシア・ハーストは洗脳されたのだろうか、それとも悪党と連んで誤った選択をしたのか？

ストックホルムとハイバーニアの二つの銀行強盗の間は僅か一年。犯罪者は、人質を説得して支持させることができるという事実を例証した、比較的短い拘束期間であったとしても。この二つの事例における強圧的説得の程度は、人質を死に至らしめるほどではなかった。そのような致死的な可能性を例証するのは、宗教団体である。

第10章　人種間の協調からジャングルに於ける死まで

悪魔も人並みに聖書を引合に出して、おのが目的の後楯にする。併し悪魔が聖書を提供するのは、悪党が笑顔を作つてゐるやうなものだ

ウィリアム・シェイクスピア、『ヴェニスの商人』

われわれは自殺はしていない。われわれがやったのは、非人間的な世界の状況に抗議する革命的自決の行為だ。

――ジム・ジョーンズ、一九七八

一九七九年一一月一九日、私はそれまでジム・ジョーンズやジョーンズタウンについて聞いたこともなく、そして非常に申し訳ないのだが、ガイアナというのがどこにあるのかすら定かではなかった。私はワシントンでの疲れる会議を終えたばかりで、新聞を読む暇すら無かったのだが、ワシントンと

いうのは旗竿の街であり、空港へ向かうタクシーの中で、旗という旗が全部半旗になっているのが嫌でも目に入った。何があったんですかと運転手に訊くと、下院議員のリーオ・ライアンと何人かがラテン・アメリカのジャングルで射殺されたんですよとのこと。下院議員ライアンの名前を聞いたのもその時が初めてだった。

一一月一八日午後五時二五分、ガイアナはポート・カイトゥマの仮設滑走路でこの下院議員と他の四名が殺害され、さらに一一名が負傷した。その夜、〈人民寺院〉の信者九〇九名がジョーンズタウンで「革命的自決」によって死に、さらに五名がガイアナの首都で死んだ。[1] ジョーンズタウンでは八七名が、その日ジョーンズタウンを離れていたか、下院議員ライアン一行と共に既にジョーンズタウンを発っていたか、あるいは周囲のジャングルに逃げ込んだために生き延びた。[2]

この人々は何者であり、そして如何にして彼らは、自分と子供たちを殺すよう説得されたのか？　何より、あろうことか教会が、どういうわけでこんな凄惨なことをしでかしたのか？　これもまた洗脳の一種なのか？　会議から帰宅する機上の私は、このような疑問に取り憑かれていた。

この集団を指導していたジム・ジョーンズ師は一九五〇年代にインディアナポリスでこの教会を旗揚げし、カリフォルニアに移り、それから信者たちを連れてガイアナに渡った。ジョーンズは社会正義に携わり、レイシズムと戦った。雄弁でカリスマ的で明敏であったが、これらの美点はしばしば、他の特徴によって相殺された。彼は自らを美化し、過度に支配的で、病的なまでに疑り深かった。教祖になってからもしょっちゅう嘘をついていたので、彼自身、自分が嘘をついているのか真実を語っているのかを区別できなかったのではないかと私は睨んでいる。結局のところ、彼は千人近くの人間を死に追いやることとなった。いったいどういうわけで、〈人民寺院〉はジョーンズの殺人的な影響力に従属したのか？

ジョーンズはさまざまなプロテスタント宗派に属し、最終的には熱烈な社会主義者となって神を拒絶し、信者たちに自分を偶像化することを奨励した。「あなた方は天なる神に祈りましたが、神は一度たりとてその祈りを聞いては下さいませんでした。艱難に見舞われた時、あなた方は神に頼み、乞い願い、訴えましたが、神は一度たりとも食べ物を下さいませんでした。あなた方にベッドも家も下さいませんでした。けれどこの私、あなた方の社会主義労働者にして神である私は、これら全てをあなた方に与えました。……何故なら私は自由だからです。私は平和です。私は正義です。……**私は神だ!!!**」[3]。

彼は何千もの人々に、自らの社会主義の福音を説いた。彼の教会の規模を推し量ることは難しい。とあるスポークスマンによれば、ありそうもないことだが信者は二五万人に上るという。だがより現実的にはカリフォルニア州に七五〇〇人といったところだろう[4]。信者は全員、教会に対する彼の献身を共有している。そこでは社会階級や人種は重要ではなく、信者は仲間たちの社会福祉に携わり、コミュニティ内では政治活動をした。教会は食糧、衣類、避難所、職業斡旋、法的助言などを提供した。高齢者を支援し、若者を教育し、正規の介護施設を建て、その施設からの収入を教会の幅広い社会的伝道に充てていた。

その過程で、ジョーンズは信仰治療に手を出し、癌治療詐欺を演じ、四三人の人間を死から甦らせたと主張した。[5] このような捏造の奇蹟は、一部の信者が彼の命令を受けて「死んで」見せたり、「癌」と称するものを吐き出したりすることで演じられた。長時間に及ぶ勤行と燃えるような説教の後、オルガンの音楽と合唱が加わり、信者たちは法悦的な信仰の渦に囚われた。多くの者が本心から、ジョーンズは奇蹟を演じたと信じた――ジョーンズタウンの看護婦までもが。[6] そうでない者は偽治療を見限り、ジョーンズが演劇や芝居に耽溺していたことを認めたが、それでもなお、彼の意図が善良なものであったということだけは信じていた。[7]

信者たちは共同体内で、新約聖書の『使徒言行録』の時代のような使徒的社会主義を奉じていた。一九七七年二月の説教において、ジョーンズは説いた、「私たちは皆、ペンテコステの時代と同じように生きています。私たちは皆、全てを共有し、全てを持っています。もしも誰かがたったの五〇ドルしか持っておらず、別の誰かが四〇〇ドル稼ぐとしたら、私たちはそれを共有します……使徒の時代の教会で啓示された通りに」。[8]

この説教およびその後の説教でジョーンズは、政府が貧者を強制収容所に入れる準備を進めているという恐怖が頭から離れなくなった。皮肉にも、一九七三年の説教では、ジョーンズは脳手術と薬物による政府のマインド・コントロール実験について警告していた。それには人を無力化させ、アフリカ系アメリカ人を奴隷にするものであるという。彼は信者に説いた、「彼らは自動人形を作ろうとしているのです。……彼らは脳の中に監視装置を入れ、中央オフィスから信号を送り、あるいはその人の行動に関する信号を中継して伝達するのです」。[9]

早くも一九六二年、ジョーンズは日増しに核戦争を恐れるようになり、レッドウッド・ヴァレー

ジム・ジョーンズ。〈人民寺院〉の勤行で話をしている。1976年（提供：California Historical Society, Peoples Temple Publications Department Records, MS3791: California Historical Society）

――カリフォルニア州ユカイアに近い小さな街――こそ、アメリカで比較的安全な数少ない場所の一つだと結論した。ジョーンズとインディアナポリスの信者の一部はそこへ移動した。教会は発展し、様々な人々を惹き付けたが、その中には高齢で貧しいアフリカ系アメリカ人から、変革を求める若く理想主義的で、高い教育を受けた白人まで含まれていた。彼の信者には文字通りあらゆる人々がいた――ペンテコステ派やユニテリアン派の信者から無神論者、前科者、ドラッグ中毒者、カリフォルニアのゲットーの住人、さらにはノーベル賞受賞者の子孫まで。

〈人民寺院〉はレッドウッド・ヴァレーに投資し、不動産を買い、移動式屋台を始め、近隣のワイン醸造所に葡萄を売った。信者たちは集団生活でひしめき合って暮らしていたが、多くの者は郡の福祉事務所で働き、人々が社会福祉の恩恵を受けられるよう努力した。インディアナポリスでやっていたように、高齢者のための居住看護施設、子供たちのための養護施設、成人の精神病患者のための農園を作った。これらの事業の全てが収入を生み、教会のために使われた。教会が大きくなると、ますます多くの人を惹き付けるようになった。貧者や無産者、専門職、教師、弁護士、公務員、労働者、前科者。

教会自体は地元の保守的な政治家たちと結びつき、地域に上手く溶け込んでいるように見えた一方、街中に多人種共生の集団がいることを好まない地元住民との衝突があった。教会に対する謎の「攻撃」が始まったが（例えば、森からの銃撃など）これまたインディアナポリスの時と同様であった。当時のジョーンズはインディアナポリス人権委員会の委員で、何度も脅迫を受けたと主張したが、他の委員たちでそのような者は皆無だった。[10] これらの攻撃の一部はジョーンズ自身による自作自演で、被害者面をすることで信者同士の結束を図るものであった。インディアナポリスでも、カリフォルニアでもガイアナでも、彼はこの策略を用いていた。

ジム・ジョーンズ以前にも以後にも、自分自身の家やクルマを破壊してレイシスト的メッセージを残し、同情や注目、あるいは政治信条に対する支持を得ようとする者はいた。[11] だからジョーンズ師はこの被害者面に関しては元祖でも何でもないのだが、何度もそれを繰り返していた。ある時など、胸を撃たれたと称して銃弾の穴のある血塗れのシャツを指した後、その場に崩れ落ちて見せた。だがその後、あたかも死から甦ったかのようにしゃんとして、高らかに宣言した、「まだ死ぬ時ではない」。彼は新しいシャツに着替えて弾丸と血塗れのシャツを掲げ、自らの神通力で治癒したのでもう胸に穴もないし血も出ていない、それどころか身体には擦り傷一つないと主張した。[12]

このような捏造の脅迫と攻撃を受けて、教会は初期の開放性から後退していった。あらゆる人々を〈人民寺院〉に迎え入れ、人種の垣根をなくし、無料の食事や奇蹟による治療を提供すると歌っていたインディアナポリスの日々は既に過去のものとなった。[13]

カリフォルニアでは、元信者による詐欺と暴力を訴える報告が新聞に登場し始めた。〈人民寺院〉はそのような報告を頑として否定し、離反者や背教者が拡散した嘘だと主張した。レッドウッド・ヴァレーでは、自警団が入口から〈寺院〉までのパトロールを開始し、部外者をふるい分けした。ジョーンズには常時ボディガードが付くようになった。

暴力の話が出たのは、〈寺院〉で行なわれた集団告白に関してである。これは一九六〇年代と七〇年代の集団感受性訓練をモデルとするもので、表向きは参加者の幸福のためとされているが、そこで信者は猛烈な破壊的セッションに巻き込まれ、それが最大一二時間にわたって続く。信者たちは、自分の欠点とコミュニティ内のルール違反を全て書き出し、他者に開示するよう求められる。ガイアナでは、自分の欠点について公の場でこっぴどく叱りつけられた後、「学び班」に入れられたが、これは実際には処罰班である。殴打と学び班の後も違反が続いた場合、彼らは「集中治療室」へ送り込まれ、大量の薬物を投与される。

ジョーンズタウンが「学び班」や「集中治療室」のような言葉を用いていたことは驚きでも何でもない――このような言語の歪曲は、全体主義の政権にはよく見られることである。新参者は「歓迎委員会」に迎えられるが、その不吉な仕事は彼らの持物を調べて没収し、コミュニティ内に持ち込もうとした全ての手紙と印刷物を検閲し、さらにはパスポートを没収することであった。また別の集団「進路変更委員会」は元信者を探し出し、悪意ある策略を仕掛けて脅迫するのが仕事。「カウンセリング委員会」は信者の家を訪問して「カウンセリング」を行なうわけだが、もう一つの仕事は二五％の税を取り立て、信者をスパイし、信者の買い物を逐一評価することであった。

異常な支払協定も押しつけられた。重税に加えて、信者は〈寺院〉に代理権まで進呈した。このような文書に署名させて不動産を譲渡させる見返りとして、〈人民寺院〉は将来にわたって信者の面倒を見ると約束する――一種の継続的な介護委託である。

コミュニティは信者に、ジョーンズ以外の者に対して深い個人的愛着を持つことを禁じた。恋愛は利己的で独善的なものと見做された。親は自分の子供と親しい関係を主張してはならない、何故なら子供はコミュニティのものだからである。同棲したい夫婦は特別委員会からの許可証を取得せねばならない。

集団告白に加えて、信者は悪行を認める宣誓供述書を書くことを強制される——子供に対する淫行、殺人、屍体遺棄。白紙の文書への署名を求められた者もいる。その一番下にタイプされた宣言文には、「ここに書かれた全てのことは私の知る限り事実であり真実です」とある。[14] これらの文書は〈寺院〉の保管庫に封印され、逸脱した信者に不名誉を与えるために利用される。

元信者や、心配する親族からの非難が、ジョーンズおよび〈人民寺院〉に対するネガティヴな記事として出されるようになった。これに対して〈寺院〉の手紙班は、雑誌や新聞の「一面的で偏見に満ちた歪曲」に対する苦情の波状攻撃を仕掛けた。「ニュー・ウェスト」誌は、ジョーンズと〈寺院〉を批判する記事に対して、一日当り五〇本の抗議電話と七〇通の手紙を受けたと報告している。

こうした問題にも関わらず、〈人民寺院〉はロサンゼルスとサンフランシスコで存在感を増していった。信者たちは全米各地に遠征して信仰治療を披露し、政治目標を支援した。彼らは厳しく訓練され、それぞれのバスに「ホステス」が割り当てられて、各自が正しい振る舞いをするように監視された。他の人々に教会に対する好印象を抱かせるためである。[16]

その強い社会的良心と人種に対する寛容さの故に、〈人民寺院〉はリベラルな政治家や文化人から支持された。教会は田舎であるレッドウッド・ヴァレーでは保守的な大義を支持していたが、都会ではリベラルな大義と政治的親交を結び、リベラルな候補者のために票を集めた。教会の社交室に詰め込まれた信者は、工場のような作業工程で何百通もの手紙を量産した。自分たちの支持する人々や大義のためのロビーであり、対立する者は獰猛に批判した。街中の様々なポストから投函することで大量の支持者がいることを装った。彼らは左翼のお気に入りだった——アンジェラ・デイヴィス、カリフォルニアの議員ウィリー・ブラウン、ネイティヴ・アメリカンの活動家デニス・バンクスらは、皆ジョーンズを賞賛していた。市長ジョージ・モスコーニは、選挙協力の返礼としてジョーンズをサンフランシスコ住宅委員に指名した。曰く「精神の健康とコミュニティの幸福に対するあなたの貢献は実に、いくら評価してもしきれぬものであり、私は将来的にも、〈人民寺院〉の精力的かつ創造的なリーダーシップを今後とも期待できるという事実に鼓舞されております[17]」。

サンフランシスコにあるカリフォルニア大学総長フィリップ・リーのような教育者も、ジョーンズを激賞した。「世界が抱える問題の多くは、あなたが示されたように全身全霊、最大の関心を持って他の人々が参加するならば、速やかに解決を見ることになりましょう」。法執行機関もまた同様に、教団に夢中であった。ロサンゼルス警察署長曰く、「〈人民寺院〉はわれわれのために素晴らしい仕事をしてくれました。……あなたの熱心な働きに深く感謝致しております」。教団は出版の自由を支援するためにも目敏く寄付しており、結果としてメディアにも多くの味方がいた。キャサリン・グラハム（「ワシントン・ポスト」社主）曰く、「あなたの教会が出版の自由の問題に関して大いに貢献してくださったことに深く感動致しております」。ベラ・アブズグ、ロン・デラムズ、フィリップ・バートン、ヒューバート・ハンフリらの政治家もまた、ジョーンズと〈人民寺院〉を賞賛した[18]。

言い換えれば、ジョーンズと信者たちはハレー・クリシュナのようなサフラン色の法衣をまとって「あちら側」にいるのではなく、また統一《ムーニー》教会のように集団結婚式を挙げたりもしない。また〈ブラック・パンサー〉のように暴力革命を唱道するわけでもない。彼らは政治的な影響力を持ち、信者集団を厳しく躾けていた。

ジョーンズは自らを崇拝すべき偶像に仕立て上げた。治療術に長けた自分こそが〈約束の者〉であると信じた。彼は一九七三年に次のように説教している。「私が癒し、職や家を与えた全ての人々……、盲目の人が見えるようになり、癌も完治しました。……私は今日、地球に住む誰よりも多くの善を為しています。……私は世界中で人々を自由にして来ました。癒してきました。……私は救世主です[19]」。

他の説教を見れば、彼の仰々しさが増大していく様子がよく解る。彼は自ら、「天の神」から「社会主義の神」へと変貌していった[20]。彼は全知全能を装い、よく知られているように、腹心の信者を見込みのありそうな者の家に送り込んで、その生活の隠された詳細をスパイさせていた。そうしておいてから、説教中にいきなり次のようなことを言い出すのである。「たった今啓示がありました！　今日ここに、アダムズ・ストリート在住の女性が来ています。彼女は糖尿病を患っており、クロッカー銀行からの借金返済が滞っています」。このようなありえないほど詳しい知識は、彼の予言能力の発露と見做された。

このようなペテンやレトリックと共に、彼はまた信者に子供のような依存心を育ませていた。ほとんどの信者は彼を「父さん」とか「父上」と呼んだ。その依存心のほどは、傑出した弁護士である信者がジョーンズに手紙を書いて、どんなクルマに乗るべきかと訊ねるほどであった。「クルマの購入に当たってはどのような要素を採用すべきでしょうか――新車か中古か、大型か小型か、アメリカ車か外車か？[21]」。これだけでは飽き足りず、彼はジョーンズに服の選択に関する助言まで求めている。

この依存心は性的な事柄にも及んだ。ジョーンズは場合によって自由恋愛を説いたり禁欲を奨励したりしたが、自分自身の性欲だけは信者相手に常に満たしていた。別の性的パートナーを持つために婚姻解消し、自分は信者の性的欲求に応えているだけの被害者だと弁明したり、あるいは信者である男性や女性の性欲を満足させるのは非常に疲れるとぼやいたりした。時には女たちに、自分は心臓発作を起していて、助かるためにはセックスをするしかないのです、などと口説くこともあった。[22] ジョーンズは、自分の信者を密かに性的に虐待していたわけではない。彼の情事は秘密でも何でもなかった――堂々と認められていたのだ。彼はそうした行為を、自分自身を他者に施しているだけだとか、信者の自尊心を高めているのだとか、全ての男（自分は除く）は潜在的にホモセクシュアルな切望があるということを証明しているのだ、等々と弁明した。[23] 教団の信者全員が彼にのみ執着を抱き、それ以外の執着の全てを切り捨て去るように仕向けていたことは明白である。

教団への攻撃に対する怒りを募らせていたジョーンズは、「ファシストのレイシスト」の執拗な攻撃を避けるため、合衆国外への移住を決断した。ガイアナに落ち着いたのは、そこに多人種共生の伝統と社会主義政権があったからだ。教団はガイアナ北部のジャングルの孤絶した一帯に、最初の五年間は一エーカー当り二五セントという破格で四〇〇〇エーカーほどの土地を借りた。ベネズエラ国境に近い辺りである。この農業共同体は「ジョーンズタウン」と呼ばれた。[24]

一九七七年九月までに、一〇〇〇人ほどの〈人民寺院〉信者がガイアナに移っていた。五〇人から一〇〇人はガイアナの首都ジョージタウンに残って政府と良好な関係を保ち、銀行業と海運業に携わっていた。彼らはアマチュア無線を使ってジャングルの集落、およびカリフォルニアの教会と連絡を保っていた。ジョージタウン分遣隊は、教会に対する批判者――元信者、家族を取り戻そうとする人々、記者など――の来訪にも目を光らせていた。

その終焉からすれば、教団の運営自体は献身的で入念なものであったことは強調しておかねばならない。これはジョーンズと少数のイカレた信者による衝動的な決断ではない。寧ろ、一つの街が丸ごと、原野に建設されたのだ。彼らは苦労に苦労を重ねて三〇〇エーカーのジャングルを切り開いた。木を切り倒し、ジャングルを押し戻し、道路を作り、宿舎や学校や図書館や診療所、それにパヴィリオンのある広場を築いた。この作業はますます信者たちの時間を奪うこととなった。当初は一日辺り一二時間だった労働時間が徐々に一六時間にまで延びた頃、この土地は彼らの期待ほど生産性が高いわけではないということが判明した。だが、一日の労働ですっかり疲労困憊した信者たちを待っていたのは、長時間の「浄化」セッションや何時間にも及ぶジョーンズの説教であった。その結果、信者たちの睡眠時間は僅か二時間ほどになる始末であった。

彼らは堂々たる図書館を作り、何千冊もの児童書、医学書、教育や農業や社会主義に関する書物、さらには『ソ連圏の四次元科学』のような異常な本や、北朝鮮から取り寄せた膨大な金日成著作集などを納めた。[25] ジョーンズは北朝鮮型の社会主義を尊敬していた。無謬の父性的人物への絶対的な帰依は、教団に於けるジョーンズ自身の地位によく似ていた。両者は共に、苛酷な労働の要求、スピーカーでのイデオロギー的内容の放送、自己批判の大規模集会といった方法で自らのコミュニティを支配していた。[26]

集落は入念に計画され、全部で四〇ほどの小屋があり、それぞれハリエット・タブマンやソジャーナ・トゥルースなどの女傑たちに因んだ名前が付けられていた。専制的な市長（ジョーンズ）が統治する小さな街として機能していたこの集落は、効率のために必要なあらゆる部署を備えていた。会計事務所は電信送金を担当しており、住民の社会保障小切手を使ってコミュニティを支えていた。それはまた、ガイアナのジャングルの荒れ地に作られたこの場違いな集落には必要不可欠な必需品と機械装置を購入していた。

ガイアナや合衆国、その他さまざまな共産国との関係を担当していたのが仮の外務省。このような困難な環境に集落を建設するという困難な課題を考慮して、ジョーンズは他の友好国への移住を考えていた。たぶんキューバかロシア、あるいは北朝鮮である。ある時点で、ジョーンズの職員は大仰に、フィデル・カストロはキューバへの国賓としてジョーンズを招待すべきだと示唆し、ジョーンズには二五万人の信者がいると主張した。これは単なる二枚舌や政治的詭弁ではなかった。〈人民寺院〉がガイアナに移るまでに、信者たちは既に自分自身の虚言を信ずる正真正銘の信者となっていた。このような幻想は、外界から隔絶したジャングルの集落では、間違いなく維持しやすい。

診療所には内科医と看護婦がいて、疾病の初期治療に当たっていた。医師ラリー・シャハトは、ジョーンズによって薬物依存から救われ、敬虔な信者となった。革命的自決について考え始めたジョーンズは、シャハト医師にこれに関する助言を請うた。シャハトは当初、まず鎮静剤を投与してから心臓に注射するという方法を提案していたが、ジョーンズは射殺の方が簡単ではないかと反論した。「われわれに不信を抱かせ……まるで狂人の群れのように見られるよりも……一緒に、誇りを以て全員で死ぬ方が良いのだ」[28]。

シャハトは最終的に自殺に最適なのはシアン化物だと決定し、ジョーンズに提案書を提出した。「大きな豚に二グラムほど投与して、この薬物がどれほど効果的かを確認してください。人々に何千錠もの鎮静剤を投与して、その後、シアン化物が効かなかったというようなことになれば厄介ですので、絶対にそうならないように」。彼はまた、シアン化毒に関する最新の医学論文も請求しているが、「一人の子供が私どもの無料の診療所に連れて来られましたが、その子はシアン化物を含む殺鼠剤を誤飲してしまいましたので、私どもはこれに関する論文が欲しいのです」と嘘の報告で理由を誤魔化している。[29]

一〇〇〇人の住民のいるコミュニティならどこでもそうであるように、警察署が必要となるような無法行為が時に起る。無作法なことをした者は叩かれたり殴られたりしていた。武装した自警団が、背教者や精神病患者を監禁し、薬物を投与した。彼らは集落の境界を守り、無許可の侵入や外出を遮断した——その結果は惨憺たるものとなった。ジョーンズはコミュニティに対して、ジャングルは危険だと警告していた——ガイアナの傭兵や蛇、虎そして鰐がうじゃうじゃいると。自警団は、と彼は言った、彼らを守るためにいるのだと。

ガイアナの破壊跡を調べた研究者は、およそ一〇〇〇本のテープを発見した。あるものはジョーンズとその自警団が、不品行者の訊問——彼なら矯正と言っていただろう——をする場面を録音していた。彼はあらゆる逸脱を許容しなかった。ある女性は敵愾心を抱いたとされ、懲罰として感覚遮断箱に入れられた。テープを聴けば、いったい敵愾心を抱いているのはどちらかと思うだろう。

トム・グラブズ：あなたの敵愾心のレベルが心配です、何故ならあなたは、今なおあまりにも酷い敵愾心に囚われているから。あなたが酷い敵愾心に囚われ続けているにも関わらず、そのことが理解できないのなら、……あなたは安全にその箱から出ることはありません。

バーバラ・ウォーカー：（消音され、ほとんど聞えない）敵愾心になんて囚われていません。

グラブズ：……あなたはとても上手にそれを隠しました。……受け身で、物静かで、温和な子供を装いました。だが姉妹よ、それはそこにあるのです。とてもたくさん。私は騙されませんよ。実際、……このことに折り合いがついたと私に納得させる方法はただ一つ……それを認めることです……そしてそれに対処するための、何か別の、責任ある選択肢を提示することです。[30]

テープには、喋りすぎたとか威張ったとか、社会主義の授業に遅刻したとか、懸命に働かなかったとかいう理由による、大量の殴打を伴う公開批判セッションも含まれている。人々は、虎のうろつくジャングルで杭に縛られ放置されるという脅迫に恐れ戦いた。ジャングルの吠え猿が発する絶え間ない叫びや唸り声が、さらに危険の感覚を強化する。蛇を恐れていたある女性は、何らかの悪事の罰として全身に蛇を這わせてやると言われた。[31]また別のテープでは、ジョーンズが住人の一人を、毒蛙の詰まった箱で脅していた。[32]もしも必須であるコミュニティの長時間に及ぶ会合の途中で寝てしまうと、酷い処罰を受けた。ある時など、自警団は長さ一〇フィートの王蛇《ボア・コンストリクター》を泣き叫ぶ信者の首に巻き付けるよう命じられた。この信者は畑での労働に疲労困憊し、会合の途中で寝てしまったのだ。[33]

ジョーンズタウンの歴史記録は多岐に及んでいる。広報課は、熱意ある信者によって運営されていた。住民の多くは詳細な日記を付け、ジョーンズの説教はジョーンズタウンのスピーカーで放送されるのみならず、またテープに録音されて保管された。ジョーンズタウンからの無線放送は連邦通信委員会によって密かに録音されていた。彼らはジャングルの中で何か不適切なことが行なわれていると疑っていたのだ。最後に、このユートピア的な集落でジョーンズと共に暮らすために去った愛する者たちと連絡を取ろうと必死だった家族の手紙も多数ある。看護婦のアニ・ムーアはガイアナ移住の前に妹のレベッカに手紙を書いていた。「あなたはどう見ても、〈人民寺院〉を単なるカルトか、狂信者の場所か、そういうものだと思っているわね。変人の集団に入るなんてさもしいことだわなんて思われているとしたら、傷つくわ。……教団が素晴らしいのはね、……それが私が見たこともないほど、世界のことを気に懸けて、世界のために真実と正義を求めて戦っている人たちの最大の集まりだからよ。……だからいずれにせよ、それは本当の本物のキリスト教が実践されているただ一つの場所なの」[34]。

家族らは、〈人民寺院〉で起っているらしいことに対してパニックを起した。訪問も妨害されたり、短縮されたりした。郵便は検閲された。電話も通じなくなった。家族らは離脱者から、武装した自警団がジョーンズタウンのあちこちに常駐しており、パスポートとカネは没収され、ジョーンズがただ一人であらゆることを決めている、と聞かされていた。また、もしも〈人民寺院〉を去るならば、必ず殺されて死体はジャングルで腐ると信者たちは言い聞かされている、という話もあった。最も不穏なのは、ジョーンズが信者たちに対して、「大義」のために死ぬことを教え込むために模擬の「集団自殺」セッションを行なっているという噂だった[35]。

〈人民寺院〉を待ち受ける法的困難に対して、ジョーンズは著名なリベラル派弁護士チャールズ・ギャリーを雇った。懸念を表明する親族たちのプレス・リリースに対して、ギャリーは反論した。「これは政治面で進歩的な教会を壊滅させようとする、政府の組織的・統率的・計画的なキャンペーンである」[36]。ギャリーは一九七七年一一月に集落を訪れ、報告した。「私は楽園にいた。この目で見た。……ジョーンズタウンに築かれた社会は、人類の誇りだった。……これはプロパガンダではない。……私は事実を分析することに長けた硬派の弁護士である。私はこの目でそれを見たのだ。感じたのだ」[37]。後に彼は、教団を熱烈に擁護したことを後悔することになる。

自暴自棄となった家族は、ジョーンズタウンにいる大切な人々に帰国を促す手紙を書き続けたが、教団は反撃した。ジョーンズは信者たちに、児童虐待と性的虐待で家族を訴えて、ジョーンズタウンを調査して欲しいという彼らの嘆願を台無しにしろ、と促した。公開批判セッションでは、信者たちは口々に、教団を誹謗中傷した家族に対してどんな復讐をするかを競って言い募った――彼らを焼き殺し、細切れにしてやると。

激しさを増す一方のジョーンズの妄想には伝染性があった。一九七七年九月、農機具で武装した信者がジョーンズタウン周辺をパトロールし、ガイアナ人の侵入者を捜した（いなかった）。彼らは世界に対する疑念を無線で伝え、そして後方からは自信満々のアンジェラ・デイヴィスが、コミュニティを支援するメッセージを放送した。「こちらアンジェラ・デイヴィス。ジム・ジョーンズ師と、〈人民寺院〉の全ての姉妹、兄弟たちに申上げたい。ここには……国中の至る処に、あなた方を支援し、あなた方と共にある人々がいることを、知ってください。……あなた方が現在、大変困難な状況にあることは存じております。……あなた方がこのたたかいに対して成し遂げてきた貢献を破壊することを目的とする……陰謀が存在することも。……私たちはあなた方の安全と、たたかい続ける力を確かなものにするために、できることは何でもやります」[38]。

殉教に酔っていたジョーンズは、ヒューイ・ニュートンの「革命的自決」という概念に夢中になった。ニュートンは絶望に起因する反動的自殺と、彼が抵抗の行為と見なす革命的自決とを厳密に区別していた。ますます多くの人々が〈人民寺院〉に対して声を上げるようになると、ジョーンズと信者たちはより大きな社会から不当な迫害を受けていると感じ、彼らをファシストと断じた。ジャングルの砦の中にあってすら、彼らは周囲に敵対的な勢力が迫っているのを感じていた。

ジョーンズは繰り返しコミュニティの危機管理集会を招集し、拡声装置を通じて脅迫と懸念をがなり立てた。スピーカーを通じてニュースを読み上げ、世界の出来事に関する彼の見解をだらだらと垂れ流した。それ以外のニュースは入手不可能であった。信者たちはファシストであるアメリカ政府、およびジャングルの傭兵の標的とされている、と叩き込まれた。

このような宣言のお陰で、ただでさえ疲労困憊しているコミュニティの人々は一晩中眠れなかった。誤った情報を与えられ、睡眠を遮断された住人たちは、依然としてジャングルの開墾という苛酷な労働に駆り出されていたが、さらに週に二晩の社会主義の授業への出席も強制され、毎週日曜日には理解度を測る試験まであった。人々には文字通り、あの貴重で危険な必需品――すなわち、自分自身の考え――を持つ暇はなかった。

ジョーンズの長広舌に煽られた人々が、夜中に干草用の三叉や手斧を持って集落周辺にパトロールに出掛け、侵入する敵を探したこともある。これをジョーンズは「白夜訓練」と呼んだ。一九七七年九月にはさらに自決訓練を追加した。ジョーンズタウンからの脱走者は言う、「とある『白夜』の際、私たちは告げられました、状況は絶望的なものとなった、取るべき唯一の行動は、社会主義の栄光のために集団自決することだと。もしも生きたまま捕まれば、傭兵たちに拷問されると言われました。子供たちを含む全員が並ばされました。……赤い液体の入った小さなグラスを与えられ、飲むように言われました。その液体には毒が入っていて、四五分以内に死ぬというのです。私たちは全員、言われた通りにしました。死ぬはずの時間になると、ジョーンズ師は毒は本物ではない、ただの忠誠心のテストだと説明しました」[39]。

ジョーンズは〈人民寺院〉からの離教には激怒した。誰が去ろうと怒り狂ったが、上級信者が辞めていくことにはとりわけ傷ついていた。最悪の裏切り者は、元法律顧問《コンシリエーレ》である弁護士ティム・ストーンであった。グレイスとティムのストーン夫妻は、レッドウッド・ヴァレーで教団に加入し、共に傑出したリーダーシップを発揮した。最高顧問であったグレイスは職員の長として働き、ジョーンズのカレンダーとスケジュールを管理した。ジョーンズはグレイスと関係を持ち、その後ティムに対して、教団内の別の女と寝るように言った。一九七二年一月、グレイスとティムの間に息子ジョン・ヴィクター・ストーンが生まれた。ストーン夫妻の婚姻は離婚に終り、グレイスもティムも教団を脱退、ティムは脱退者とその家族の団体である〈憂慮家族《コンサーンド・レラティヴズ》〉の活動家となった。一方ジョーンズは、ティムではなく彼こそがジョンの父であると主張した。予想される親権争いは裁判所に持ち込まれたが、ジョーンズは法体制を無視して少年をガイアナへ連れて行った。教団はジョン・ストーンを合衆国に戻すべしとする裁定を黙殺したが、ガイアナ法廷がこのカリフォルニアの裁定を支持したので慌てふためいた。この子供の一件は、それまで同情的であったメディアにとってはとどめの一撃となった。

下院議員リーオ・ライアンは、ジョーンズタウンで真相究明に当たることを決断した。人々が本当に自分の意志に反してそこに閉込められ、社会保障小切手を搾取されているのかを確認しようというのだ。一九七八年一一月一四日、彼と側近のジャッキー・スパイア、それに半ダースほどの記者がガイアナに飛び、そこで彼らは何人かの信者の家族、それに教団の批判者らと合流した。またそこには教団弁護士と合衆国大使館の外交官もいた。ジョーンズは当初、この訪問団のジョーンズタウンへの受け入れを拒んでいた。訪問団を外に留め置いている間に、彼は信者たちに部外者の質問への答え方を叩き込んだ。「何故ここに来たのかと訊かれたら？　そうしたかったからだ。……レイシズムが嫌いだからだ。合衆国に対して含むところは何もない——家族も間もなくやってくるだろう。だが、そこにいた時もそんなに頻繁には訪問していなかった。だから寂しくはない。ここにいるのが心底好きだから、帰りたくないだけだ、と[40]」。

最終的に入村許可が出て、一行の何人かがポート・カイトゥマの街の近くにある仮設滑走路へ飛んだ。ここから錆び付いたダンプに乗ってジャングルへと向かう泥だらけの道を辿り、九〇分後に村落入口の門に到着した。

会見は気まずげに始まったが、礼儀正しかった。訪問団はジョーンズと会い、村を案内され、多くの信者たちに話を聴いた。下院議員ライアンはコミュニティの成果を誉め称えた。「私が見た限りでは、ここにはたくさんの人々がいて、誰もがこれこそ人生最高のものだったと考えている」[41]。それからジョーンズタウンの若者ヴァーノン・ゴズニーが、自分は脱退したいと書いたメモを密かに記者に渡した。結局、一五名の者が脱退を希望して、ジョーンズは激怒した。一〇〇〇人のコミュニティからその程度が抜けたところでどうということはなかったが、ジョーンズにとっては大問題だった。

この時点でジョーンズは重度のバルビツール およびアンフェタミン中毒を患っており、またそれ以外の薬物も濫用、そのため彼の説教は明らかに呂律が回っておらず、論理も薄弱となっていた。鎮痛剤として阿片、覚醒剤としてアンフェタミン、睡眠のためにバルビツールを初めとする鎮静剤。また、その他の健康問題にも悩まされていたかもしれない。生涯にわたって、注目（もしくはセックス）を得るために死ぬ振りをしてきたため、彼の本当の健康状態を推し量るのは困難となっていたのである。彼には癌、高血圧、前立腺炎、周期的な高熱という持病があることが知られていた。もしかしたら彼は、たとえ病気でなくともコミュニティを皆殺しにするという恐るべき決断をしていたかも知れないが、この健康状態が彼の決断の後押しをしたのは間違いない。

ライアン一行と脱退者が出発の準備をしていた時、信者の一人がライアンをナイフで襲撃した。ライアンは無事だったが、ガイアナ警察に対して徹底的な対処を求めた。それから一行はジョーンズタウンを去り、ポート・カイトゥマの滑走路に向かった。ジョーンズは長年に及ぶ篤信者であるラリー・レイトンに、機上の脱退者を射殺するよう命じた。レイトンは脱退者を装ってライアン一行に潜入した。

滑走路でレイトンは機内に銃を持ち込み、二人の脱退者を負傷させた。一方、滑走路で待っていた議員らのすぐ横に、〈人民寺院〉のトラクターが停車した。彼らはライアンおよびその他四名を射殺し、多くの者に重傷を負わせた。その中には、ライアンの側近で未来の下院議員であるジャッキー・スパイアもいた。[42]それから彼らは使命の成功を報告するため、泥塗れの道を辿ってゆっくり集落に戻った。彼らがジョーンズタウンに戻っている間に、滑走路は無線で助けを呼んだ。

この出来事を知ったジョーンズは拡声装置に向かって喚き散らした。「白夜だ！」。ジョーンズタウンの最後の数時間に関しては、多くの細部が判明している。パヴィリオンで録音されたテープと、僅かな生き残りの証言のお陰である。ＦＢＩはジョーンズタウンを捜査中にこのテープを入手した。これは「ライマー」テープと呼ばれている（「ライアン殺害《マーダー》」の短縮形）。大気雑音と外部ノイズが多く、聞き取るのは困難ではあったが、入念に文字化され、いつでも読むことができる。[43]

シャハト博士はフレイヴァー・エイドのフルーツポンチの樽にシアン化物と鎮静剤を混入した。テーブルを設えて紙コップと注入器を並べ、効率的に毒薬を処方できるように準備した。これを見た者は予防注射の大量接種だと勘違いしただろう。注入器は、コップから飲まない／飲めない人の喉に養液を直接注入するためのもの。また一部の注入器には針が付いており、抵抗する者に射つこともできた。自警団は銃とクロスボウを持ち、人々に服従を強要した。

ジョーンズはパヴィリオンで緊急集会を開いた。

> これまで私は、あなた方に良き人生を与えるために如何に全力を尽くしてきたか。だが私のあらゆる努力にも関わらず、われわれの中の一握りの者が嘘をつき、これ以上生きていくことができ

ないようにしてしまった。……われわれは裏切られ続けて来た。われわれはあまりにも酷く裏切られ続けて来た。

……

そんな訳で私の見解は、われわれは子供たちに親切に、そして高齢者に親切にしなければならないということ「彼らを先に殺すという意味」、古代ギリシア人のように薬を仰がねばならないということだ、……何故ならこれは自殺ではないからだ。これは革命的行為である。われわれは後戻りはできない。彼らがわれわれを放って置くことはない。[44]

それからジョーンズはコミュニティに見解を問うた。一人の勇敢な信者クリスティン・ミラーは、九〇〇人以上のコミュニティの全員を、子供も含めて皆殺しにするというのは、僅か一五人という脱退者には見合わない、と抗議した。ジョーンズは答えた。「私はそんなふうには生きられない。……死は恐ろしくはない。お前を切り刻むのは生きてる奴だ。……このように生きることに価値はない。……私はもはや、こんなにも酷く苦しめられることに飽き飽きした。飽き飽きしたのだ、もうそんなことに（拍手喝采）。私の手の中に、一二〇〇人の命がある。……私は、私は言っておく、クリスティンよ、私無しには、人生は無意味である（拍手喝采）。私はお前が得ることになる最高のものだ。……これ以外に道は無い」[45]。

クリスティンは尚も抵抗を続け、赤ん坊には生きる価値があり、人は自分の運命を決める権利がある、と捲し立てた。コミュニティは彼女を野次り倒した。また、ジョーンズとたたかいへの帰依を宣言した者もいた。「私の名はダイアン・ウィルキンソンです。二八歳です。先ず初めに、私は世界に知らせたい、アメリカに生きることは呪いであり、特に戻ったらそうなると。人生を変える自由と機会を見つけ出せた唯一の場所が〈人民寺院〉であることを。……そうです、私は子供たちを愛しています。お年寄りを愛しています。けれども、ここにいる全員が、自分の意志で決断したのです。……私は膝を屈して自由を乞うよりも寧ろ、尊厳を持ちたい。自分の人生を生きたい。ありがとうございました[46]」。

ビル・オリヴァーは、自分は敬虔なマルクス＝レーニン主義者で、革命的自決の決断は考え抜かれたもの、それに自分は教団の信者となって早七年、教団の善良さをよく知っている、と証言した。死が「更なる解放のための道具として用いられる」ことを望んでいる、と[47]。

他の者たちはジョーンズにメモを渡し、その決定を支持した。ある者は言う、「出口が見えません――あなたの決断に賛同します――恐れているのは、あなたがいなければこの世界は、共産主義に向かうことはないだろうということです。……私としては――この悲惨な、無慈悲な惑星と、それが抱える地獄の中で多くの美しい人々が苦しんでいることに飽き飽きしています――私の知る唯一の生き方をありがとう[48]」。

それは殺人か、自殺か？　間違いなく、何百人もの子供たちとか弱い年寄りにとっては、殺人だった。残りの者にとってはたぶん自殺であろうが、何十もの遺体の検屍結果やその他の報告書を見ると、犠牲者の多くが毒薬を注射されたことが判明している。このことはつまり、中には自発的にそれを飲まなかった者もいたということだ[49]。

三時間に及ぶ虐殺の間、テープは喜びや絶望の叫び、進み続けろという指導、断続的なオルガンと聖歌を録音し続けた。[50]

ジョーンズ：どうかわれわれに薬［毒］を。簡単だ。とても簡単だ。痙攣も起さない。本当に簡単。だからどうか受け取って欲しい。手遅れになる前に。……進め、進め、進め。……死を恐れるな。……彼らはここで、子供たちに拷問するだろう。彼らはわれわれの人々を拷問するだろう。……

看護婦：何も心配は要りません。皆さん——皆さんお静かに、子供たちも静かにさせてください。……痛くて泣いているのではありません。ちょっと苦いだけです。痛くて泣いているわけではありませんから。……

ジョーンズ：その通り、難しいが、初めだけだ——初めだけ難しいんだ。……生きることは……それよりも遙かに、遙かに困難だ。毎朝起きて、夜にはどうなっているかを知らないというのは。遙かに困難だ。……どうか。後生だ、続けようじゃないか。……彼らはその報いを受けるだろう。これは革命的自決である。自己破壊的な自殺ではないのだ。……彼らはわれわれにこれをもたらした。その報いを受けるだろう。……私はこれ以上、あなた方がこの地獄を味わうのは見たくない。……あなたにできる最高のことはリラックスだ。そうすれば何の問題も無い。……尊厳と共に人生の幕を閉じよう。涙と苦悩で閉じてはならない。死など何でもない。……別の次元への移行に過ぎないのだ。このようにするな。そのヒステリーは止めるのだ。……大人よ、大人よ、大

パヴィリオン内の遺体。ジョーンズタウン、1978（〈人民寺院〉写真コレクション、San Francisco Examiner Archive, BANC PIC 2006.088-AX, The Bancroft Library, University of California, Berkeley）

人たちよ。この無意味な行為を止めるよう所望する。子供たちを騒がせることを止めるよう所望する。皆が向かっているのは、静かな安らぎなのだ。今すぐこれを止めるよう所望する。あなたに尊敬の念があるのなら。われわれは黒人か、誇り高き者か、社会主義者か、さもなくば何だ？ 急げ、急げ、子供たちよ、急げ。……ここには私が心配している高齢者がいる。急げ。高齢者たちをこの混乱の中に置き去りにしたくはないのだ。……樽はどこだ、樽、樽は？。……ここへ持ってくるのだ、大人が始められるように。[51]

テープが示しているように、結末は平穏なものではなかった。シャハト博士によるシアン化物入り飲料の準備はいい加減なものだったのだ。彼は鎮静剤がシアン化物よりも先に作用すると思い込んで、それに鎮静剤を混ぜていた。だが鎮静剤が吸収されるほどの時間はなかったのだ。人々は苦悶し、叫び、嘔吐し、静かでもなく即時的でもない死を迎えた。四分の長きにわたって苦しみ抜いた末にようやく効いた鎮静剤が、身体の動きを止めたのだ。

ガイアナ軍がジョーンズタウンに入るのに数日掛かった。その間、遺体は――時には四列縦隊で――ジャングルの熱に焼かれ、膨張していた。彼らは遺体の多くの身元を確認し、足首にラベルを結びつけたが、多くの場合、そのインクはジャングルの雨に洗い流された。録音テープの他に、軍は日記や別れの手紙も発見した。コミュニティの歴史家リチャード・トロップは書き残している――

全てのテープ、全ての文書、全ての歴史を集めよ。この運動、活動の物語は何度も何度も検討する必要がある。……われわれは希望する、いつの日か世界が、ジム・ジョーンズが命を賭した兄弟愛と正義と平等の理想を理解することを。われわれは全員、この大義のために死を選んだ。世界はまだ、われわれを生かす準備が出来ていない。……

ジョーンズタウンを見よ、われわれが成し遂げようとしたことを見よ――これは生命へのモニュメントである。……攻囲された人々が創り上げたものを見よ。われわれはこのような結末を望んではいなかった――われわれは生きて輝き、この死に行く世界に光をもたらすことを望んでいたのだ、ほんの少しの愛のために。……われわれは証言する機会を得たことに感謝する。……

われわれがこの世を去る際には静謐がある。空は灰色である。人々はわれわれによって少しずつ進まされ、少々苦い飲み物を受けとる。多くの者が飲むに違いない。……

人々は互いに抱き合い、抱擁している。われわれは急いでいる――捕まりたくはないのだ。……われわれは選ばれし者。それは終った。……
私は今から死ぬ。地上での最後の日、闇がジョーンズタウンを閉ざしている。[52]

終りが近づくと、ジョーンズはジョージタウン（ガイアナの首都）およびカリフォルニアの教団コミュニティと通信し、信者に自殺を命じた。幸いにもほとんどが拒否したが、ジョージタウンにいたジョーンズタウンの代理人シャロン・アモスと子供たちはその限りではなかった。忠実な信者はアモス一家の死を書き記し、例によって例の如く、虐待被害を受けた無辜の者を装った。ジェイムズ・レストンは本件を鮮やかに記述し、カトリックのモリソン神父が心配そうに電話を掛けて、何が起きたのかと訊ねたことを報じている。ジョーンズタウンでの出来事に関する噂がジョージタウンを駈け巡ると、モリソンはジョージタウンの〈人民寺院〉の教会に電話をして、シャロン・アモスと話をさせろと要求した。だが、電話に出たもう一人の代理人（ポーラ・アダムス）は、アモスは出られませんと言った。レストンは記す――

「ポーラ、何があったんだ?」と狼狽したモリソン神父が訊ねた。「警察が大勢で来ているんです」と彼女は答えた。「私たちが何か頭のおかしいことをやろうとしているようなのですが、御存知ですよね、神父様。彼らがあそこでやったような馬鹿げたことを、私たちがここでするとお思いですか？　全く訳がわかりません。私たちはそういう類いの人間ではありません」。

「うむ、いったいシャロンの身に何が起ったのだ？」とモリソンは訊ねた。
「子供たちの喉を切り裂いたんです。それから自分の喉も」とアダムスは応えた。

ジョーンズタウンの集団自殺は、マサダのそれに比肩される。マサダとはユダヤ砂漠の要塞で、紀元七三―七四年、ユダヤ教の熱心党がローマ帝国に対する最後の反抗を行なった。そして九六〇人の男、女、子供たちが、降伏を選ぶよりも自らの命を断った。歴史家ヨセフス（三七―九三）は、彼らの指導者エラザール・ベン・ヤイルが集団自殺を提案した際の演説を記録している。そこには不気味なことに、一九〇〇年後にガイアナでジョーンズが行なった演説と同じ主題が谺《こだま》しているのだ。

勇気ある立派な戦士諸君、われわれはかつてローマ人にも神以外の他のいかなるものにも、奴隷として仕えないと決心した。……今、われわれの決意を行動で証するよう命じる時がきた。……われわれは自らを辱めるようなことはすまい。われわれはかつて奴隷として仕えることを拒否した……今われわれが生きながらえてローマ兵たちの手に落ちれば、奴隷にされるのはもちろんのこと、間違いなく手ひどい仕打ちを受ける。……わたしは信じる、われわれは自由の戦士として立派に死ねるこの恵みを神から与えられている。……生こそは――死ではない――人間とって災いだ。……なぜなら死こそは霊魂に自由を与え、穢れなき住処へ行かせてくれる。……われわれは敵どもに捕らえられて奴隷にされる前に死のうではないか。自由人として、妻子と一緒に生を絶とうではないか。[54]

マサダとの比較は遺体の数という点でも正しいが、それぞれの状況は大きく異なる。マサダでは、ローマ人は間違いなく熱心党を捕まえ次第殺していたか、奴隷にしていただろう。さらに、この砦は既に三ヶ月にもわたって、一五〇〇〇名もの兵士に攻囲されており、その多くは伝説の第一〇軍団とその予備軍であった。一方ジョーンズタウンでは、その危機はジョーンズと信者たちの心の中にのみ存在していた。「われわれが死んだのは、お前たちがわれわれを平穏に生かせてくれないからだ」とジョーンズタウン側は断言したが、実際には彼らを攻囲するガイアナ軍やアメリカ軍は存在していなかったのだ。[55] 間違いなく、ジョーンズタウンの批判者はコミュニティへの非難を続けていただろうし、そしておそらく教団の信者の中にもこの集落を棄てていく者がますます増えただろうが、この集落が、マサダの民が直面していたような生命を脅かす危機に直面していたと信ずる理由は無い。

メディアはジム・ジョーンズ師を腐敗した化け物として、そして彼の信者たちを洗脳されて頭のイカレた、教養のない、軽信的な人々として描写した。私はジョーンズに関する描写について難癖を付けるつもりはないが、信者たちをそのように言うのは問題である。ジョーンズタウンの犠牲者の家族の多くは、愛する者たちをそのように貶されて、大いに立腹している。第一に、信者たちの多くは教養があったし、理想主義者で、理路整然としていた。第二に、〈人民寺院〉には多くの、賞賛に値する点があった。

だが、いわゆる「洗脳」という主張についてはどうか？　またしてもあの恐ろしい言葉、多くを説明し、同時に何ひとつ説明しないあの言葉の登場だ。寧ろ私はこう言いたい――「彼らは説得されたのだ」。その説得は強圧的だった。それと知らされずに行なわれていた。極度のストレスと、睡眠遮断を伴っていた。信者たちのためのものではなかった。むしろ、彼らに死をもたらした。洗脳と呼びたければ呼べ。強圧的説得とでも、犯罪とでも、悲劇とでも呼ぶが良い。

ジョーンズタウンのような事件は、生き残った者の中にすら多くの被害を残す。これは何も、生き延びた人々に取り憑いた多くの鬱病、PTSD、自殺、薬物濫用のことを言っているのではない。もっと直接的な被害のことだ。

教団のスポークスマンであったマイケル・プロークスは、ジョーンズタウンを生き延びた。何故ならジョーンズが彼に、カネの詰まったスーツケースをジョージタウンのロシア大使館に届けるよう命じたからだ。[56] 四ヶ月後、プロークスはカリフォルニアに戻り、かつての教団支持者にことのあらましを説明しようとした。彼はサンフランシスコの共産主義者ハーブ・カンに手紙を書いた。「教団に誰がどのような印象を抱こうと、最も適切な真実は、教団がわれわれの社会で見つけることの出来ない何かを探し求める追放者や貧民で溢れ返っていたということです」。彼は記者会見で、あの大量死の責任は合衆国政府のジョーンズタウン迫害にあると非難した。それから彼はバスルームに行き、拳銃自殺した。[57]

生き残ったある者は懸命に生活を立て直した。過去の亡霊と共に生きる術を憶え、教団から遠く離れた所で新たなアイデンティティを作った。例えばローラ・コールは、定年まで公立学校で教えていた。彼女はこの運動内で過した年月に関する美しい自伝を書き、ジョーンズタウンでの生活について市民団体に広く語った。[58] ラリー・レイトンに撃たれた脱退者の一人ヴァーン・ゴズニーは、ハワイに移住して警官となった。後年、彼は驚くべき形でレイトンと和解した。

ラリー・レイトンはガイアナと合衆国で裁判を受けた。証言はカルト、洗脳、犯罪責任を巡るものとなった――多くの点で、パトリシア・ハースト裁判の再現である。レイトンはカイトゥマで二人の教団離脱者を負傷させたが、下院議員ライアンらを襲ったトラクターの一団とは無関係だった。現場にいたガイアナの警官に問われ、彼は認めた。「はい、私はあのクソ野郎どもを撃ちました」[59]。彼は後に、ガイアナで拘留中に、こうも述べている。「私、ラリー・レイトンはポート・カイトゥマ滑走路で起った全ての死と傷害に対して責任を負っています。……私は彼らがCIAと連み、〈人民寺院〉とガイアナを叩き潰そうとしていると思っていました。……射撃が始まったので、私も撃ちました。……何故そんなことをしたのか解りません」[60]

レイトンは当初、何の悔恨も表明せず、ジム・ジョーンズと共に死ねなかったことだけを悔やんでいた。ジョーンズこそ「この宇宙で最も進化した人です」と。二人の脱退者に対する傷害罪でレイトンはガイアナの刑務所で二年過した後に釈放された。[62] それから合衆国に送還され、議員暗殺の陰謀に加担したとして起訴された。一審は陪審の評決不能。二審では終身刑となった。いずれの裁判でも、また棄却された上訴でも、ガイアナでのレイトンの証言に関するかなりの議論があった。

ガイアナでレイトンを診察した精神科医によれば、レイトンは滑走路での出来事に関する記憶の多くを喪失しており、「彼のヒステリックな人格、心気症的傾向、抱いていた恐怖、そして数錠のエラヴィルの錠剤を服用していたことなどの複合的要因から記憶を喪失したのかもしれない」[63]。この情報は、裁判の証言では語られなかった。

レイトンはガイアナで供述書に署名するよう強圧的説得を受けたと主張した。曰く、彼は「手錠を嵌められ、ナイフと銃で脅され、食糧も水も与えられず、光と換気、寝具も与えられず、昼も夜もぶっ通しでガイアナの警官に訊問され、精神的・身体的虐待に曝され、虫の湧いた悪臭のする不潔な独房に監禁された[64]」。ガイアナ政府は言うまでもなく、これらの申し立てを否定した。合衆国に於けるレイトンの裁判で、裁判官はレイトンのガイアナでの自供は強圧によるものであるという裁定を拒否、これを証拠として採用した。

精神科医の証言は陪審で考慮すべきだったのか？　レイトンは頑としてそれを拒否し続けた。実際、彼は銃撃後、二年から三年にわたって精神科医の診断を受けていたが、彼の弁護士は事件から遥か後になって得られたその診断が、銃撃時の彼の精神状態に関して陪審を説得するのに有効だとは考えなかった。

陪審はレイトンがカルトの信者であったことに偏見を抱いていたのか？　予備訊問宣誓の際、陪審員候補補者はカルトの信者であることは当人の法的責任に影響するか否かを問われる。陪審員は、カルトの信者であるからと言って罪や罪悪感、責任などが免除されるわけではないと考えていた。たぶん「免除 absolution」という言葉は相応しくないだろう。私に言わせれば、より良い質問は「カルトの信者であることは判決に影響を及ぼすべきか？」である。このような観点から見れば、レイトンの判決を軽減する理由はいくつもあるだろう。

レイトンの最初の妻であるキャロライン・ムーア・レイトンは、ジョーンズに奪われた。キャロラインは一九七〇年にラリーと離婚し、家族に対して自分は本当はレーニンの愛人の生まれ変わりで、ジョーンズはレーニンの生まれ変わりなのだと告げた。[65]彼女は〈人民寺院〉の指導者の一人となった。キャロラインに満足できなかったジョーンズはラリー・レイトンの二番目の妻も寝取ったが、レイトンは何も言わなかった。[66]レイトンは信じがたいほど敬虔だった。彼は母と妹も教団に入信させた。教団の事実上の会計係となった妹のデビーが一九七八年三月に脱退すると、ジョーンズは何度もラリーを裏切り者と非難した。彼の母はジョーンズタウン虐殺の一〇日前に癌で死に、妊娠五カ月だった二番目の妻カレンはジョーンズタウンで死んだ。これらのストレスが積み重なり、弁護士曰くレイトンは「崩壊」した。さらに弁護士は、咎められるべきはジョーンズであって、レイトンではないと述べた。「この貧弱な栄養状態、体重減少、身体疲労、自暴自棄、長引く病気、母親の死、処罰と屈辱に対する恐怖を見てください。……ジョーンズタウンの物語はまさしく、発狂した世界の物語なのです[67]」。

チャールズ・ギャリーもまた証人として呼ばれた。ギャリーによればレイトンは、「平和主義者です。……私は、ラリー・レイトンがやったこと、あるいはやらなかったことは彼の自由意志の所産とは思えません。……彼は言われたことをその通りに実行した、言わばゾンビなのです。……彼らがレイトンを犠牲の羊として選んだことは不運でした。本当のクソ野郎［ジョーンズ］は死によって責任を免れたのです[68]」。

裁判官は、レイトンに終身刑の判決を下しながらも、四年後には仮釈放を考慮するようにと推奨した。「レイトンの……［当時の］奇妙な心理的状況、および家族、友人、陪審員からの数多くの手紙を考慮して」と。[69]裁判官は言った、「ラリー・レイトンは彼の行ないの責任を負うべきですが、正しい判決にはレイトンと他の信者が事実上、閉込められていた環境に対する考慮が必要です」[70]。

レイトンの仮釈放が審議されると、多くの支援者が手紙を出した。その一つに曰く、「私は彼を、完全に、根本的に打ちのめされた人間だと思います。……誰にとっても彼が脅威になるとは思えません」。また別の手紙では「私の考えでは、［レイトンは］ジム・ジョーンズの他の犠牲者と何も変りません。私には、ジャングルで死んでいた人たちと彼を区別することはできません」[71]。一九七八年に彼に撃たれた脱退者ヴァーン・ゴズニーは、わざわざハワイから飛んできてレイトンの仮釈放のための聴聞会に参加、釈放を求める印象的な訴えを行なった。レイトンは二〇〇二年に釈放された[72]。

ジョーンズタウンの看護婦アニ・ムーアとジョーンズの愛人キャロライン・ムーアの父であるジョン・ムーアは、ジョーンズタウンの悲劇の一週間後に説教を行なった。

過去数日の間、私たちはしきりに訊ねられました。……「何が悪かったのでしょうか?」と。夢を悪夢に変えてしまったのは何だったんでしょうか。そもそも最初から間違っていたと思うことを二つ挙げましょう。それは偶像崇拝と妄想症です。……ジム・ジョーンズの信者たちが彼に与えた阿諛追従《あゆついしょう》と崇拝は偶像崇拝でした。……二つ目の過ちは、妄想症です。……現実に対する感受性と、迫害の空想を隔てている細い線があります。……［ジョーンズは］反対勢力の中に陰謀を見ました。……［ジョーンズタウンでは］空気は陰謀への恐怖で重く沈んでいました。……互いに恐怖を与え合っていたのです。これらの恐怖の現実性を問う声は上がりませんでした。恐怖が増大すると、彼らは信者に対する支配を強化しました。最終的に、彼らの恐怖が彼らを圧倒したのです。[73]

洗脳に於ける宗教の力を例示したジム・ジョーンズは、例外的な存在だったのか？　この問いに答えるのに、世界はあと数年待たねばならなかった。

第11章 〈ヘヴンズゲイト〉信仰か妄想か？

欲望とは拷問ではないか？ ならば、幸福とはもはや欲望のない状態、ただの一つも欲望のない状態であることは明白である。
――エヴゲーニイ・ザミャーチン、一九二四年

ジョーンズタウンから二〇年後、世界はカルトに対して無関心になっていた。間違いなく、ジョーンズタウンは例外だったのだ、だよね？ 問題はカルトが次々に出て来ることであって、近寄りさえしなければ、無視するのは簡単なことだ。[1] だが一九九七年に私の隣人たちが自殺して以来、致死的カルトを無視することは私にはできなくなった。何しろアメリカ史上、最大の集団自殺事件である。本書の序文では〈ヘヴンズゲイト〉の最後の日々を語った。だがこの運動の始まりは？ 信者たちはどのように毎日の生活を構築していたのか？ 彼らの信仰とは？ このような信仰をどう理解すべきか？ 信仰と妄想の境界とは何か？

元信者へのインタヴューや報道記事、それにまだ残っている彼らのウェブサイトから、われわれは

この集団について多くのことを知っている。さらに、この集団を当初から密かに観察していた多くの研究者、また彼らの信仰と社会活動を研究した宗教学者らの研究報告もある。[2] 予想されるとおり、学者たちや非共感的なメディア、それに〈ヘヴンズゲイト〉信者の家族や友人たちからはそれぞれ異なる視点が提供されている。〈ヘヴンズゲイト〉の信者は宗教的な探求者だったのか、カリフォルニアのイカレ野郎だったのか、それとも哀れな被害者だったのか？　このような問題に取り組むには、彼らの起源と活動を研究する必要がある。

この集団の設立者はマーシャル・アップルホワイトとボニー・ネトルズ。後にはそれぞれ「ドー」「ティー」と呼ばれるようになる。[3] マーシャルは長老派教会の牧師の息子で、宗教を遵守する家で育った。宣教に憧れ、哲学の学士号を取得するも、その後転向し、音楽で修士号を得て卒業した。それからヒューストンに移り、聖公会の合唱指揮者となって、ヒューストン・グランド・オペラと共演、ヒューストンにあるセント・トマス大学で教鞭を執った。パワフルなバリトンを持つカリスマ的な男であったという。結婚し、二人の子供を設けたが、この結婚は彼のホモセクシュアルな情事が発覚して破局を迎えた。一九七〇年代初期に彼はセント・トマス大学での仕事を辞めた。「感情的な理由による健康問題」のためである。[4] 友人たちによれば彼は鬱を発症して支離滅裂となり、精神病院に入れられたという。[5]

ボニー・ネトルズはヒューストンの厳格なバプテスト派の家で育った。看護婦となり、結婚し、四人の子を設けたが、その間に占星学、神智学、交霊術などにのめり込むようになった。特に、一九世紀の修道僧である兄弟《フラター》フランシスの霊と親しかった。この種の事柄にますますのめり込むに連れて、結婚生活からは心が離れていき、一九七三年に離婚した。

　二人の出会いは一九七二年、ヒューストン。すぐに両者は前世で知り合い同士だったと信じ込んだ。プラトニックな恋愛に陥り、キリスト教の禁欲主義や様々な秘教伝承、それにSFを研究し、二人して全米をさまよった。一九七五年までに彼らは使命記述書を作成し、幅広い聖職者に送りつけていた。翌年、二人は街から街へと渡り歩き、一〇〇以上の講義を行ない、ワークショップに関するチラシを投函して回った。徐々に人々は彼らに気づくようになった。ボニーはこのカップルの頭脳であり、マーシャルは声だった――しかも何と朗々たる声だろう。録音テープを聴くと、彼はミスター・ロジャーズのようである――論理的で穏やかで、謙虚だ。優しいユーモア感覚を持つ彼は、見るからに信頼できそうに思える。

　多くの〈ニュー・エイジ〉の宗教団体がそうであるように、ドーとティーは人間は欲望を放棄して互いに和解し、宇宙について瞑想しなければならないと説いた。だが彼らの信仰はそれだけではなかった。ドーが信者に教えたのは、彼らは宇宙から来たこと、天から来た「アウェイ・チーム」の一員に他ならないということだ。彼らの肉体は単なる「乗物」であり、性欲によって腐食してしまう。より新しくて優れた乗物はこの欠陥を克服している、何故なら禁欲主義を実践しているからである。そしてもしもそれでは不十分なら、去勢するという選択肢もある。とある信者の説明によれば、去勢は「常に肉体を酩酊、愚鈍、無知そして〈盲目〉に保っているホルモン」の影響を断ち切るという。[6]ハーメルンの笛吹き男の様に、ドーとティーは単に彼らの教団に入るだけではなく、財産を売り払い、家族に別れを告げ、古い名前を棄て、新しいアイデンティティを開始せよと説くのだ。

ドーとティーはオレゴン州ウォルドポートで、「UFO、何故彼らはここにいるのか、誰に会いに来たのか、いつ去るのか」についての話をするというチラシを投函して、一躍全国的な注目を集めることとなる。こぢんまりしたウォルドポート・ホテルで開かれた講義には二〇〇人が詰めかけた。その多くは悟りを求める者で、過去に薬物を体験し、UFOの実在を初めとする様々な〈ニュー・エイジ〉系の信仰を持っていた。

ドーとティーは参加者に、私たちは新たなる運命、苦しみと腐敗から解放される〈ネクスト・レヴェル〉に変容する準備の出来ている人々を集め、教えるために来ました、と宣言した。キリストは二〇〇〇年前に地球に来ましたが、人間は堕落しすぎて天国へは連れて行けないということを知りました。今こそ、再びトライすべき時でなのです。天国というのは場所――実在の惑星――のことであり、UFOに乗ればそこへ行くことが出来ます。さあ今すぐ、仕事も家族も棄てて私たちに付いて来てくださいい、と。

彼らのメッセージに答えて、参加者の内の二〇人、すなわちこの街の人口の三％が姿を消した。「CBSイヴニング・ニュース」（一九七五年一〇月八日）で、ウォルター・クロンカイトは次のように報道した。「大勢の人々が……失踪しました。いわゆる永遠への旅に乗り出したのか、それとも単に誘拐されたのかは謎です」。失踪事件の捜査に当たったオレゴン州警察のメルヴィン・ギブソンによれば、「消えた連中のほとんどは、いわゆるヒッピー・タイプって奴よ。中には何年もこの辺に住み着いてるのもいる。けどなー、立派な市民って連中じゃないね。何やらおかしなことが起きたのは間違いないな。はっきりとは言えねえが、そのうち戻ってくるんじゃいかって気がするな[8]」。

マーシャル・ハーフ・アップルホワイトとボニー・ルー・ネトルズ、1975 年
(Bettmann/Getty Images)

それから二〇年の間に、この集団に対する注目は薄れていた。彼らは時折様々な場所に現れて、異星人やキリスト教の伝統についての集会を開いた。ドーとティーによれば、人々が社会と切り離されていると感ずる理由は、われわれ全員が低次の世界に取り残された異星人だからである。〈ヘヴンズゲイト〉は人々を救い、新たな天の王国の代表者についての教えを開示し、地球を去る準備をさせた。ドーとティーは新たな信者が薬物や煙草、ジャンクフード、コーヒーへの依存を克服し、性に対する子供じみた興味を超越し、人間関係の泥沼から抜け出すことを手助けした。

その間も彼らは各地をさすらいつつ研究を続けていた。信者の中にはインターネットのコミュニケーションとマーケティングのスキルを身に着けた者もいて、これらの才能を用いて教団を支援し、信者やその候補者とのコミュニケーション・ネットワークを維持していた。研究の結果、天国に到達するためには信者各自が人間の絆、思考、性を放棄することが必要であることが判明した。「ある者は……自らの意志で、よりジェンダーレスで客観的な意識を維持するために自らの乗物を無性化することを決断した」[9]。

一九八五年にティーが癌で死ぬと、一人残されたドーは、主流派社会がこの運動を拒絶していることに思いを巡らせた。一九九三年五月、ドーは布教を再開、「USAトゥデイ」に巨大広告を載せて、自分のメッセージに耳を傾けてここに集えと人々に説いた。翌年、彼はアメリカ全土で説教し、信者も増えたが、教団は何度も嘲笑を受けた。徐々に彼と信者はこの世界には雑草がはびこっていると信ずるようになっていった。「雑草が庭にはびこって、もはや回復不可能なまでに荒廃させてしまっている――文明はリサイクルされる――『徹底的に鋤をかける』べき時だ」[10]。言い換えれば、終末の時が来ている、地球はリサイクルされる運命にある、というのである。[11] ドーは自分と信者たちは救われる、何故なら死によって彼らは新たな乗物を得、通過する宇宙船に乗せてもらえるのだからと信じていた。彼は鍵を持っているとドーは信者たちに言った、それによって宇宙船に乗り、無知で愚かな人間たちからおさらばできるのだと。

共同生活という環境が、信者たちに教団こそが自分の家であり自分のものであるという強力な感覚を与えた。浮世を棄てた集団がおしなべてそうであるように、住民たちは外部との交渉と共に、内的な思想や反応を制限する規則を持っていた。彼らは家族や友人とのあらゆる接触を禁じられた。とある若く裕福な信者の信託資金を含む財産の全てが共有された。一ヶ月にわたってレモネードとカイエンペッパー、メイプルシロップで自らを浄化した。入浴は厳密に制限されていた――一回あたり六分、湯は一ガロン。[12] 全ての規定は指導の遵守、思い遣り、謙虚、優しさ、慎重、鋭敏、清潔を重視していた。信者は「他者の耳を穢す」こと、ぐずぐずすること、強引さ、攻撃的な態度、過度な要求などをすることがないように警告された。一人一人に不断の相棒にして監視人である「チェック・パートナー」が割り当てられた。

この集団に黄金律があったとすれば、それは簡潔と清潔である。「あなたの乗物に精神を入れ、これを支配しなくてはならない」[13]。信者は雑用、労働、研究に集中することで乗物を支配することができるが、自分自身の判断を信じてはならず、あらゆる行動はパートナーのチェックを受けねばならない、個人的な思想や悩ましい感情は排除せねばならない。

当然だろうが、多くの信者は運動を離れた。最大時は数百人の信者がいた〈ヘヴンズゲイト〉だが、コミュニティは縮小を続けて結局は四〇名ほどの信者集団となった。そのほとんどは二〇年もの間、コミュニティ内に隠遁して共同生活し、外部の誰ともほとんど交流を持たなかった。

彼らは全員、はみ出し者だったのか？　彼らの多くは探求者であったが、中には単に人生の厄介事から逃げ出したかっただけの者もいる。「それを肩から降ろすことがどれほどの安息だったか、信じてもらえないでしょう。もしも［この惑星を］立ち去らないとしても、過去の生活に戻るつもりはありません」。また、喪失の時期に加入した者もいる。「私が入ったのは……天国に行きたかったというよりも、あの時の地獄から逃れたかったからです[14]」。

全米各地からやって来た彼らの背景は様々で、男女比は同率である。ほとんどは白人で、死亡時点で四〇代、だが年代は二〇代から七〇代までいた。多くは加入前に〈ニュー・エイジ〉の思想に手を出していたが、門外漢もいた。とあるコロラドの不動産開発業者は、共和党の州議会議員候補者名簿に載っていた人物であったが、家族を棄てて入団した。結局、〈ヘヴンズゲイト〉には元パイロットや看護婦、コンピュータ・プログラマ、学生、祖母、連邦裁判所裁判官の娘、マッサージ・セラピスト、パソコンの大先生、そして郵便配達夫などが集まることとなった。

〈ヘヴンズゲイト〉はキリスト教の伝統の断片をその世界論の中に採り入れていた。今から二〇〇〇年前「〈天の王国〉の一員が……肉体を去り……地球に来て、大人の人間の肉体（すなわち「乗物」）に入った。その肉体は、この特殊な使命のために準備されていたのである。その選ばれた肉体はイエスと呼ばれた[15]」。

図3 〈ヘヴンズゲイト〉の「支配と抑制を学ぶための追加のガイドライン」抜粋

大罪

- 偽り：「内密」な行動。師、もしくは級友に嘘をつく。罪を自分の心に留め、その日の内に開示しない。
- 肉欲――思考や行動に性的興奮を許す（蕾の内に切り取らない）。
- 意図的に指導や手順を破る

小罪

- 自分のチェック・パートナーを使わずに行動する。
- 自分自身の判断を信じる――あるいは自分自身の精神を用いる。
- 自分自身の利益のために手順を曲げる。
- 級友や師に対して自己防衛的に反応する。
- 級友や師を批判する、過ちを見つける。
- 露骨な、あるいはぐずぐずした否定性を許す。「出来ません」と言う。
- 級友に対する身体的もしくは言語的虐待（怒鳴る、きつい言葉、皮肉、誓いの強要、怒り、傷付けるような揶揄い、立腹）を許す。
- 級友に対する嫉妬を許す、あるいは自分を他人と比べる。
- 自分の頭の中に留まる。個人的な思想を持つ。パートナーに打ち明けない――孤立。
- 自分第一。自分のやり方を欲しがる。反抗的――利己的。好き嫌いを持つ。
- 感情支配の欠如を許し、それによって仕事や休息が妨げられる、あるいは他者の迷惑となる。
- 親交、砕けた態度、ゴシップに関わる。他者に対する慎みの欠如。
- 過度な攻撃性、押しつけがましさ。
- 頭の中に流れる思考を支配できない。すぐに気が散る。
- 不寛容。
- 容姿を鼻に掛ける、女性性や男性性を発散させる。
- 不適切な好奇心

出典：Additional Guidelines for Learning Control and Restraint: A Self-Examination Exercise, Spring 1988, http://heavensgate.com/book/2-6.htm.

この運動にはグノーシス的な信仰もあり、肉体と魂は別の実体で、物質は悪であり、善のみが霊界にあると考えていた。初期キリスト教徒と同様、〈ヘヴンズゲイト〉の信者は妨害に直面した。彼らの考えでは、彼らは天国の門への道を提供している。だが下位の諸力（ルシファーの信徒）は彼らを妨害し、「性的行為を利用して……人間を『薬漬け』で無知な状態に保ち……その中毒に耽溺させる」[16]。「ルシファー信徒」は、安全で社会に受け入れられる道を行くことを人々に奨励する――仕事を持ち、ローンを払い、「理性的」であれと――〈ヘヴンズゲイト〉に近づいてはならないと。

ドーとティーは、自分たちは世界から拒まれると信者に警告した。世界はわれわれを「騙された馬鹿、狂人、カルト信者、浮浪者、孤立者、はみ出し者」と見做すだろうと[17]。さらに、とドーは言う、この運動から離れた背教者は、政府や産業と密接に関係してわれわれを妨害してくるだろうと。一九九三年のブランチ・デイヴィディアンの黙示録的終焉の後、ドーは常に、部外者に信者が誘拐され、再プログラムされるのではないかと恐れていた。

彼らは共に瞑想し、互いに支え合い、膨大な帰属意識、体制、希望を提供した。集団内の生活は厳しく制限されていた。TVで視聴してもよいチャンネルや読んでもよい本、座る場所、食べ物まで規定され、それらの全ては「手順」書に整然と詳細に記されていた。運動は個人主義を奨励しなかった。カールスバッドのマリー・カレンダーのレストランでの最後の食事として、彼らは三九個のチキンのポットパイ、三九食のサラダ、三九個のチーズケーキを注文した[18]。彼らのための彗星が迫っていた。

信者たちはSFを愛し、自分たちの運命は天国にあると熱心に信じていたが、ティー亡き後の孤独と戦うドーは、天国へ行く唯一の道は自殺だと信じるようになった。彼は信者たちと徹底的に討論した。ある者はそんなことは考えられないと言って教団を去った。残された信者たちは、自分たちは単に無価値な殻を脱ぎ捨てるだけであり、ちょうど芋虫のように蛹から出て来るのだ、と主張した。

当初、この儀式的自殺がいつ実行されるのかははっきりしていなかったが、その後、一九九五年七月二三日、異常なほど明るく、全く予想されていなかった彗星が忽然と発見された。ヘール＝ボップ彗星である。一九九六年五月から一九九七年一二月まで肉眼でも観察可能となり、あまりの明るさのために薄明でも見えるほどであった。私はサンタ・フェの空高く、それを初めて見た時の衝撃をよく憶えている。

歴史上、彗星はしばしば天からの予兆、宇宙からの使者と見做され、ユリウス・カエサルの誕生と死、エルサレム陥落、イングランドへのノルマン人の侵略などを予言したとされてきた。[19]〈ヘヴンズゲイト〉は当初からこの新彗星にそわそわしていたが、そうこうする内にヒューストンの天文学者チャック・シュラメクが、それを追尾する物体を見たと主張した。彼以外には誰一人としてこの彗星の伴走者とされるものを見た者はいなかったのだが、シュラメクはラジオ番組のホストであるアート・ベルにそのことを知らせた。ベルと言えば悪名高い陰謀論者で、超常現象肯定派である。ベルは、巨大な宇宙船がこの彗星の影に隠れているというニュースを吹聴した。これに関する手に入る限りの情報を貪り尽したドーは、この隠された宇宙船こそが永遠なる世界に帰還する道だと確信した。彼は彗星が地球に最接近する日時を計算した。その日こそ、宇宙船へのテレポートが最も容易になるタイミングであろう。信者たちは大喜びで、永遠なる世界への旅を計画した。

信者たちが長期にわたって隠遁と研究に打ち込んでいた間、彼らの家族は何とか連絡を取ろうとし

ヘール＝ボップ彗星（撮影：Geoff Chester）

て必死になっていた。彼らは、信者たちの住処、彼らを説得して帰宅させる方法、何なら彼らと話す方法といった情報共有のためのインターネット・グループを作っていた。とある犠牲者の父親は悲しげに告白した、「娘を取り戻すために言えること、出来ることはありませんでした。私たちはあらゆることを試したのです。まるで娘の心が誘拐されたかのようでした」[20]。

地球での最後の日が近づくと、インターネットに別れの挨拶を投稿する者もいた。曰く「私は……師たちと年上の仲間たちに会えて本当に幸運でした。私は〈ネクスト・レヴェル〉に、私を助けるために彼らと会わせてくれたことを何度も感謝しました。彼らは本当に忍耐強く、親切でした。彼らの高い基準を通じて、〈ネクスト・レヴェル〉がどれほど秩序だって素晴らしい場所かを示してくれたのです。……最もわくわくするのは、もうただ待つだけの日々はほとんど終ったということです」[21]。

またある者は、文化全般に対する絶望を書き記している——マディソン・アヴェニュー、コンピュータ・テクノロジー、押しつけがましく腐敗した政府。この学生は肉体というものを、魂を入れるための単なる乗物か衣服に過ぎないと感じた。隠遁生活は、部外者との葛藤を最小化する一つの方法であると。「何故今、旅立ちたいのか」という明白な問いを発しながら、この信者は記した、「私の……［指導者が］行ってしまうのを知っています。彼が旅立てば、この地表にはもはや私にとって意味のあるものは何もありません。あと一瞬を過す理由もないのです。……この狭苦しい人間の乗物、すなわち肉体を出て、〈ネクスト・レヴェル〉に帰還するのは、私にとっては自分の忠節と献身、愛、信頼、信仰を示す機会なのです。……この世には、もう欲しいものは何もありません。……［私は］今、自分が閉込められているこの生物学的な外套ではありません」[22]。

これらのインターネットに投稿された挨拶文の他に、彼らは死と未来に関する自らの信仰を説明する最後のメッセージを録画していた[23]。ヴィデオにある彼らの名前には少々のコメントが必要だろう。改宗の際に新しい名前を授けるのは宗教では一般的な行為だが、〈ヘヴンズゲイト〉に於いて選択された名前はあからさまに異常である。通常それは六文字で、最後は ody で終っている（ティーとドーを表す）。

ランチョ・サンタ・フェにある教団の邸宅の美しい庭で撮影されたこの別れの宣言には、信仰と帰属意識が充溢している。ゆったりとしたカジュアルな服に五分刈り頭という出立で、各人がカメラに向かい、この運動が自分にとって何であったのか、それぞれが何故地球を去るのかを説明する。これらの別れのヴィデオは、異常なまでに強烈に彼らの思想を覗き込ませてくれる。それは通常の遺書の内容ではない――絶望や怒り、のっぴきならない雰囲気などは全く無い。むしろこの映像は福音を伝えるクォリティを持ち、〈ヘヴンズゲイト〉の喜びを証言している。彼らは信者たちの行動を説明する、とても美しい細工の施された遺書を作った。ここに収録する会見を選択するのは簡単ではなかった。どれをとってもユニークで、痛烈なのだ――注目を求める亡霊の声のように。

Strody は証言する、「これが私たち全員の祈りに対する答えです。私はこれまで、長年にわたってこれ以上もないほど良い暮しをして来ましたが、それがあっちへ行ったら二倍も良くなることを知っているのです［片手で空を指す］」。Lggody も彼女の見解を繰り返す。「これは私が自由意志で行なうことです。心の奥深くで、私にとって重要だと解っていることなのです。もう待てません。行く準備は万端なのです」。

自分の肉体の限界について語る者もいる。自分の肉体を原始的な乗物と見做しているのだ。Alxody は説明した、「私はこの肉の乗物を自分だとは思えないのです。……私は次の段階を期待しています。私たちがこの試験場で長年にわたって使ってきた、この原始的な被造物を脱ぎ捨てて、次の進化レヴェルに移行する時を」。同じような手記で、Trsody は自らを中性化して性欲を棄てた際の安らぎを語っている。「この乗物を放棄することは、私にとって偉大なこととなるでしょう」。

ある者は、この世に疲れ果てているように見える。Nrrody はカメラに打ち明けた、「この乗物を去るのがとても嬉しい。もうこの世にはほとほと疲れ果てたのです。苦しさはありません。……クラス全員で一緒に行けるのが嬉しくて堪りません」、そして泣き崩れた。

皆、差し迫った出発を期待する喜びを語っている。ある者はジョークを連発し、もはやこの世に囚われることのない安心感を表明している。彼らは来世で新しい、より洗練された乗物を貰えるという約束にわくわくしている。ある者は、〈ネクスト・レヴェル〉に行けるなんて、自分は地球上で一番幸福な人間だと宣言した。

中には部外者、特に家族に自分の死を見られることを懸念する者もいる。メディアが自分たちの死をどう報じるかを案じ、教団に洗脳されたわけではないと懸命に説明する者もいる。Stmody は言う、「ポジショントークをする連中や人の悪口を商売にしている懐疑主義者は、私たちのやることを攻撃するでしょう。……ここの人々のことをキチガイだとか、催眠術に掛けられているとか何だとか。そんなことは真実ではないと知っています。……私たちにとって、この人間の肉体を放棄するという段階は……休みの日に出掛けるようなものです。……みんな楽しみにしています」。

これらの健康な男女はカメラを見つめ、われわれと親密な時間を共有し、さよならを言った。彼らは証人となった。ほとんどの者は二〇年以上の信者であり、それを自分たちの救済と見做していた。Tddody はカメラを見つめて言った、「どうしてもやってみようと決めました。この惑星には、私にとって興味のあるものは何もありません。私は意識的に、この乗物から出ることを選んだのです」。彼らは長年、神の王国への移行を準備しており、それこそが幸せなのだ。

このヴィデオを見るのは不気味な体験だった——自殺の瀬戸際にいる三九人の人生を垣間見たのである。この涙は不安なのか、憂鬱なのか、それとも喜びなのかと思わずにはいられなかった。

〈ヘヴンズゲイト〉とジョーンズタウンはいずれも大量死で幕を閉じたが、コミュニティとしてのそれぞれの運動はまるで異なっていた。

いずれの指導者も外の世界を疑っていたが、そこには圧倒的な違いがある。アップルホワイトは、信者がコミュニティを去るのを禁じなかった。彼らは外の世界で働き、買い物をし、図書館で本を借り、映画を見に行った。これと対照的に、ジョーンズは孤絶したジャングルの中にコミュニティを築き、外界と交流する者を厳格に制限した。国境警備のために武装した自警団を作った。

脱退者に対する扱いも異なっていた。ジョーンズは反体制派がジョーンズタウンを去ることを許さず、処罰として監禁までした。対するアップルホワイトは、去るか残るかの選択権を与えた。彼は去る者のために悲しんだが、ジョーンズは死を以て背教者を脅した。

彼らの信仰体系もまた異なっている。アップルホワイトには伝道の時期もあるが、最後の二〇年間は世間との関わりを断っていた。隠遁者のコミュニティを作り、多かれ少なかれ世界に背を向けた。外界に対する軽蔑はあっても、そこには〈ネクスト・レヴェル〉に到達することのない無知蒙昧の多数派に対する憐れみがあった。ジョーンズは世界に対して、特に多くの人々の人生を台無しにしている普遍的なレイシズムに対して憤りを抱いていた。ジョーンズにとっては、部外者はどんな手を使ってでも支配し、操作すべき対象だった。

この二つの集団は、薬物使用及び個人の特権という点でも異なっている。晩年のアップルホワイトの指導者としての特権は、個人の寝室を持っていたということだけだった。彼は薬物の害を説き、自分の説教に従った。ジョーンズは長年、興奮剤と鎮静剤を濫用しており、一軒家の中で贅沢品に囲まれて暮らした。周囲には常に護衛がいた。

そして最後に、言うまでもなく死に方にも違いがある。アップルホワイトは信者に対して、できる限りことを荒立てないやり方で自殺するよう説得した――バルビツールの過剰摂取である。ジョーンズはシアン化剤で強制的に信者を自殺させ、拒んだ者は射殺した。

〈ジョーンズタウン〉と〈ヘヴンズゲイト〉の根本的な違いは、恐怖と怒りの有無である。〈ヘヴンズゲイト〉には怒りはほとんど無かった。むしろ、信者たちの間には必ず生まれ変わるという喜びと確信があった。一方ジョーンズタウンには、悪意ある世界に対する怒りが渦巻いており、行動支配のために恐怖が用いられた。

宗教は本質的に、コミュニティの信念、信仰、儀式を規定している。新興宗教集団は稀だと考えるのは勘違いだ――それは何百もある。ギャラップの調査によれば、アメリカのティーンエイジャーの半分はどこかの時点でカルトに興味を持つ。実際に入信するのはその内のほんの一握りであるとしても。[24] 新興宗教の信仰の豊富さと異質性の故に、とある学者は顔を蹙めて言う、「あなた自身の信仰よりも奇妙なものは全部カルトだ」と。[25]

典型的な信仰とは何か？　二〇〇四年に実施されたギャラップの世論調査によれば、九〇%のアメリカ人が神を信じており、七〇%は悪魔を、七八%は天使を、八一%は天国を、そして七〇%は地獄を信じている。[26] だが、非伝統的な信仰もまた一般的である。ピュー研究所の二〇一八年の調査によれば、六〇%のアメリカ人が少なくとも一つの〈ニュー・エイジ〉的信仰を受け入れている。例えば四〇%は超能力を信じ、物体の中に霊的エネルギーが見出せると考えているし、三三%は生まれ変わりを、そして二九%は占星術を信じている。[26]

このような調査結果は、社会学的・人類学的視点の基盤となる。結局のところ、「奇妙な」信仰は統計上も稀ではないのだ。[28]より重要なことに、社会学者は宗教に関して価値判断を下すことを嫌がっている。というのも、それぞれの宗教がリアリティに関する独自の見方を持ち、何時如何なる時にも残酷な儀式を行なわないという宗教は稀であるからだ。

新興宗教を研究する社会学者のほとんどは、伝統的な宗教の信仰や儀式などに従わないというだけでそれに病的とのレッテルを貼り付けるのを嫌がる。中には、〈ヘヴンズゲイト〉のような新興宗教の信者は洗脳によってその教団に入信したのだ、と示唆しただけで立腹する学者もいる。寧ろ彼らは、改宗を体験したのであり、洗脳という言葉は単に弾圧を正当化するためのレッテルに過ぎないと論ずる。ある学者は大人の態度で次のように言う、「洗脳は、あらゆる学界に於いて信用を失った」。[29]またある者は、洗脳は「修正第一条の権利〔訳注：いわゆる言論の自由〕の蹂躙に対して、危険な、疑似科学的な正当化を与える」と論じた。[30]この主題に関しては胸の悪くなるような論争が今もある。公平無私な社会学者が「無益な文化闘争」と呼んでいるものだ。[31]

全ての新興宗教に、信者を洗脳しているカルトのレッテルを貼るのは愚かなことだ。だが、「人がカリスマ的な社会運動の渦に巻き込まれてしまうことがあるのか、またそれは何故か」と問うことは正当である。[32]このような分析のためには、如何にして人はその運動に勧誘されるのか、如何にして彼らの信仰は変ったのか、そして――たぶん、洗脳独自の問題であるが――如何にして彼らは運動からの離脱を抑止されたのかを問わねばならない。

社会相対論者の視点は無慈悲にも、新興宗教の危険性を無視していると感ずる向きもあろう。中には脱退を禁じているカルトもある。だが重要な問いは、如何にして彼らはコミュニティからの離脱を制限しているのか、である。フェンスと番兵を使っているのなら、力尽くででも愛する人を取り戻し、逃亡を手助けすることが必要だと信ずる人がいることも理解できる。だが、それが目に見えないフェンスだったら？　カルト信者がもはや、カルト外での生活など考えられないような状況だったら？　その人の他者との交流がコミュニティ内に限られていて、その人にとってコミュニティ外に暮し、アイデンティティを持つことなど不可能な状態だったら？　このような問いは、新興宗教にも既存の宗教にも当て嵌まるものだ。

例えばヒンドゥー教の「サティ」は、夫に先立たれた女が自殺するという風習である。もはや彼女には社会的な役割がなくなったとされたからだ。興味深いことに、〈ヘヴンズゲイト〉の三九人の信者が死んだ後、元信者の一部もまた自殺した。まだかつての仲間たちに「追いつき」、宇宙船に乗るチャンスがあると感じた者がいたのだ。また別の者は世界との繋がりを感じることができず、友人たちが死んだ時にその場に居られなかったことへの罪悪感から自殺した。また、集団から離れて独力で生きていくことが考えられなかったという理由で死んだ者もいる——宇宙船に乗れようと乗れまいと——サティ的な絶望と言えよう。

これらの新興宗教や強圧的説得に対して反対の声を上げる人が悪者だとは思わない。ただ、いずれの側も自分がどこにいるのかを見失っているのだと思う。私は「洗脳」というのが馬鹿げた用語であるということには賛同するが、だからと言ってカリスマ的指導者が信者を惹き付け、彼らの思想と行動を形作り、信仰を変え、逃亡を禁ずることができるという事実を無視しろというわけではない。〈ヘヴンズゲイト〉のコンテクストにおいて次の二つの質問を問うてみるのは有益だろう。たとえそれに対する答えが不穏であるとしても。第一に、〈ヘヴンズゲイト〉の視点と活動はどの程度まで、主流文化と異なって、あるいは対立していたのか？　第二に、〈ヘヴンズゲイト〉の指導者および／あるいは信者はどの程度まで、その行動を説明できるような精神疾患を負っていたのか？

既に見たように、「異常な」宗教的信仰というものは如何なる意味に於いても稀ではない。〈ヘヴンズゲイト〉の極めて奇妙な側面すら、歴史的ルーツを持っているのだ。例えば禁欲主義は〈ヘヴンズゲイト〉の専売特許ではない。髪型や衣服、食事を厳密に定められた隠遁者たちのコミュニティというものも全くありふれていて、彼らのそれは眉を顰めるにも値しない。〈ヘヴンズゲイト〉に於ける去勢すら、昔からあるものだ。初期カトリックの教会教父たちも性的誘惑に打ち勝つために自ら去勢した。そのおそらく最も有名な実例が、教会指導者アレクサンドリアのオリゲネス（一八五―二五四）である。彼は、性的誘惑を完全に断ち切ることで確実に天国に行けると信じていた。[33] 教会指導者はその根拠として、『マタイによる福音書』一九章一二節を引用している。「結婚できないように生まれついた者、人から結婚できないようにされた者もいるが、天の国のために結婚しない者もいる」。実際、自主的な去勢は厄介なほど一般的なことだったので、四世紀のニカイア公会議は去勢した者が聖職に就くことを禁じたほどであった。[34]

二〇〇〇年前には、聖書の記述に基づいて恐ろしいことが平然と行なわれていた。奴隷制、盗人に対する斬手刑、石打の刑などは、その宗教的系統にも関わらず、今日の文明化された世界に於いては野蛮で非合法と見なされている。ジム・ジョーンズのように人に自殺を命ずることもまた、宗教にインスパイアされた自殺とも、また自殺幇助とも見做せる。〈ヘヴンズゲイト〉には、自殺せよという「戒律」などなかった。説得は穏やかで、生命を脅かすものでもなかった。二〇世紀においては、宗教指導者は対面の会話および説教で信者に自殺を命ずることができた。二一世紀に於いては、このような致死的な命令が、必ずしも直接命じられる必要はないのである、インターネットのお陰で。

では、宗教的に奨励された自殺をどのように評価すべきか？　そうした行為は、自殺に関する社会の広い定義と価値観というコンテクストから見ねばならない。もしも〈ヘヴンズゲイト〉の信者全員が末期疾患であったなら、われわれの中にだってそんな状況なら自殺も已むなしと結論した者もいるかもしれない。信者全員が重度の鬱であったなら、それもまた理由になると考える者もいるだろう。もしも信者が自らの行為の結果を完全に理解していたのなら、彼らは法的責任能力があると判断されていただろう、たとえその行動が批判されたとしても。間違いなく〈ヘヴンズゲイト〉の信者たちは自分たちのやっていることを知っていたが、彼らはその自殺によって柩ならぬ宇宙船の中で永遠の命を獲得できると信じていたのだ。その指導者の強力な説得に基づいたその致命的な決断に法的責任能力はあったのか？　われわれのほとんどは、彼らの判断に疑念を抱くのではないか。

「カルト」という言葉を嫌う人もいる。何故ならそれは極めて断定的で、体制派の宗教贔屓による偏見に基づいているから。あるいは宗教に対する一定の侮蔑を含んだ言葉だからだ。私は、この問題の核心はその集団の神学にあるのではなく、寧ろ信者に対する指導者の支配の仕方にあると考えている。コラムニストのフランク・リッチは完璧な言葉を残している。「カルトをカルトたらしめるのは、それが何であれその教えではなく、通常はカリスマ的指導者が駆使するマインド・コントロール技術であり、それによって信者は思考の独立性を失ってしまうのだ」[35]。カルトは朝鮮や中国の再教育収容所に似たやり方で集団圧力、隔離、感覚遮断を駆使する。これらの収容所とは異なり、〈ヘヴンズゲイト〉は拷問や強度の肉体的苦痛を採用しなかった。だが、彼らの運動の中には強圧的な側面があったのだ。

その信仰は妄想だったのか？ 〈ヘヴンズゲイト〉は何らかの形の強圧的説得に頼っていたのか、それとも信者たちは妄想を共有したのか？ マスコミは〈ヘヴンズゲイト〉の信者たちを、「南カリフォルニアの変人妄想家」と断じた。われわれに異論のある人を「妄想家」と断じたい誘惑は常にある。政治的コメンテータは頻繁に、敵を一蹴するためにこの言葉を使う。それは敵対者を「馬鹿」と呼ぶのと同じ罵倒の一種である。だが世の中には、別に馬鹿でもないのにあらゆる事柄について情熱的に異論を唱える人がいる。妄想家でもないのに誤った信仰を持つ人もいる。人はこのような信仰を「誤り」と見做すかも知れないが、それを「妄想」と断じるのは危ういことである。

妄想 delusions の問題は驚くほど複雑である。精神科医と心理学者は極めて限定的な意味でこの言葉を使い、これを集団や文化が共有する信仰に当て嵌めることを好まない。ほとんどの宗教は無謬とされる教義を教えている。無謬というのは結局のところ、「信仰」のもう一つの定義である。そのことはつまり、信者は妄想を抱いているということを意味するのか？ 信者のほとんどいない新興宗派に対しては特にその言葉を使いたくなるが、ある新興が妄想であるか否かを決めるのは宗教コミュニティの大きさでは断じてない。実際、精神科医の診断マニュアルであるＤＳＭの最新版では「妄想障害の存在の可能性の査定に於いては文化的・宗教的背景を考慮せねばならない」とわざわざ注意喚起しているほどなのだ。[36]

人々が信じている、文化が信奉している奇妙な事柄は無数にある。私はかつて「火渡り人」を治療したことがある。〈ニュー・エイジ〉の信奉者で、砂漠に隠遁し、燃える炭の上を歩いて信仰心を試す人々である。結局火傷治療室に来る羽目になって、そこで私は彼らの苦痛と鬱の治療に当たったが、その変則的な信仰を治療したわけではない。

さてここまで、妄想ではないことばかり強調してきたが、では妄想とは何なのか、そしてこれをどのように〈ヘヴンズゲイト〉に当て嵌めることができるのか？　妄想というのは、相容れない証拠を前にしてすら変らない固定的な信仰である。他の主要な精神疾患、例えば機能減退、認知障害、幻覚、衝動調節障害などの徴候を併発していれば、妄想の識別は容易である。妄想は統合失調症には一般的であるが、他の精神疾患や、あるいは人質に取られた時、睡眠遮断や感覚遮断の際にも起りうる。

論理的にありえない、あるいは訳の解らない奇妙な妄想はすぐに識別できる。私はかつて「お玉杓子を出すために」自分の腹を切り開いた患者を診たことがある。とは言うものの、それほど奇妙ではないにも関わらず、極めて強烈で頑固な妄想もまた多い。信仰と、確固たる揺るぎない見解とは明確に区別できると言えれば良かったのだが、そんなことはできない。われわれは自分の人生経験を通じてリアリティをフィルタリングするのである。中には独断的な人もいる。だが、それは妄想を抱くことと同じというわけではない。

自分は迫害を受けているという揺るぎない信念は、驚くほど多くの人に共通して見られる。とあるフランスの診療所の患者の二五％は自分が迫害を受けていると考えており、一〇％は自分に対する陰謀があると信じていた。[37]これはフランス人に限った話ではない。スウェーデン人の六％は妄想的な観念形成を行なっており、ニューヨーカーの七％は他人が自分に毒を盛ろうとしていると感じている。[38]アメリカ人の三六％は九一一は政府が合衆国に中東での戦争に向かわせるために起したのだという陰謀論を「非常にあり得る」「どちらかと言うとあり得る」と考えている。[39]

迫害を受けているという信念の幾つかのテーマは極めて共通している。例えば、政府機関がわれわれを見張っているとか。これがもしも人が、政府によって自分の歯の詰め物に発信器を埋め込まれたと信じているのであれば、妄想であると識別するのは容易である。だが、NSAがわれわれを監視しているという確信に反証するのはかなり厄介なことだ。

強い信念は、妄想の固着的な信念とは異なる。妄想を抱いている人は、白か黒かの世界に住んでいて、灰色の部分がない。彼らはすぐに結論に飛び付き、自分の信念を支持する証拠のみを見る——それに反する証拠はただ一蹴する。

妄想は長く続く傾向があるが、その強度は様々である。[40]妄想が奇妙なものと見做される根拠は客観的なものであったり（例えば、「私は飛べる」とか）、文化的なものであったり（例えば、リアリティに関する共通見解として合意されているものからの逸脱）、あるいは個人的なものであったりする（例えば、個人の人生の方向性とは全く折り合わない信念の変化など）。[41]だが研究の結果、ある妄想が奇妙なものか否かの判別は、専門家と言えども全幅の信頼を置けるものではないということが判明している。ある研究では、幾つかの妄想についてはコンセンサスがあったが（「ある男性が、自分は妊娠していると信じている」）、他のものに関してはあまりにも不一致が多かった（「ある女性が、自分は来年には有名なロック・スターになると信じているが、実際には全く音楽のスキルがなく、譜面も読めない」）[42]。言い換えれば、他に重篤な精神疾患の徴候がない場合、ある信念を独断的な誤りではなく、妄想であると断ずるのは難しいということだ。

われわれの信念は、同じ信念を共有する人とのみ付き合い、自分の偏見に訴えかける媒体にのみ接していれば、ますます強くなる。この意味では、妄想には伝染性がある。その極端な例が、「二人組《フォリ・》精神病《ア・ドゥ》」である――これは二人の親しい人が妄想を共有する事例である[43]。場合によっては両者とも、本当に妄想を抱いているということもある。たいていの場合は、支配的な側が妄想を抱き、もう片方にそれを強要する。DSMの最新版ではフランス語の用語が廃止され、支配的な患者を「妄想性障害」、もう一人については「妄想性障害患者とパートナー関係にある者の妄想的症状」としている。この新たな用語法では、パートナーの方は妄想性障害の診断基準には合致せず、別の障害を患っていると考えられる場合がある、と認めている。例えば依存性人格障害などである[44]。

そんなわけで、〈ヘヴンズゲイト〉のシナリオには「妄想」はどの程度当て嵌まるのか？　このような用語を、緊密に結びついた集団に適用することに対する警告を考慮すれば、この集団が妄想性障害を患っていたと断ずることは躊躇われるだろう。たとえ「二人組精神病」がまだ診断名として受け入れられていたとしても、宗教的信仰に妄想というレッテルを貼ることに関する警告を考慮するならば、ドーが妄想を抱いていたと断ずるのは困難である。そんなわけで、考えられる説明としては、彼らは信仰もしくは改宗に集団感染していたということである。この四〇人の人間は何十年もの間、隠遁者のコミュニティで共同生活をしていた。家族やコミュニティ外の友人とは何の繋がりもなかった。仕事や買い物に出ることはあっても、外での交流は厳しく制限されていた。地球はもはや救いようがなく、自分たちの運命は星々にあると、そして指導者と仲間たちが旅立てば、もはやこの世界には何もないと信じていた。彼らは命を終らせるよう説得された。

ほとんどの方は、〈ヘヴンズゲイト〉は強圧的洗脳ではなく、信仰の伝染の事例であったと結論されるだろう。このような強力なレヴェルの説得に到達するためには極めて長い年月が必要であったという事実は、せめてもの安心材料であろうと思う。二〇年にも及ぶ懐胎期間があれば、その長い期間の間のどこかで、出産の可能性は解放される。だがストックホルムの人質の体験が示すものは、人は数時間もしくは数日の内に、破滅的な説得を受け入れることもまたあり得るという事実なのだ。

第3部　21世紀へ

第12章　継続する洗脳の悪夢

言うまでもなくわれわれは多くの形で欺かれる。真実でないことを信じて欺かれることもある。だが間違いなく、真実であることを信じないで欺かれることもあるのだ。

——セーレン・キェルケゴール

息子が私をオークランドの墓地へクルマで連れて行ってくれたのは、霧の立ち込める朝だった。私はジョーンズタウンで死んだ人々の魂に哀悼の意を表したかった。その多くがサンフランシスコ・ベイエリアの出身であり、彼らが帰ってくるとすればここしかない。死んだ後、彼らは数日間、ジャングルの日光の下で腐敗した。ガイアナ人は彼らに触れることを躊躇した——兵士たちの恐れたものは感染だけではない。その場所には千もの亡霊が彷徨っているように見えたのだ。

遺体の送還に関する合衆国との交渉は容易ではなかった。祖国は彼らの帰還を望まなかった。遺体を祖国へ戻す費用についても不満があり、またしても感染への恐怖があった――細菌の感染というよりも、もう一つ別の。われわれは、この人々にあのようなことをするよう説得することが可能であったという事実を思い出したくなかったのだ。愛する者の遺体を引き取った家族もいたが、四〇〇体以上がデラウェアのドーヴァー空軍基地で引き取られるのを待っていた。オークランドのエヴァーグリーン墓地の所有者が彼らを持ち帰り、丘の中腹の集団墓所に埋めた。今日では、墓には四枚のフラットな花崗岩のパネルが設置され、そこにジョーンズタウンの死者全員の名が刻まれている。静謐な場所にある、シンプルで丁重な祈念碑である。私は死者たちの帰還を喜んだ。家族や友人たちが、彼らを思い出すために訪れる場所ができたことを喜んだ。

一七世紀の哲学者スピノザは言った、「人の心が完全に他人の権利の下に置かれることなど、決してありえない」[1]。彼が正しいのかどうか、私には解らない。レーニンとパブロフとの出会いから一〇〇年、その考えを即座に棄ててしまうような強圧的説得の事例はあまりにも多すぎた。それは既に、国際的な先入主となっている――映画や書物の題材になるだけでなく、支援を得た研究や議会の質問の主題ともなっているのだ。

ブギーマンのように闇に潜むパブロフの名は、洗脳についての議論では常に口にされる。そして彼の悪名高さは正当化されるのか否かの考察は重要である[2]。パブロフは二つのことを象徴していた――唯物論と科学的手法である。二〇世紀初頭の人々を憤慨させたのは、彼の唯物論であった。人間の意識、感情、知性は唯一無二でも何でもないという彼の示唆は当時、忌み嫌われたものであった。だが現在のわれわれを恐怖させるのは、行動形成における彼の綿密さである。人々はほぼ同じ理由で、

ジョーンズタウン・メモリアル。カリフォルニア州オークランド、エヴァーグリーン墓地（著者撮影）。

B・F・スキナーに不信の目を向ける。[3]行動主義の擁護として、スキナーは言った、「ある場所での私のイメージは、人々に手綱を付けて操ろうとする、何らかの化け物のそれである。これほど真実から懸け離れているものはない。もう既に人々は操られているのだ。私はただ、もっと効率的に操りたいというだけである」[4]。

洗脳は行動主義の範疇を超え、多くの要素で構成されるようになった。スキナーが述べたように、一つの要素は人心操作を、そしてある場面では強圧と隔離を伴うものである。もう一つの要素は、人心操作が密かに行なわれ、個人は自分がどうやって標的にされたのか、場合によってはそもそも標的にされたのかどうかすら解らないこともあるということだ。第三の特徴は、標的にされた人を犠牲にして行動が行なわれることである。その操作によって、他の誰かが利益を得る。最後に、その方法の中にはしばしばある程度の睡眠遮断が含まれており、それによって被害者を疲労・混乱させ、従順にさせる。

これらの特徴は連続的なものである――つまり、洗脳とは歯切れ良く定義できるものではない。図4は、本書で論じた事例の中でこれらの特徴がどれほど明白であるかを概観したものである。私は意図的に、その強度が異なるものを選んだ。それは大勢の被害者に対する入念に計画された攻撃から、単独の個人に対する自然発生的な襲撃にまで及んでいる。これを計画した者の中には、善意の者もいるが、ほとんどの者は悪意からそれを行なっている。

中にはその曖昧さ故に洗脳という概念を批判する者もいる。また、あたかもその被害者を愚かな弱者として非難するような言葉であるからという理由でこれを嫌う者もいる。とはいえ、洗脳の犠牲者の中には、傑出した才能ある人々も数多く含まれているのだが。人は、この種の悪の説得は極限状況で、つまり人心操作によって文字通り為す術のない状態で起るという事実を見失う。また、新興運動の信仰をそれとなく貶すために用いられる言葉だからという理由で嫌う者もいる（「連中に構うな。洗脳されているのさ」）。

一九六〇年代には大量の新宗教、コミューン、サイケデリック・ドラッグ、集団感受性訓練グループが登場した。狼狽した家族は、はぐれた子供たちを理解する方法を探し求めた。自分の子供が自由意志で異なる道を選んだのだという事実を受け入れる代わりに、多くの親はそのような観念は彼らの脳に植え付けられたものだと決めつけた。別の時代なら彼らは単に自分の子供たちが「質の悪い連中」と連んでいると歎いていただろう。われわれは常に人々を迷わせる社会の影響力の圧倒的な力を知っていた。だが「影響力」という言葉だけでは「洗脳」という亡霊を十分に捕えることはできない。

図4　洗脳の特徴

	強圧と操作[a]	意図的な内密性[b]	被害者の利益度外視[c]	睡眠遮断[d]
スターリンの公開裁判	+++	++	+++	+++
ミンツェンティ枢機卿	+++	++	++	+++
朝鮮戦争捕虜	+++	+	++	++
〈ＭＫウルトラ〉の研究	+++	+++	+++	+++
ストックホルム	+++		+	++
パトリシア・ハースト	+++	+	++	++
ジョーンズタウン	+++	+	+++	++
〈ヘヴンズゲイト〉	+	+	+++	+

a 対象の逃亡を物理的に制限する行為は +++。外部とのコミュニケーションの禁止など、甚だしく操作的な行為は ++。信者と外部との交流を思いとどまらせようとする行為は +。
b 薬物によって対象が密かに操作されている明白な証拠がある場合は +++。密かに操作されている可能性はあるが、薬物使用の証拠が明白ではない場合は ++。罪悪感を抱かせるために何度も自供を強制するような操作は +。
c 行為の結果として対象が死ぬ場合は +++。監禁する場合は ++。対象の安全を危険に曝す行為は +。
d 反復的かつ常時睡眠の操作がある場合は +++。継続的な睡眠遮断は ++。時折睡眠遮断がある場合は +。

中には心配の余り、愛する者の洗脳を解くと称する者を雇った家族もいる（すなわち、洗脳を使って洗脳を打ち消そうとしたのである）[5]。この脱洗脳の被害者の一人が自らの体験を語っているが、それを見ると、脱洗脳者の用いるツールが洗脳者のそれにあまりにも似ていることに驚かされる――すなわち、隔離、虐待、睡眠遮断である。「彼らは私をコネティカットに連れて行き、地下室に監禁しました。そして六日にわたって私を洗脳したのです。うたた寝することができたのは一度に一時間か二時間程度でした。彼らは昼も夜も交代で、私の顔に水を注いで眠らせないようにしながら、延々と言葉の暴力を浴びせるのです。……彼らはずっと私に付きっきりで、そして私は最終的には衰弱したふりをして彼らに合せることにしたのです。突然……「脱洗脳者のリーダーが」本当に親切で優しくなり、自分は君のことを心から心配している、君の両親は君を心から愛している、と言ったのです」[6]。

多くの者が、果して洗脳は真っ当な主題と言えるのかと問うて来た。この問題に関するアメリカ心理学協会（APA）の掌返しはよく知られている。一九八三年、APAはカルトと大集団による覚醒訓練（すなわち集団感受性訓練グループ）を研究するための「説得とコントロールのための欺瞞的・間接的技術に関する作業部会」を立ち上げた。六人から成るこの部会の会長はマーガレット・シンガーで、ジョリー・ウェストもそこにいた。メンバーらが長年にわたり、多くの新集団を批判してきたことからすれば、その結論も予想がついた。その報告書はカルトに対する痛烈な告発だった。形式張らない、ほとんど砕けたとも言える文体で、カルトの指導者を「新たなるグル、救世主《メシア》、人心操作者」と非難していたのだ。だがその報告書はカルトや強圧的説得の定義にまでは手が回らず、全ての新手のセラピーと宗教を搾取的なものと決めつけているように見えた。その欠陥にも関わらず、報告書にある四つの推奨事項は気の利いたものである——

心理学者は社会的影響の技術、特に欺瞞的かつ間接的なものの行動メカニズム、効果、倫理的意味を理解するよう努力すべきである。……

「彼らは」如何にしてこれらの技術に抵抗し、無力化するか、またこのような技術の害を受けた者を如何にして「助けるかを」……研究すべきである。……

アメリカ心理学協会は、APAの将来的な倫理コードをどのように……改定するかを、欺瞞的かつ間接的な説得技術の倫理的意味という観点から検討すべきである……

心理学者は、このような技術に関する大衆教育に意識を向けるべきであり……説得と支配のための欺瞞的技術の体系的な適用に関する……より厳格な基準の唱道を検討すべきである。[7]

APAはこの報告書の受理を断った。査読者は、「カルト」という言葉が新運動を無差別に鎮圧するために用いられることを懸念したのである。また彼らは報告者の公平性の欠如も批判した。とある査読者によれば、この報告書は「科学的な作業部会の報告書というよりも、ヒステリックな殴り書きのようだ」。また別の査読者はこう結論した、「『洗脳』という用語は……扇情主義的な『説明』に過ぎず……心理学者が用いるべきものではない」[8]。

問題は、この報告書を拒絶する際にAPAが人心操作を用いる新集団や、その倫理的曖昧に対する懸念を真剣に考慮しなかったことである。それはカルトの強圧、暴力、市民的自由の制限の危険性については沈黙していた。また、心理学者にとって、強圧的説得への参加が倫理的であるか否かを検討することもなかった。最終的に二〇〇二年のAPAの年次総会で、とあるパネリストが協会に対し、破壊的カルトに於けるマインド・コントロールを研究する作業部会の設置を求めた。このパネリストによれば、多くの心理学者が洗脳やマインド・コントロールをSFと見なしている一方で、これらの技術は依然として「カルトによって信者の獲得と維持のために用いられており、……危険かつ永続的な心理的結果をもたらしうる。……マインド・コントロール技術を用いるカルトは処罰を受けることもなく、その被害を受けた人々が治療を受けることもない」[9]。

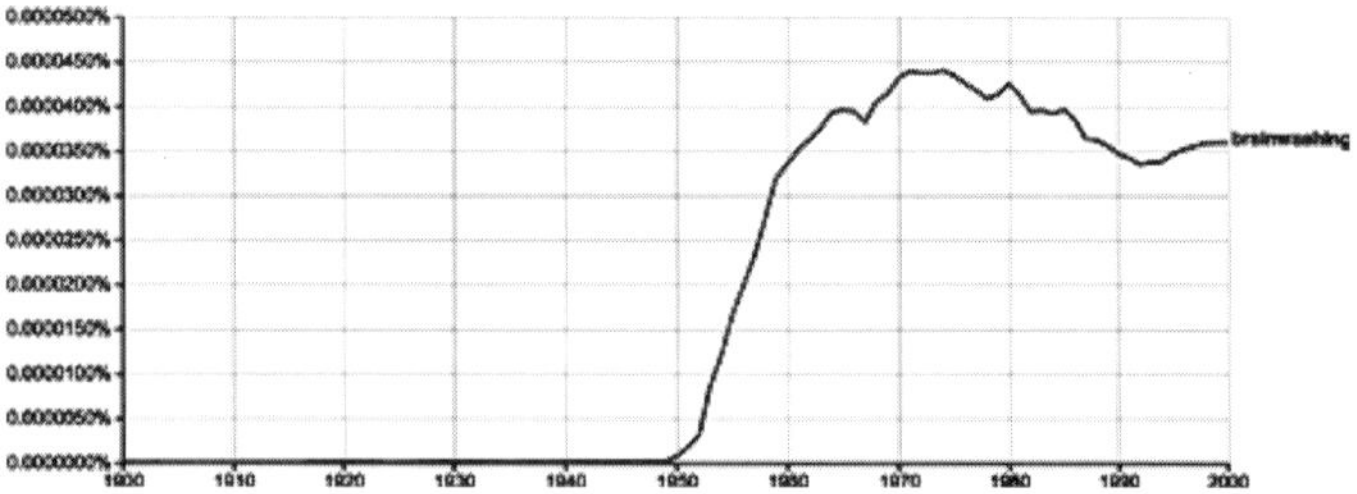

Google Books Ngram Viewer が、所与の年に英語で書かれた出版物に於いて *brainwashing* という用語が用いられた頻度を示している。1950 年以後、この単語の出現率は鰻上りで、現在も幅広く使われ続けている。

二〇一五年、とある痛烈な報告書が、ＡＰＡを批判した。捕虜の強圧的説得への心理学者の参加に関する倫理的ガイドラインが曖昧だというのである。この報告書によれば、ＡＰＡは政府機関と結託し、それによって心理学者がアブグレイブのような施設に於ける捕虜に対する「強化型訊問」を実施することを許している。[10] ＡＰＡが一九八七年に拒絶した報告書に於いて、シンガーらが特に曖昧な倫理的ガイドラインに対して警告を発していたことを思い起こして戴きたい。

その異国風の名前にも関わらず、洗脳は依然として関心の対象であり続けた。それが社会的な意識や研究から消え去ることはなかったのだ。私はGoogle Books Ngram Viewerを用いて、二〇世紀に出版された英語の本の中に*brainwashing*という用語がどれほど頻繁に現れたかを調べてみた。この語が出版物の中に溢れ返っていることは明らかである。

このように言われるかもしれない。「でもさ、実在しない別の何かを検索しても、似たような結果になるんじゃないかな、例えばユニコーンとかさ」。ある単語が一般に用いられているからといって、

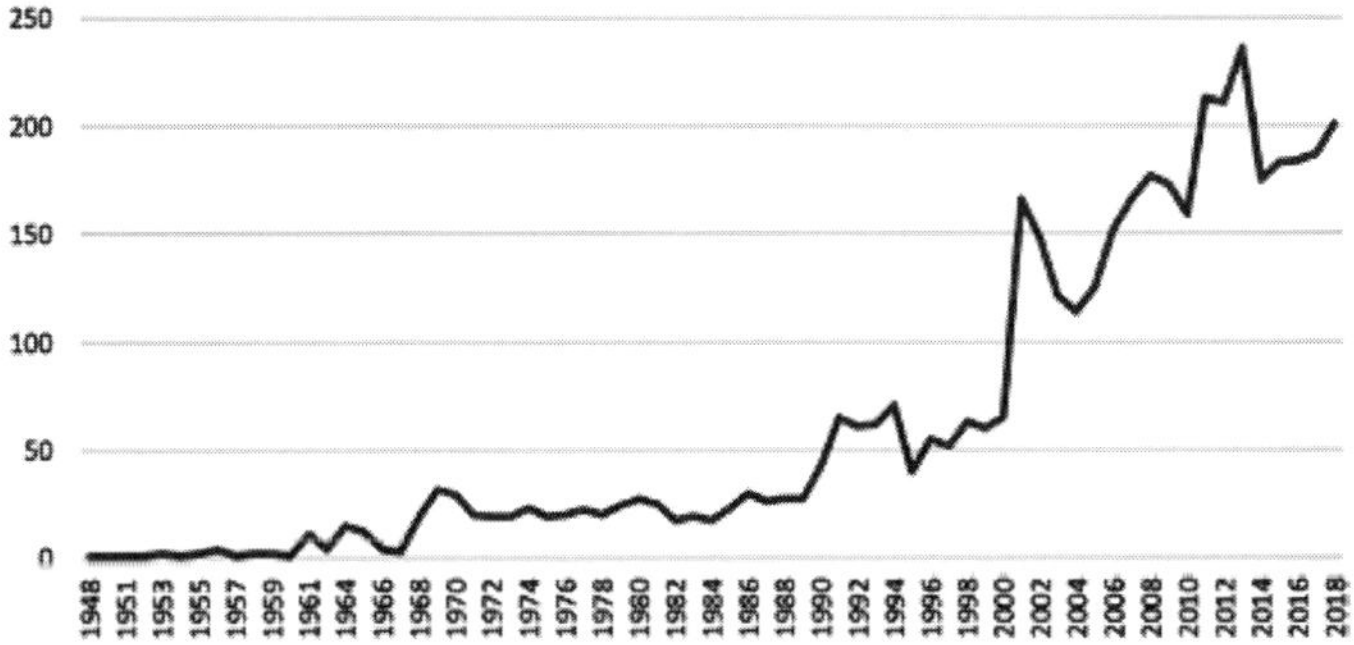

1948年から2018年までのPubMedにおける*brainwashing*への言及

人がそれを真剣に受け取っている証拠にはならない。次に私はPubMedに目を向けた。これはアメリカ国立医学図書館による医学・生物学の論文用検索エンジンである。一九四八年以後、*brainwashing*研究の引用は段階的に増加しており、それが現在もなおかなりの医学的興味の対象であることを示している。

正式な洗脳は二〇世紀において政治的な目的のために発展し、科学によって支援された。それにはまた発達の並行軌道があって、小さな宗教団体や誘拐犯などによって独自の発展を遂げた。後者の業績を人数が少なすぎると言って一蹴するのは容易い。だが、ちゃんとした武器さえあれば小さな集団ですら壊滅的な被害を生み出すこともできるという事実を忘れてはならない。故ディヴィッド・ハンバーグは常々言っていた、「あまりにも小さすぎて、あるいはあまりにも遠すぎてわれわれに痛ましい被害を与え得ないような集団などない」[11]。

目まぐるしく変り続けた洗脳の歴史からして、二一世紀においてこの分野に登場しそうな新たな方向性とは何であろうか？　二つの主要な候補者がいる。一つは神経科学を包含するもの。もう一つは社会心理学、メディア、インターネットと関連するものである。どちらがより恐ろしいか、知るのは困難だ。

第13章　神経科学とソーシャルメディアに於ける洗脳の未来

やっとおのれの生まれるべき時が来て、ベツレヘムへ向い、のっそりと歩みはじめたのはどんな野獣だ？
――ウィリアム・バトラー・イェイツ

パブロフはリリカルだった。いずれ科学が、人間の性質をより良く変えることになる未来を夢見ていた。マキャヴェッリなら、彼の楽天主義を鼻で笑っていただろうが。二一世紀に於ける洗脳の探求に於いて、科学が取るであろう二つの方向性が想定できる。記憶、認知、快感、苦痛についての神経科学の知見を採用することで、如何にして強圧を強化できるか。そして強圧の強化のためにソーシャル・メディアの力を如何に利用できるか、である。

政府の立場からすれば、特定の個人の脳から記憶を削除できるのは好ましいことかもしれない。イーウェン・キャメロンはこれを甚だしいレヴェルで行なうことができたことを示した。被検体の人生の記憶の大部分を事実上、奪うことに成功したのだ——最適な解決策とはとても言えなかったが。

これはまた恐るべき目標のようにも聞えるかもしれないが、人が特定の記憶をどうしても「帳消し」にしたいと願う状況は、諜報活動以外にも数多くある。トラウマ、強姦、襲撃、虐待等々。外傷外科のチームは、彼らの治療なしには致命的なものとなっていたに違いない悲惨な外傷を負った人々を救ってきた。だが不幸なことに、長期追跡調査によれば、これらの患者は生存はしたものの、まともに生活できないほどの鬱やPTSDのために、そのQOLは低いものとなっていた。[1] このような患者が救急処置室に担ぎ込まれた時に何らかの「予防措置」をして、その恐ろしい怪我や入院のことを思い出せないようにする方法はあるのか？　言い換えれば、思い出すと酷いダメージを受けるような記憶の断片だけを穿り出すことはできるのか？

これは現在進行中の医学研究の主題であり、諜報機関にとっても興味深い意味を持つ。われわれの中には、重度のトラウマ的負傷を負った患者のPTSD症状の進行を未然に防ぐ方法を研究したグループがいる。[2] 現在、救急処置室で重度の不安を抱え、心悸亢進を起した患者は長期に及ぶ感情的問題を抱え込むことになりやすいということが判明している。どうにかしてこのような記憶と知覚を遮断することは可能なのか？　われわれはプロプラノロール（頻脈抑制剤）、ガバペンチン（不安抑制剤）を投与する患者と、プラセボの患者を無作為に選ぶという研究を計画した。だがこの研究は無理だった。五六九人のトラウマ患者の内、研究に協力してくれるという患者は僅か四八人。治療法の試験のサンプルとしては少なすぎる。他の研究者も同様の研究計画を立ててPTSDの悪化を防げるかを調べようとしたが、結論は出ていない。[3] このような介入は効くのかもしれないが、まだ報告できる段階ではない。

記憶消去の裏面は、それを甦らせる薬物の発見である。研究者たちは丹念に薬物を調べ、記憶に対するその影響を試験し、それからその薬物に対する拮抗剤を加えて追試を行なっている。スコポラミンは鎮静剤として用いられ、訊問中に饒舌にさせる効果を期待されていたということを思い起こしていただきたい。スコポラミンが訊問されている人の抵抗力を削ぐ作用があるにせよないにせよ、それは確かに人を疲労させ、特定の学習テストの成績を落させる。スコポラミンの投与量が多いほど、学習能力は低下する。[4] また、スコポラミンと逆の作用をする薬物もある（例えば、フィソスチグミン）。同じ人にスコポラミンとフィソスチグミンを同時に投与すると、記憶機能は通常に戻る。[5]

同様の研究は他の薬物クラスでも行なわれている。例えば抗ヒスタミン剤は典型的な鎮静作用を持つが、やはり学習と記憶を損なう。研究者は、ヒスタミンの生産を増加させる薬物の記憶への影響について考え始めた。[7] 動物に於けるこれらの効果については、幾つか魅力的で強力な研究がある。

マウスは知っているものよりも新規なものを調べるのにより多くの時間を費やす。このことからして、記憶を調べるための興味深い実験が設計されている。例えば、とある研究者は一つの品物をマウスに示し、その三〇分後に、このマウスに同じ品物と新しい品物を与えた。もしもマウスが以前に古い品物と遭遇していることを記憶しているならば、新しい品物と長時間過すはずである。もしも古い品物を記憶することが出来なかったのなら、両方の品物を調べる時間は同じになる。何故ならどちらも「新しい」と認識されるからだ。マウスは大抵、三日経てば忘れてしまうが、ヒスタミン生産を増加させる薬物を投与すると、古い品物のことを憶えていて、だから新しい品物を調査するのにより長い時間を費やす。記憶試験の一週間後の人間に関しても同様のことが発見されている。ヒスタミン増強剤は、通常では記憶し辛いアイテム、および元の記憶テストで点数の低かった人の想起をブーストさせるのだ。

そんなわけで、記憶の消去や再建が可能か否かを調べるための薬学的研究は既に行なわれている。出産時の陣痛や分娩のための薬物が訊問中に使用するために採用されたように、新しい混合物も同様に、将来的には開発されることが期待できる。とはいえ、これらの様々な記憶の研究は専ら記憶の回復のみを目的としており、情報を引き出すためのものではない。そのような目的に関しては、神経科学は別の研究を行なっている。

パブロフは睡眠遮断が抵抗力を弱めることを観察したが、そのような発見をしたのは彼が初めてではない。その数世紀前には、かのシェイクスピアも睡眠遮断によって説得への抵抗力が弱まることに気づいていた。[8] だがパブロフのモデルもシェイクスピアのそれも同様に、完全な睡眠遮断に依拠するものであった。完全な睡眠遮断の研究は費用が掛かり、実施には困難が伴う。ほんの一瞬の眠りすら妨害するために、スタッフには信じられないほどの用心深さが求められる。だが、部分的な慢性的睡眠障害や夜間の睡眠を四時間程度に制限するだけでも、認知能力を低下させ、被験者を従順にさせる効果があることが判明した。将来的な研究では、最も効果的かつ実用的な量を知るための睡眠遮断の別のモデルが用いられるだろう。

記憶はコンピュータのパスワードやダイヤル錠のように固定的なものではない。寧ろ常に再構築されている。この過程で極度に歪曲されると、想像上の出来事を現実の記憶と取り違えてしまうこともありうる。ここでもまた、睡眠遮断は偽記憶の構築に影響を及ぼす。ある研究では、被験者に一連の単語（犬、猫、鸚鵡）を見せた後、これらの単語、別の単語、それに「テーマ語」を含んだ新しいリストを見せた。この事例では、テーマは「ペット」であろう。その後、被験者に最初に見せられた単語を思い出させる。睡眠を遮断された被験者では、誤った解答が多くなる。彼らは、最初のリストにテーマ語（ペット）はなかったにも関わらず、それを見たと答えたのだ。[9]

偽記憶に関する別の研究では、現実世界の体験に見せかける試みが行なわれた。実験では、睡眠を遮断された被験者にニュース・クリップを見せた後、そのヴィデオの若干歪曲した要約を与えた。その後被験者は、自分が見たヴィデオにのみ基づいて詳細を思い出すよう求められる。睡眠を制限された人は偽記憶を作り出す傾向が強まっていた。彼らは実際にヴィデオに写っていたものよりも、実験者が用意した歪曲された要約を報告したのだ。[10]

睡眠を遮断された被験者は、また社会的影響も受けやすくなる。ある研究では、課題――たとえばベルリンからコペンハーゲンまでの距離を推測してくださいとか――が与えられ、被験者は「助言者」から助けを受けた後でその推測を修正しても良いと言われる。この場合、睡眠遮断されていない被験者よりもされた被験者の方が、助言者の言葉で容易に判断を変えた。[11] 睡眠遮断は社会的影響の説得力と同調圧力を増幅させるようだ。

偽記憶は一般的なものである。[12] 合衆国における不当判決の一五–二五％の原因は偽証とされているが、偽証が行なわれるのは一般的に、深夜に及ぶ長時間の訊問の後である。睡眠遮断によって人は実際にはなかったことを自供する傾向が強まるのだろうか？　ある実験では、被験者に様々なコンピュータ作業をさせたが、その際、絶対にEscキーを押してはならない、データが全て消えてしまうから、と指示を出した。ある者はその後、睡眠を取ることが許されたが、別の者は徹夜を強いられた。翌朝、被験者は、彼ら全員がうっかりEscキーを押してしまったので作業は全て消えた、という嘘を告げられた。それから彼らは、自分の過ちを認める供述書に署名を求められた。このような偽証に署名した人の率は、睡眠遮断組の方が四・五〇倍も高かった。[13]

睡眠遮断がこれほど不穏である理由の一つは、それが他の身体リズムを妨げるからである。われわれの身体にはたくさんの小さな時計が埋め込まれており、それがわれわれの睡眠と覚醒、排泄の時間を調節している。また同様に代謝やホルモン分泌、体温などを調節する無数の時計がある。このような時計によって構築される「サーカディアン・リズム」が妨げられると、気分、覚醒状態、認知などが不都合な影響を受ける。[14] サーカディアン・リズムが妨げられる事例で最も馴染み深いのが、時差ぼけである。

睡眠遮断によってサーカディアン・リズムを変えることができるのは明らかであるが、それ以外にもリズムを妨害する手段がある。例えば不自然な時間に人に明るい光を当てるなどである。目下の作業では、光の照射タイプ（例えば波長、明るさ、タイミング）を変えて、それによる気分やエネルギーに対する効果を調べている。また別の研究では、宇宙探査、軍事活動、外交、国際ビジネスなど、全く異なる状況下における人間のパフォーマンスに対するサーカディアン・リズムの影響を調べている。目下の作業では、サーカディアン・リズムの乱れを緩和する方法を研究しているが、論理的帰結として、強圧的説得に興味のある人なら、サーカディアン・リズムの遮断によって人を従順にする方法について考えるだろう。[15]

パブロフは脳活動の部位の特定とその視覚化がいずれ可能となるだろうと期待した。今日の脳機能イメージングを不気味なほど精確に記述する一節に於いて、彼はこの分野の発展を予見している。「もし頭蓋骨を透過して、意識的に思考する人の脳を観察することが可能であり、さらに最高に興奮している部位が光って見えるなら、われわれは大脳面に奇妙に揺らめく輪郭を持ち、常にその大きさと形体を変え続ける明るい点がきらめいているのを見ることになろう。その点の周囲は多少なりとも深い暗闇が、大脳半球の残りの部分を覆っていることだろう」[16]。

そこまでの神経科学の発展は二〇世紀末を待たねばならなかったが、それは一九六〇年代の洗脳研究に於いて既に期待されていた。〈MKウルトラ〉によるLSDと記憶の研究に加えて、六〇年代の研究者たちは少なくともイーウェン・キャメロンのそれと同じくらい危ない神経研究を行なっていた。これらの研究の幾つかをここで要約しておこう。そうすれば、将来的により精密な手法を用いれば何が可能かを垣間見ることができるだろう。この研究は、脳の様々な部位を刺激もしくは切除（というのはつまり、破壊である）する様々な技術を用いた。刺激は電流でも良いし、脳に直接薬物を注入しても良い。切除は手術中に外科的に行なっても良いし、また電流で焼灼することもある。このような介入の全ては、一九六〇年代に於いては極めて荒っぽいものであり、もしも同じ研究が今日行なわれていれば、その結果はより明確であっただろう。[17]

われわれはまだ、特定の思考や感情に関する脳の精確なトポロジーを持たない。故に、もしも誰かに一つの特定の秘密を話すこと、あるいは「共和党」に（何なら「民主党」でも良いが）投票することを外科的に「強制」しようとするなら、まず何から始めれば良いのか、想像することは困難である。ペンフィールドは脳の特定の領域を刺激して記憶を引き出したが、彼とてそのような記憶が、脳の別の部位に「バックアップ」として蓄えられていないという保証は出来なかった。また、一つの特定の記憶を引き出すために脳のどの部位を刺激すれば良いのか、予め決定することも出来なかった。

ホセ・デルガード（一九一五－二〇一一）は雄牛の脳に電極を刺し込み、離れた場所から信号を送ることで、怒り狂う雄牛を停止させることができることを実演して見せた。[18] これはあなたが、デルガードがやったように、今まさに雄牛の突撃の軌道上に突っ立っているとしたら、極めて印象的な実演である。だが注意していただきたいが、その刺激が雄牛に対して何を「やった」のかはわれわれにはさっぱり解らない。その刺激は雄牛に、自分はデルガード博士への突撃には興味がないと「決意」させたのか？　雄牛は今自分が何をやっているのかを忘れてしまったのか？　突然刺激を「聴いた」か「感じた」かして、突撃から気が逸れたのか？　その介入によって雄牛の行動が変化したことは明らかであるが、雄牛の「意見」がどのような形であれ、その刺激によって変容したという証拠はないという結論を下さざるを得ないだろう。

神経外科医ヴァーノン・マーク（一九二五－二〇一四）と精神科医フランク・アーヴィン（一九二六－二〇一五）は、人間の行動を変えるための精神外科的な共同研究を行なった。侵襲の大きなロボトミーに始まり、小さなもの、さらにはより精密な外科処置により、彼らは甚大な苦痛、強迫性障害、鬱、統合失調症などで通常の治療に失敗した重度の患者の治療に当たった。制御不能の攻撃性と犯罪歴を持つ患者の治療を開始するとかなりの抵抗を受けた。特に、暴力はしばしば神経科学的障害であり、

ホセ・デルガードと雄牛。スペインの牛舎にて。この雄牛は脳に電極を挿入され、小型送信機からの電波信号に反応した。（提供：Yale Events and Activities Photographs [RU 690]. Manuscripts and Archives, Yale University Library.）

神経科学的治療が必要だとする彼らの主張に対しては大きな抵抗があった。[19]

脳自体に対する直接的介入に関するこれらの様々な研究は興味深いが、洗脳それ自体とはあまり関係がないと結論せざるを得ないかも知れない。快感と苦痛の研究の方が、効果的洗脳にとってはそれよりも遙かに有益である。ジェイムズ・オールズ（一九二二－七六）もまたマギルの卒業生の一人で、ドナルド・ヘッブの学友であった。オールズはラットの脳深部に電極を挿入し、様々な箇所に電気刺激を与えてその反応を観察した。

オールズによれば、彼の主要な成果はとあるアクシデントの結果であった――ある特定のラットに対してのみ、挿入位置が本来の解剖学的部位から少し外れてしまったのだ。手術によってこれを修正した後、ラットは特別の部屋に入れられた。それが部屋の隅に行く度に、脳に小さな電気刺激が与えられ、さらにそれぞれの隅では脳の異なる部位が刺激される。そのラットは一つの特定の隅にばかり戻って来た。実際、そのラットは食事を飛ばしてまでその隅にたむろして脳に刺激を受け続けたのである。オールズはそのラットが脳のその箇所へ刺激を受けることで何らかの快感を得ている、と推測した。次に彼はそのラットを訓練して、望みの刺激を受ける前に箱の中の他の箇所へ行かせたり、右折や左折をさせるようにした。この技術を使って、オールズは複雑な行動をやすやすと引き出せるようになった。行動の条件付けに関するこのショートカットをパブロフが見たら、嫉妬で歯軋りしていただろう。オールズは言う、「この動物を装置の中に放置すると……定期的に自力で自分の脳を刺激するようになった。……このテストは何度でも再現可能であることが判明した。電流を流して、その動物にオードヴルとしての刺激が与えられると、それは再び脳を刺激し始める……一時間に五〇〇回から五〇〇〇回も」[20]。

もしもラットが餌よりこちらを優先したり、あるいはもしも研究者たちが快楽中枢への刺激を与えることでそれを「操縦」することができるのなら、この介入による訓練の可能性は無限とも思える。それは人間にも応用できるのか？

精神科医ロバート・ヒース（一九一五–一九九九）は、挿入された電極によって人間の脳の様々な部位に断続的に刺激を与える研究を行なった。彼の患者の一人であるコードネームB–7は二八歳の男性で、重度のナルコレプシーを患っていた。ヒースは一連の電極を脳の様々な部位に挿入、各部位を刺激した際にどのような感じがするかを患者に訊ねた。ある部位は嫌悪感がしたので、患者は二度とその感覚を味わうことがないようにと意図的に刺激ボタンを切ろうとした。だが別の部位に対する刺激によって引き起こされた感覚は強烈な快感であった（「あたかも彼は性的絶頂に到達しようとしているかのようであった」）。興味深いことに、その患者は自らを刺激することで、初期のナルコレプシー発作を止めることを憶えた。この性的興奮は彼を覚醒させたのだ。自分の症状を上手く制御できるようになった彼は、仕事にもありつくことが出来た。極めて稀だが、眠りに落ちるのがあまりにも急速すぎてボタンを押す暇も無いという場合、事情を知る友人が彼の代わりにボタンを押して、直ちに起してくれた。[21]

この実験の悪名高い応用として、ヒースはこの自己刺激法を患者B－19にも適用した。二四歳のホモセクシュアルの男性で、側頭葉癲癇、薬物中毒、鬱を患っていた。目的は、彼をヘテロセクシュアリティに転向させることである。手術から回復後、ボタンを押せば性的快楽が得られることを知ったこの患者は、三時間の間に一五〇〇回もボタンを押し、装置を取り上げられると抗議した。研究者たちはB－19にヘテロセクシュアルなポルノを見せた。彼はこれに嫌悪感を覚えたが、自己刺激装置を使わせるとこのポルノに興味を持つようになり、それを見ながら自慰に耽った。それから彼らは売春婦を連れて来た。当初彼は不安げであったが、脳深部への刺激が開始されると、リラックスして性交に及んだ。「それは極めて満足度の高い絶頂反応を惹き起こした。電極へのリード線という邪魔物のある環境であったにも関わらず」[22]。ある時点でCIAがヒースと接触し、彼らのために脳の快楽と苦痛のシステムについて研究しないかと依頼した。ヒースはこの申し出を一蹴した。「うんざりだ。もしもスパイになりたかったのなら、とっくになっていたさ。私は医者になりたくて、医学をやりたか

ロバート・G・ヒース博士。人間の頭蓋に脳深部電極を挿入して実験を行なっている。1966年11月11日。（提供：AP Images.）

ったんだ」[23]。

このような研究は、そのほとんどが一九六〇年代と七〇年代に行なわれたが、倫理的な懸念から、現在ではほぼ行なわれることはない。だが、その基盤となる神経外科的技術は進歩し続けている。ヒースの研究から五〇年を経て、処置はより非侵襲的でより安全なものとなり、厳密に脳の特定の部位に適用できるようになった。インプラントされる脳深部刺激装置（DBS）は、様々な理由で脳の様々な部位に用いられる。何千人ものパーキンソン病患者が、このような装置を用いて筋肉の運動を制御している。DBSはまた別の疾病にも用いられるが、最も注目すべきは疼痛と癲癇である。現在、脳の様々な部位に対するこのような介入による精神病、特に治療抵抗性の鬱の患者の治療に関心が集まっている[24]。

このような介入の力をまざまざと見せつけられれば、当代の洗脳信奉者なら、脳深部刺激（電気であれ磁気であれ）を用いて苦痛や快楽を引き出し、それによって思想や行動を変えようとするのではないかと思われるかもしれない。快楽の刺激を与え続ければ、患者は新たな信念を獲得するのか？　適切な部位に与えれば、刺激の快感はあまりにも強すぎて中毒化する恐れがある。そして中毒者は、薬物を得るためなら手段を選ばない。その一方、患者は苦痛な刺激を切るために古い信念を捨て去るのか？

脳深部刺激によるアプローチには、入念で精密な手術と高価な装置が必要であり、個人には向いているが、集団への介入には全く不適である。インプラント無しで集団を刺激するような方法はあるのだろうか？　マーガレット・シンガーは、特定のカルトが用いた強化の技術を「愛の爆撃」と呼んでいる。信者たちが実際に標的を取り囲み、阿諛追従で褒めちぎり、自分は歓迎されている、ここは安全だと思い込まれるわけである。[25] 神経内分泌作用には、この愛の爆撃に匹敵するものがある――脳深部で分泌されるオキシトシンと呼ばれるホルモンである。

人は他者と繋がっている時にオキシトシンを放出する――時にそれは「幸せホルモン」などと呼ばれる。初期の研究で、それは授乳や性交の際に増加することが判明していた。その後の研究で、それ以外にも親しさを感じる状況なら増加することが判った――祈りとスピリチュアリティ、チーム・スポーツ、ペットの犬との戯れですら。[26] それは常に温かくてファジーなものとは限らない。オキシトシンにも暗い側面はある。オキシトシンは民族中心主義を掻き立てるのだ――外部集団に対する不信の引き換えとして、排他的な小集団内の信頼と結束を固めるのである。[27] 現在、最も効果的なオキシトシンの処方は点鼻スプレーであるが、もしも経口もしくはエアロゾル化したものを投与可能であれば、集団内での絆を強化し、新参者を獲得するために用いられるだろうと想像できる。[28]

一九七一年にディストピア映画『時計仕掛けのオレンジ』が封切られると、人々はその暴力表現と嫌悪療法の持つ力に驚倒した。私は一概にこのような懸念を一蹴するものではない。パブロフ流の行動科学が洗練された神経科学と出逢う時、強圧的説得の暗い可能性は明白である。目下のところ、そうした結果を防いでいるのはプロフェッショナルな医療倫理の感覚と政府の規制のみである。果してそのような自己規制だけで十分だろうか？　私はそうは思わない。

各国政府は常に新兵器を求めているし、戦争犯罪の定義と結果に関しては一致しない。プロフェッショナルな医療倫理について言えば、二〇世紀の経験が示唆しているのは、多くの研究者は自分の研究の意味するところには目を瞑るか、あるいは自分の研究は迫り来る脅威から社会を守るためのツールであるとして正当化するだろうということだ。

二一世紀の洗脳研究者はまた、全く異なる領域の能力を活用するだろう――ソーシャル・メディアである。各国政府が産科における薬学の発達に目を付け、それらの薬物を訊問に利用したことを思い起こしていただきたい。各国がソーシャル・メディアを、二一世紀の洗脳のツールとして研究しないなどということがあり得るだろうか？

そんなことできるわけがないと思われる方は、洗脳が外部とのコミュニケーションが制限された状況下で、また人々が密かに破壊的強圧に曝されている際に有効であったことを思い起こしていただきたい。これはまさに、偽情報やフェイクニュース、原理主義や過激思想の浸透のために発揮されるソーシャル・メディアの力そのものではないか？　この問いに答えるには、ソーシャル・メディアのルーツが社会心理学、広告、社会的モデリング、そして社会的酩酊薬にあったことを思い起こさねばならない。

ソロモン・アッシュ（一九〇七－一九六）は数多くの実験により、成人の判断は同調圧力に驚くほど弱いという事実を例示した。社会的要素は、線の長さの判断といった単純な問題にすら影響を及ぼす。グループ内の最初の数人が、線Aの方が線Bより長いと報告すれば、それに続く人々はたとえそれが正しくなくとも、その判断に同調してしまうのだ。[29]このような単純な課題ですら、同調圧力に抵抗することができるのは三分の一以下である。さらに重要なことに、この同調圧力は必ずしも圧制的なものである必要もない。単にある集団に所属しているというだけで、人の判断、知覚、行動は影響を受けるのである。シンガーとラリックは言う、「もしもあなたが人前でそれを言えば、あなたはそれを行なう。それを行なえば、それについて考える。それについて考えれば、それについて自分で考えたことを信ずる」。[30] アッシュの最も有名な学生であるスタンレー・ミルグラムは、このような同調圧力のより暗い結果を示した。精神的に健康で正常な人を説得して、研究室の中で他の人に途轍もない苦痛をもたらす電気ショックを与えさせることが可能だったのだ。[31] 果してソーシャル・メディアは、どの程度の同調圧力を掻き立てるのだろうか？

　ソーシャル・メディアがかくも強力である理由の一つは、極めて効果的にメッセージの狙いを付けられる点である。アッシュが個人に対する集団の影響力を研究していた頃、ヴァンス・パッカードは広告主がどのように消費者を狙い撃ちにするかを称して、彼らは消費者を「パブロフの犬のように」扱うと述べた。[32] 実際、製品のマーケティングにはそこはかとなく隠密の人心操作が埋め込まれている——結局のところ、広告主は堂々と顧客を「標的にする《ターゲティング》」という用語を採用しているのだ。

　マーケティングは大規模説得の一つの形である。それは善意で行なわれることもあれば（「インフルエンザ予防接種のお知らせ」）、中立もあり（「ヴォンズでお買い物〜♪」）、個人にとって最も大切なものを損なうようなものもある（「しゅぼッ……うーん、マールボロウ……」）。大規模キャンペーンが功を奏することもある一方で、適切な消費者に狙いを定めることで高い反応率を得る場合もある。この領域こそソーシャル・メディアの強みである。人がFacebookのようなプラットフォームで自分の興味と好みを同定すると、目敏い広告主ならたった一つか二つの「いいね」からでも影響力を引き出すことができる。例えばある人がスクラブル〔訳注：ボードゲームの一種〕のようなものに興味を持っているなら、その人が買いそうな別の製品をマーケティングすることが出来るのだ。[34] このようなアプローチでは、製品やアイデア、行動を売るための的確なターゲティングが可能となる。[35]

一九五七年、ノーマン・カズンズはターゲティング広告と市場分析に関する警告を発した。プライヴァシーやソーシャル・メディアに対する今日の懸念を思うと、彼の警告はこちらがたじたじとなるほど今日の状況にも当て嵌まっている。曰く、市場調査は「人間の精神の最も深く、プライヴェートな部分にまで土足で足を踏み入れる。……現代の世界に於いて、人間の魂のプライヴァシーを守ることほど困難なことはない。われわれは、自分には見えない、自分の知らないものが自分を傷付ける時代に住んでいるのだ[36]」。

社会的モデリングもまたソーシャル・メディアの影響力に加担する。われわれは骨の髄からの模倣者であり、時にはそれに気づいてすらいない。アルバート・バンデューラ（一九二五―）は、ボボを用いた一連の研究を行なった。ボボというのは高さ五フィートの風船人形で、底に錘が入っている。この人形を遊戯室に設置し、子供たちは大人がボボをどうするかを観察する――無視するか、殴るかである。問題は、子供たちが大人を模倣するか否かであった。ボボに対する大人の攻撃的な遊びを目撃した子供たちは、この人形に殴る蹴るの暴行を加える傾向にあった。[37]

子供と若者はメディアで目にしたものを行動の規範とする傾向が特に強い。スーパーマンを模倣しようとして窓から飛び出し、死に至った幼い子供たちの、胸の張り裂けるような事故は多数に上る。[38] だが大人もまた、社会的模範に敏感である。俳優ロビン・ウィリアムズが自殺した時、翌月の自殺者数は跳ね上がり、全国自殺防止ライフラインへの電話は三倍近くに増加した。[39] インターネットもまた、同様に死に繋がりかねない模倣行動を喚起する。

インターネットの速度と匿名性は思わず酩酊してしまうほどであり、そして文化というものは一般に新種の酩酊薬にはひとたまりもない。このような酩酊薬の取り扱い方に関する文化的規範の形成には何世代も掛るのである。一七世紀の〈狂気のジン時代〉はその鮮やかな実例だ。一六八九年、オレンジ公ウィリアムがオランダからイングランドに移って戴冠すると、ジンは大人気となり、一人当りの平均消費量は僅か一年の内に驚くなかれ一〇リットルにまで跳ね上がった。因みに今日の合衆国に於ける一人当りの年間消費量は〇・二一リットルである。ジンの大量消費は破滅的な結果をもたらし、公の場での酩酊、犯罪、育児放棄、栄養失調などを引き起こした。一連の税制と免許制によって〈狂気のジン時代〉をコントロール出来るようになるまでには実に六〇年を要した。[41]

同様に、われわれは自動車の発明以来ずっと飲酒運転と闘っている。一世紀に及ぶ法や規範、教育を経ても尚、飲酒運転は依然として大きな問題である。[42] 一〇〇年以上にわたって飲酒運転と闘って来たことからして、強圧的説得のための酩酊薬としてのソーシャル・メディアの使用はきっちり制限できる、などと胸を張れる謂れがあるだろうか？

ソーシャル・メディアは、注目を強制する新しい「クスリ」であり、その中毒性については世界的な懸念がある。[43] 誰かが煽動的な話を投稿すると、別のどこかで別の誰かがそれを信じ、行動を起す決意をする。こういう人を愚かと呼ぶか移り気と言えば良いのかよくは判らないが、そんな人が珍しくはないと言うことだけは確実だ。研究によれば、アメリカの成人の五〇－七五％がフェイクニュースの見出しを信じられるものと見做していた。[44] とある研究者グループは一二万六〇〇〇件の Twitter のニュース記事を研究し、ソーシャル・メディア上ではフェイクニュースの方が本物の記事よりも遙かに速く、広範囲に広がるという事実を発見した。フェイクニュースは新奇であり、恐怖や嫌悪、驚きなどの感情を掻き立てやすいために、より魅力的である。[45] このようなニュースの流布は間違いなく隠密であり欺瞞的であるが、それは説得と言えるのか？

隠密で有害な人心操作が用いられていれば、これを洗脳と見做すことが出来る。残念なことに、ソーシャル・メディアは――コミュニケーションと支援のためのこれほど強力なツールが――強圧に向けることもできるのだ。二〇一六年の大統領選挙においては、民主党の高官が小児性愛の組織に連座していて、その中心となっているのがワシントンDCのピザ屋コメットピンポンだ、という噂がソーシャル・メディアに渦巻いた。件のピザ屋には何百という脅迫が舞い込んだ。ノースカロライナの二八歳の男はライフルを持ってDCに乗り込み、ピザ屋の銃撃に及んだ。[46] 二週間後、アメリカの成人を対象とする世論調査で、ヒラリー・クリントンのスタッフによるペドフィリアと悪魔崇拝の儀式に於ける虐待についてのソーシャル・メディアの投稿を信じるかと問うたところ、トランプ支持者の四六%と、クリントン支持者の一七%までもがイエスと答えた。

このような有害な噂は、不和を植え付けるためにばらまかれるプロパガンダの事例である。隠密的な噂を前にすれば余りにも多くの人が愚かになるという事実からして、プロパガンダ作成者がデジタル的に修正したヴィデオや写真を使う事例が増えればどうなるだろうか？ インターネット上の集団的浅慮の多さ、信念を強化しやすいソーシャル・メディアの傾向からして、悪意ある噂が煽動的な結果を生むことも十分あり得る。チャットルームは限定的な社会コミュニケーションのネットワークを提供し、頻繁に陰謀論や、科学や常識の教えてくれない世界に関する観念の方へと逸れていく。チャットルームの参加者は確証バイアスに罹っている。これは自分の信念を支持するような情報のみを求め、記憶する傾向である。[48]何度も見たように、制限されたコミュニケーションは洗脳の促進剤なのだ。

プロパガンダは広告の変種でしかない。政府はいち早くソーシャル・メディアを「ホワイト・プロパガンダ」（現政権を支持し、規範を促進する）および「ブラック・プロパガンダ」（不信と風紀紊乱を煽動する）として受け入れた。中国政府は一般的な中国人民の率直な意見であると称して、四億四八〇〇万件のソーシャル・メディアのコメントを投稿した。これらの投稿の真正性は早くから疑われていたが、研究者たちがたまたま、中国のひとつの省のインターネット・プロパガンダ局に出入りしたメールのリークという宝くじに当たるまではその証拠は藪の中であった。彼らは、コメンテータの通信パターン、通信内容、投稿のタイミングを調べた。この一つのプロパガンダ局の投稿は真正なものではなかった。むしろそれは、中国を応援することで人民の気を逸らせようとする目的でばらまかれたホワイト・プロパガンダの事例であった。[49]

国家は、ブラック・プロパガンダ流布のためにもソーシャル・メディアを用いる。現在、合衆国はロシアがソーシャル・メディアを通じて選挙に介入したのではないかとの懸念に悩まされている。諜報に関する上院特別委員会は、二〇一六年の大統領選挙へのロシアの干渉、および合衆国の民主制や選挙制度に対する自信を喪失させようとする策謀の証拠は有り余るほどあるとの結論に達した。[50]ロシアの荒し《トロール》とハッカーは、賃金格差に関するFacebookの広告を一億四〇〇〇万件も埋め込んだ。ある集団での投票率を上げ、他の集団のそれを下げるためである。[51] 司法省によるうんざりするほど長い報告書は、ソーシャル・メディアの兵器化について仔細に語っている。[52] 他国の選挙への干渉は今に始まったことではないし、ロシアだけの専売特許でもない。何が違うかといえば、現在ではソーシャル・メディアの使用によって、その干渉は遙かに効果的なものになったということだ。

ソーシャル・メディアはまた、サイバーいじめの道具ともなる——場合によっては命をも奪ってしまうのだ。二〇一四年七月、不安障害と鬱に苛まれる一八歳のコンラッド・ロイは、一七歳のミシェル・カーターから自殺を命じられる。ロイは自殺については優柔不断だったが、カーターは無数のテキストメッセージと電話を通じて彼を説得した。その後彼女は過失致死罪の判決を受けた。[54] ロイは一酸化炭素で自殺しようとしたが、怖じ気づいてカーターにメールした。彼女は後に友人に語った。「あいつが死んだのあたしの所為。正直、その気になれば止められたんだからさ。だって電話してたし。あいつはクルマから出たんよ、それ［一酸化炭素］が効いてきて、びびっちゃってさ。あたしは言ったんだ、戻りやがれファック野郎って。……電話が来て、消音したみたいな音と、何かのモーター音がした。二〇分くらい、返事がなくて。こりゃやっちまったなって思って」。[55]

もう一つの自殺事例は、二二歳のアレクサンダー・アートゥラ。人生最後の二ヶ月間、恋人は彼に四万七〇〇〇通以上のテキストメッセージを送り、自殺を促した。[56] 検察によれば、恋人の執拗な要求と脅迫は「彼女がアートゥラ氏を完全かつ全面的に支配していた」ことを示している。[57]

もしもあなたがソーシャル・メディアを使ってよく知っている一人の人を説得し、何か恐ろしいことをさせることが出来るとしても、果してもっと幅広い友人知人たちの輪にもそれが可能だろうか？

何百万ものFacebookユーザを対象とした注意深い研究によって、このような環境に於いても小さな、だが明らかな影響力が行使できることが示されている。[58]

ソーシャル・メディアは強力で安価な技術である——それに、ある程度の匿名性もある。伝染性の噂はインターネット上を駆け巡り、コンピュータのモニタ上に表示された時には、その噂は信憑性あるもののように見える。シェイクスピアは噂を称して「人々の耳に偽情報を詰め込む」と言っている。[59]インターネットを使えば、今や遥かに高速に「詰め込む」ことができるのだ。ランド研究所の報告書は、ロシアの夥しい偽情報の使用に由来する「虚偽の消火ホース〔訳注:真実や一貫性に関係なく、多数のメッセージが複数のチャネルを介して迅速に、反復的かつ継続的にブロードキャストされるプロパガンダ手法〕」について警告を発している。カネを貰ったトロールによって生み出されたメッセージの量だけで、敵対する情報を消し去ることが出来るのだ。多数のソースから同じメッセージを受け取ると、彼らはそのメッセージの信憑性は高いと判断してしまうのである、たとえ非常識な内容でも。さらに悪いことに、そのメッセージに対抗することは難しい。ランドの研究員は悲しげに言う、「真実という水鉄砲で、虚偽の消火ホースに対抗できるとは期待するな」。[60]

テクノ=ユートピアニズムに始まったソーシャル・メディアは今や、ディストピア的な兵器とされるに至った。おそらくインターネットを新たなLSDと呼んだティモシー・リアリーは、彼が気づいていた以上に精確だったのだ(そしてわれわれは、LSDの物語が政府の手でどれほど上手く創り上げられたかを見た)。ソーシャル・メディアはあまりにも圧倒的であり、ほとんど強圧的と言っても良い。それだけではない、それはユーザにとって極めて破壊的となりうる形でサブリミナルな説得をすることもできるのだ。明日の洗脳者は、その可能性を探究せずにはいられないだろう。認知科学、コミュニケーション、コンピュータ・サイエンスの専門家たちは、人々を結びつけ、メッセージを運ぶソーシャル・メディアの能力を強化し続けるだろう。プラトンは、物語を創る者が世界を支配すると警告した。[61] 明日の市民はソーシャル・メディアに関する物語創作者の話を、極めて慎重に評価する必要があるだろう。

あとがき

二〇世紀に於ける洗脳の発展を跡づけるこの研究においては、当然ながら情報を厳しく取捨選択した。にも関わらず、事例は世界中から集まった——合衆国、カナダ、朝鮮、中国、カンボジア、ロシアそしてハンガリーは、強圧的説得が花開いた国々のごく一部に過ぎない。しばしば政府の諜報機関はその研究を支援してきた。偶然、新興宗教運動がその技術の達人であることを証明し、時には犯罪者すらその能力を手にすることもあった。

本書の執筆を始めた頃、私は洗脳などというものは遠い昔の、遙か彼方のものだと思っていた。だがどこに目を向けようと、そこにはパブロフの影があった。深く掘り下げれば掘り下げるほど、その技術は進化し続けていることを知った。この研究の主役というべき人物の中に、私が既に知っている人があまりにもたくさんいたのは驚きであったが、彼らもまた結局のところ、私の専門分野の指導者たちだったのだ。私に見えていなかったのは、ストレスに関する私自身の研究が、洗脳の性質についての幅広い話の中にぴったり収まるということであった。

brainwashing が異国風の用語であることは承知の上だが、使わないわけにはいかない。また、われ

われが数えきれぬほどの小説や映画の中でこの概念を徒に怖がり過ぎていたことも承知しているが、だからと言ってその危険が非現実というわけでもない[1]。各国政府と学界は一世紀にわたって洗脳を研究してきた。様々な宗教が、新旧取り混ぜて、今も信者を惹きつけ、そして破滅的な選択をするよう説き伏せている。人質は依然として、助けに来た者に疑いの目を向けている。囚人たちは依然として、訊問で偽証を続けている。これらの現象はいずれも、強圧的説得の具体例である。神経科学とソーシャル・メディアの発達からして、洗脳はこの先も進化を続け、またわれわれの生活の一部であり続けると考えざるを得ない。

ジョージ・オーウェルは大真面目に言った、「未来を思い描きたいのなら人の顔をブーツが踏みつけるところを想像するがいい——永遠にそれが続くのだ[2]」。二一世紀に於ける洗脳の進化の可能性を無視するなら、それに対して無防備になり、オーウェルが正しかったということになるだろう。だが私は、われわれには選択肢があると信じている。新世紀に対する心の備えとして、われわれは洗脳が二〇世紀に於いてどのように進化したのかを振り返り、考える必要がある。そしてわれわれは、H・G・ウェルズの言葉に耳を傾けねばならない。曰く、「人類の歴史はだんだんと教育対破局の競争となってきている[3]」。われわれは今や、そんな競争の中にいる。闇の説得術がわれわれの未来をどのように形作るのか、それをコントロールするのはわれわれなのだ。

謝辞

人は、著述とは孤独な作業だと考える。だが実際には、それは想像しうる中でも最も集団的な活動の一つなのだ。本書の著述に於いても、私を手伝って下さった方々は山のようにいる。あなた方なくしては、本書が世に出ることはなかった。

特別の感謝をナンシー・ディムズディールに。草稿を読み、惜しみなくコメントや質問をくれ、そしてインスパイアしてくれた。私の代理人サンディ・ダイクストラは絶え間ない激励と知恵を貰った。イェール大学出版局の編集者ジェニファー・バンクスにも感謝する。最初から最後まで、情熱的な支援と助言を下さった。原稿の推敲の上で役立つコメントを下さった匿名の校閲者たちにも感謝を。ヴィズラ〔訳注：ハンガリー産の強壮な中形猟犬〕のモリーは常に、研究が暗礁に乗り上げるたびに良い気晴らしとなってくれた。

本書のような本には、特別なコレクションと文書保管人のいる学術図書館がなくてはならない。ホルへ・ルイス・ボルヘスが言ったように、「私は常に、楽園とは一種の図書館であると想像してきた」。以下の図書館および文書保管人の方々に大いに助けられた。

UCSDの特別コレクションおよび図書館相互貸出制度。

UCLA生物医学図書館特別コレクションのテレサとラッセル・ジョンソンには、レーマン文書閲覧のために便宜を図っていただいた。

UCLA特別コレクションチャールズ・E・ヤング書庫のニール・ホッジとモリー・ヘイは、膨大なルイス・ジョリヨン・ウェスト文書の件でお世話になった。

国立公文書館のネイサン・ポンツィオには、自白剤に関するOSSファイルの位置特定を手伝っていただいた。

議会図書館のレファランス担当員ルイス・ワイマンは、ウィンフレッド・オーヴァーホルサー・ファイルを発掘して下さった。

メイシー財団アソシエイト、ヤスミン・ルジャンドルには、メイシー文書庫へのアクセス権を提供していただいた。

ニューヨーク長老派／ワイル・コーネル医療センター文書庫のニコル・ミラノとエリザベス・シェファードには、ウォルフ文書調査を手伝っていただいた。

デウィット・ウォレス精神医学史研究所オスカー・ディーテルム書庫の特別コレクション図書館員マリサ・シャーリは、ウォルフに関するアメリカ精神医学協会文書で助けていただいた。

ウィリアム・J・クリントン大統領図書館のレティシャ・ステイシーは、パトリシア・ハーストに関する大統領の恩赦と赦免に関するファイルを探し出して下さった。

ハーヴァード法学図書館特別コレクションのエドウィン・モロイには、パトリシア・ハースト事件に関するトゥービン文書の案内をしていただいた。

ハーヴァード・カウントウェイ図書館のジャック・エッカートは、第二次世界大戦中の自白剤に関するビーチャー文書を探し出して下さった。

マギル大学オスラー薬学史図書館のアンナ・ディザートは、イーウェン・キャメロンおよびワイルダー・ペンフィールド関連資料へのアクセス権を提供していただいた。

ジョージ・ワシントン大学国家安全保障文書のメアリ・カリーは、あの膨大な〈MKウルトラ〉ファイルの調査を手伝って下さった。

イェール大学図書館のビル・ランディスは、デルガード博士の写真を探し出して下さった。

カリフォルニア歴史学協会のデブラ・カウフマンは、ジョーンズタウン・ファイルへのアクセスを手伝って下さった。

UCバークリ・バンクロフト図書館のローナ・カーワンは、ジョーンズタウンに関する「サンフランシスコ・イグザミナ」ファイルへのアクセスを手伝って下さった。

これらの研究施設のみならず、個人の方々にも彼ら自身の膨大な研究アーカイヴを共有していただいた。特に次の方々に感謝する。

サンディエゴ州立大学のレベッカ・ムーアには、同図書館のジョーンズタウンに関する代替的考察特別コレクションに寄付されたコレクションに関する便宜を図っていただいた。

ジェフリー・トゥービンはハーヴァード法学図書館と共に、パトリシア・ハーストに関する膨大な文書を共有して下さった。

ジョン・マークスは〈MKウルトラ〉に関する画期的な取材を行ない、またCIAに関する情報自由化法文書を共有して下さった。また、これらの文書へのアクセスを可能として下さった国家安全保障文書庫とブラック・ヴォールトに感謝する。

思慮深きウェブサイト Hidden Persuaders（http://bbk.ac.uk/hiddenpersuaders/）の運営者であるダニエル・ピックに。

フランク・オルソンに関する価値あるウェブサイト http://frankolsonproject.org の運営者であるエリック・オルソンは、ご親切にも父上の写真を提供して下さった。


寛大にも自らの考えを共有してくれた多くの同僚たち。以下の人々に感謝する——

妄想性障害について討論したウィル・カーペンターとラジヴ・タンドン。

教皇ピウス一二世の手になる文書を翻訳してくれたポール・クラインマン。

ソヴィエトについて討論したペイ＝イー・チュウとロバート・イーデルマン。

自殺幇助について討論したフエイ・ガーシュ。

「サンディエゴ・リーダー」の〈ヘヴンズゲイト〉関連記事を見つけてくれたジム・ホールマン。

ヘール＝ボップ彗星写真の著作権について手伝ってくれたポール・シャーマン。

アラン研究所に関する情報をくれたアーサーとヘレン・ドーソン。

トゥスコについて討論してくれたサンディエゴ動物園のランディ・リーチェズ。

精神薬理学について討論したスティーヴン・スタールとデイヴィッド・ブラフ。

ストックホルム症候群とFBIについて討論したグレゴリー・ヴェッキとフランク・オックバーグ。

〈ヘヴンズゲイト〉の検屍結果にアクセスさせてくれたサンディエゴ郡検死官スティーヴ・キャンプマン。

イーウェン・キャメロンについて討論したマギル大学のアンドリア・トーン。

異端審問についてコメントを下さったエリック・ヴァン・ヤングとアンドルー・デヴェルー。

中国史における洗脳について教えてくれたノートン・ホイーラー。

ソーシャル・メディアに関する見解をくれたジョナサン・ディムズディールとコリン・デップ。

いつも応援してくれた編集者ジャック・フィッシャー。

宗教について討論したスティーヴ・コックス。

思想改造について何十年も研究し、またハースト裁判に関するコメントをいただいたロバート・リフトン。

法について討論したマイケル・パリッシュとマーク・エヴァンズ。

ジョリー・ウェストについて討論したビル・ロヴァロ。

朝鮮戦争について教えてくれたカール・ガース。

ハロルド・ウォルフの思い出を共有したドン・オーケン。

精神医学と冷戦、それに精神身体医学について討論したトム・ワイズ。

〈ヘヴンズゲイト〉の知人に関する思い出を語ってくれたマフィ・ノックス。

CIAの一六〇〇〇枚以上のTIFF画像の操作を手伝ってくれたペリー・シップマン。

朝鮮戦争と行動規範について討論したロジャー・ディムズディール大佐（合衆国退役軍人）。

ラリー・ヒンクルの思い出を語ってくれたクリスティナ・オース＝ゴマー。

睡眠について討論したソニア・アンコリ＝イスラエル。

〈ヘヴンズゲイト〉の写真について協力してくれたビル・ゴア保安官。


著述家デイヴィッド・グランは『花殺し月の殺人』でこう述べている。「歴史は無慈悲な裁判官である。それはわれわれの悲劇的な過ち、愚かな過失を顕わにし、われわれの最も私的な秘密を曝け出し、最初から謎の結末を知っていた傲慢な探偵のような後智慧を揮う」。私の潜在的な過ちの一つは、感謝すべき方のお名前を書き落としてしまったかも知れないことだ。そうでなければよいが。本研究の中に何らかの過失があれば、それは親切にも助言をいただいた多くの方々の所為ではなく、当然私の過失である。

原註

序

1 J. Wolff, "San Diego Polo Club Site Developed by Heaven's Gate," *San Diego Reader*, July 16, 1998.
2 http://heavensgate.com/ (accessed September 19, 2017). を参照。
3 Dwight Reed, Brian Blackbourne, Yvonne Wiliams, John Rodrigues, and Calvin Vine, "Rancho Santa Fe Mass Suicide Discovered March 26, 1997," County of San Diego Medical Examiner's Office, 1997.
4 Reed et al., "Rancho Santa Fe Mass Suicide."
5 一七八四年のメスメリズムに関する王立委員会の査問の思慮深い再構築は、*Report of the Commissioners Charged by the King with the Examination of Animal Magnetism*, republished in *International Journal of Clinical and Experimental Hypnosis 50* (2002): 332-63. を参照。
6 J. Dimsdale, *Anatomy of Malice: The Enigma of the Nazi War Criminals* (New Haven: Yale University Press, 2016).

第1章

題　辞：Aesop, "The Wind and the Sun," in Fables; William Sargant, *Battle for the Mind: A Physiology of Conversion and Brainwashing* (1957; repr., Cambridge, MA: Malor Books, 1997).
1 George Ryley Scott, *The History of Torture throughout the Ages* (London: Kegan Paul, 2004), 172; Edward Peters, *Torture*, rev. ed. (Philadelphia: University of Pennsylvania Press, 1996), 170. 興味深いことに、アルゼンチンでは、それは「アジア式拷問」と呼ばれている。
2 Senator Lott, quoted in Deborah Solomon, "Questions for Trent Lott," *New York Times Magazine*, June 20, 2004, 15.
3 Ulpian, quoted in Alfred McCoy, *A Question of Torture: CIA Interrogation, from the Cold War to the War on Terror* (New York: Metropolitan Books, 2006).
4 Peters, *Torture*, 71.
5 McCoy, *A Question of Torture*, 204.
6 Peters, *Torture*, 129-30.
7 Peters, *Torture*, 124.
8 Peters, *Torture*, 71, 69.
9 R. L. Kagan and A. Dyer, *Inquisitorial Inquiries: Brief Lives of Secret Jews & Other Heretics*, 2nd ed. (Baltimore: Johns Hopkins University Press, 2011).
10 Henry Kamen, *Inquisition and Society in Spain in the Sixteenth and Seventeenth Centuries* (Bloomington: Indiana University Press, 1985).
11 Carlo Ginzburg, *The Cheese and the Worms: The Cosmos of a Sixteenth Century Miller*, trans. John Tedeschi and Anne Tedeschi (Baltimore: John Hopkins University Press, 1980), 5.
12 Ginzburg, *The Cheese and the Worms*, 87.
13 Ginzburg, *The Cheese and the Worms*, 70.
14 L. E. Hinkle and H. G. Wolff, "Communist Interrogation and

Indoctrination of 'Enemies of the State': Analysis of Methods Used by the Communist State Police (A Special Report)," *AMA Archives of Neurology & Psychiatry* 76 (August 1956): 115-71.

15 Sargant, *Battle for the Mind*.

16 Kagan and Dyer, *Inquisitorial Inquiries*.

17 David Hawk, "Tuol Sleng Extermination Centre," *Index on Censorship* 1 (1986): 27.

18 Susan Jacoby の名著 *Strange Gods: A Secular History of Conversion* (New York: Pantheon Books, 2016). を参照。

19 Duane Windemiller, "The Psychodynamics of Change in Religious Conversion and Communist Brainwashing: With Particular Reference to the 18th Century Evangelical Revival and the Chinese Thought Control Movement" (PhD diss., Boston University, 1960).

20 Windemiller, "The Psychodynamics of Change in Religious Conversion and Communist Brainwashing," 130.

21 Jonathan Edwards, quoted in Lurhmann Tanya, *When God Talks Back* (New York: Knopf, 2012), 103.

22 教会と信者の性質の変化に関する興味深い議論については、Stephen Cox, *American Christianity: The Continuing Revolution* (Austin: University of Texas Press, 2014). を参照。

23 Reverend George Salmon, quoted in Sargant, *Battle for the Mind*, 135.

24 Edwin Diller Starbuck, "A Study of Conversion," *American Journal of Psychology* 8, no. 2 (1897): 233.

25 Starbuck, "A Study of Conversion," 298.

26 Douglas Cowan, "Conversions to New Religious Movements," in *Oxford Handbook of Religious Conversion*, ed. L. H. Rambo and C. E. Farhadian (New York: Oxford University Press, 2014), 695.

27 James H. Leuba, "A Study in the Psychology of Religious Phenomena," *American Journal of Psychology* 7, no. 3 (1896): 322, 366.

28 J. T. Richardson and M. Stewart, "Conversion Process Models and the Jesus Movement," *American Behavioral Scientist* 20, no. 6 (1977): 819-38.

29 John Wesley journal, quoted in Windemiller, "The Psychodynamics of Change in Religious Conversion and Communist Brainwashing," 63.

30 ウェズリーの遥か後にも、日記や告白は人々を強圧して破壊的な行動を起させるために用いられた。日本の神風飛行士は精神修養に参加し、自己省察と天皇への献身に集中するために日記を付けることを命じられた。重要なことに、彼らはその日記を毎週隊長に見せることを義務づけられていた。とある訓練生は言う。「私の精神修養はまだまだ足りません。人は……体当たりという目標に向けて精神を涵養せねばならない」（戦闘機による敵艦への体当たりのこと）。日本の飛行士の告白の要件については、Samuel Yamashita の名著 *Daily Life in Wartime Japan*, 1940-1945 (Lawrence: University Press of Kansas, 2015), 140. を参照。

31 Windemiller, The Psychodynamics of Change in Religious Conversion and Communist Brainwashing," 71.

32 Hugh Freeman, "In Conversation with William Sargant," *Bulletin of the Royal College of Psychiatrists* 11 (September 1987): 290.

33 Malcolm Lader, quoted in F. R. Tallis, "A London Landmark:

The Workplace of Al-Qaeda's Favourite Psychiatrist," *Huffpost*, June 20, 2013.

34 Sargant, *Battle for the Mind*, xvii, 81.

35 William James, cited in Sargant, *Battle for the Mind*, 148; 傍点著者。

36 William James, *The Varieties of Religious Experience: A Study of Human Nature* (New York: Longmans, Green, 1920), "Lecture I: Religion and Neurology," 13.

37 Sargant, *Battle for the Mind*, 155.

38 Lurhmann, *When God Talks Back*, xxiv.

39 John G. Clark, "Cults," *Journal of the American Medical Association* 242, no. 3 (1979): 279-81.

第2章

題　辞：Central Intelligence Agency, *Communist Control Methods*, appendix 1: "The Use of Scientific Design and Guidance, Drugs and Hypnosis in Communist Interrogation and Indoctrination Procedures, Declassified from Secret and Released May 17, 2000" (CIA-RDP78-03362A000800170002-1).

1 Ivan Pavlov, *Conditioned Reflexes: An Investigation of the Physiological Activity of the Cerebral Cortex*, lecture 18, trans. G. V. Anrep (London: Oxford University Press, 1927), http://psychclassics.yorku.ca/Pavlov/lecture18.htm.

2 Daniel Todes の傑作評伝 *Ivan Pavlov* (New York: Oxford University Press, 2014), 372. を参照。

3 Todes, *Ivan Pavlov*, 481.

4 Boris Sokoloff, *The White Nights: Pages from a Russian Doctor's Notebook* (New York: Devin Adair, 1956), 67-68.

5 Sokoloff, *The White Nights*, 71.

6 Ivan Petrovitch Pavlov, *Lectures on Conditioned Reflexes*, vol. 2, *Conditioned Reflexes and Psychiatry*, trans. W. Horsley Gantt (New York: International, 1941), 144.

7 Ivan P. Pavlov, *Psychopathology and Psychiatry*, trans. D. Myshne and S. Belky (New Brunswick, NJ: Transaction, 1994), 225. Originally published in *Moscow* in 1961.

8 Pavlov, *Conditioned Reflexes*.

9 William Sargant, *Battle for the Mind: A Physiology of Conversion and Brain-washing* (1957; repr., Cambridge, MA: Malor Books, 1997), 17-18.

10 Todes, *Ivan Pavlov*, 572.

11 スターリンは遺伝に関するトロフィム・ルイセンコの考えを支持し、党の方針に従わないソヴィエトの遺伝学者を排除した。パヴロフはに影響を与えた彼の同僚の一人は、マウスの獲得反応は遺伝すると主張していた。あるマウスのコロニーは、一つのタスクを習得するのに二九八回のトレーニング・セッションを要した。その子孫は同じタスクを一一四回の反復で習得し、さらにその子孫は同じタスクを二九回の反復で習得した。これらの観察結果は、獲得形質の遺伝を例証しているとパヴロフは確信したが、同僚の一人は、それはマウスの習得速度が上がっているのではなく、研究スタッフが動物の訓練に慣れてきたのだと指摘した。（Todos, *Ivan Pavlov*, 451. を参照）

12 Robert Conquest, *The Great Terror: Stalin's Purge of the Thirties* (London: Macmillan, 1968), 77.

13 W. Horsley Gantt, introduction to Pavlov, *Lectures on*

Conditioned Reflexes, vol. 2, Conditioned Reflexes and Psychiatry, 31.

14 Pavlov, *Lectures on Conditioned Reflexes*, vol. 2, *Conditioned Reflexes and Psychiatry*, 191.

15 *Pravda*, September 27, 1949, quoted in R. C. Tucker, "Stalin and the Uses of Psychology," U.S. Air Force Project RAND Research Memorandum, March 10, 1955, 29.

16 Conquest, *The Great Terror*, 538-39.

17 N. Khrushchev, quoted in Joel Carmichael, *Stalin's Masterpiece: The Show Trials and Purges of the Thirties? The Consolidation of the Bolshevik Dictation* (London: Weidenfeld and Nicolson, 1976), 71.

18 V. Rogovin, *Political Genocide in the USSR: Stalin's Terror of 1937-1938*. trans. F. S. Choate (Oak Park, MI, Mehring Books, 2009), 199.

19 J. Stalin, quoted in Hiroaki Kuromiya, *Stalin's Great Terror and Espionage*, National Council for Eurasian and East European Research, contract 824-0 (Seattle: University of Washington, 2009).

20 Arch Getty and Oleg V. Naumov, *The Road to Terror: Stalin and the Self-Destruction of the Bolsheviks, 1932-193* (New Haven: Yale University Press, 1999), 527.

21 Arkady Vaksberg, *Prosecutor and the Prey: Vyshinsky and the 1930 Moscow Show Trials*, trans. Jan Butler (London: Weidenfeld and Nicolson, 1990), 81.

22 Marc Jansen and Nikita Petrov, *Stalin's Loyal Executioner: People's Commissar Nikolai Ezhov* (Stanford, CA: Hoover Institution Press, 2002), ix.

23 この引用は Getty and Naumov, *The Road to Terror*. に綿密に記録されている。

24 Karl Schlogel, *Moscow 1937*, trans. Rodney Livingstone (Cambridge: Polity, 2012), 162.

25 Robert Gellately, *Lenin, Stalin, and Hitler: The Age of Social Catastrophe* (New York: Knopf, 2007), 269.

26 Carmichael, *Stalin's Masterpiece*, 118. 皮肉にも、ヴィシンスキーは駐国連ソヴィエト大使としてそのキャリアを終えたが、そこでは余り罵倒を求められることはなかった。

27 Vaksberg, *Prosecutor and the Prey*, 82.

28 囚人にどのくらいの不自然な自供をさせるかについて、舞台裏の競争が存在した。

29 Gellately, *Lenin, Stalin, and Hitler*, 272.

30 Schlogel, *Moscow 1937* 79.

31 Conquest, *The Great Terror*, 381-82.

32 George Orwell, review of "Assignment in Utopia," in *The Oxford Book of Parodies*, ed. John Gross (Oxford: Oxford University Press, 2010), 301-2.

33 Alexis Tolstoy, quoted in Carmichael, *Stalin's Masterpiece*, 14.

34 Trotsky, quoted in Rogovin, *Political Genocide in the USSR*, 344.

35 Gorky, quoted in Gellately, *Lenin, Stalin, and Hitler*, 259.

36 マキャヴェッリは数世紀前からこれを予想していた。「時に言葉は真実を覆い隠すために用いられねばならない。だがこれは、誰にも気づかれることのないように、あるいは、もし気づかれればそのための弁明を直ちに出せるよう予め用意しておく形で行なわねばならない」。Niccolo Machiavelli, "Confidential Instructions to Diplomat Raffaello Girolami, Ambassador to the

Emperor," cited in Arthur Koestler, *Darkness at Noon*, trans. Daphne Hardy (1941; repr., New York: New American Library, 1961), 143.

37 Koestler, *Darkness at Noon*, 137.

38 Walter Duranty, "Sensation Is Seen in Trial of Radek," *New York Times*, January 21, 1937.

39 David C. Large, *Between Two Fires: Europe's Path in the 1930s* (New York: Norton, 1990), 285.

40 Karl E. Meyer, "The Editorial Notebook: Trench Coats, Then and Now," *New York Times*, June 24, 1990.

41 Harold Denny, "Trotsky Is Called Real Conspirator in Anti-Soviet Plot," *New York Times*, August 21, 1936.

42 J. Davies, quoted in Conquest, *The Great Terror*, 505.

43 J. Davies, quoted in Large, *Between Two Fires*, 314.

44 Charles E. Bohlen, *Witness to History* (New York: Norton, 1973), 51. 他の者はこれほど外交的ではなかった。「ディヴィーズは尊大で、思い上がった傲慢な男で、自分の能力以上の政治的野心の持ち主であった。……スターリンは彼を完全に洗脳した」とR. Bucknerは言う。Stephen Cox, "The Farthest Shores of Propaganda," *Liberty*, July 2010, 26.。

45 Record Group 238, P20, container 9, National Archives, College Park, MD.

46 Schlogel, *Moscow* 1937, 522.

47 Schlogel, *Moscow* 1937, 529-30.

48 Peter Viereck, foreword to Koestler, *Darkness at Noon*, x.

49 元々の裁判記録は書き換えられたが、Stephen Cohenの一九七三年の評伝 *Bukharin and the Bolshevik Revolution: A Political Biography* (New York: Knopf, 1973). に於いて復元された。

50 Koestler, *Darkness at Noon*, 38, 71.

51 N. Bukharin quoted in Conquest, *The Great Terror*, 126.

52 Getty and Naumov, *The Road to Terror*, 447.

53 生存者の一人の記すところによれば、数世紀前の恐怖の時代、ミケランジェロは睡眠の祝福を誉め称えて曰く、「眠りは善し、死はなお善し。この恐怖と恥辱の恐ろしき時代、三倍の祝福は何も見ず、何も感じぬ者。ならば我をそこに止め、安らぎを乱すべからず」Eugenia S. Ginzburg, *Journey into the Whirlwind*, trans. Paul Stevenson and Max Hayward (New York: Harcourt, Brace and World, 1967), 162.

54 Conquest, *The Great Terror*, 141.

55 Sargant, Battle for the Mind, 162-63.

56 Schlogel, *Moscow* 1937, 183.

57 Vaksberg, *Prosecutor and the Prey*, 118.

58 Sargant, *Battle for the Mind*, 208-9.

59 Jansen and Petrov, *Stalin's Loyal Executioner*, 111.

60 Vaksberg, *Prosecutor and the Prey*, 74.

61 J. Stalin, quoted in Bohlen, *Witness to History*, 400.

62 George Hodos, *Show Trials: Stalinist Purges in Eastern Europe, 1948-1954* (New York: Praeger, 1987), 67.

63 Hodos, *Show Trials*, 70.

64 Vaksberg, *Prosecutor and the Prey*, 117.

65 Carmichael, *Stalin's Masterpiece*, 97.

66 Carmichael, *Stalin's Masterpiece*, 87; Conquest, *The Great Terror*, 112-13.

67 Vaksberg, *Prosecutor and the Prey*, 111. 被告人はNikolay

Krestinsky。何度も中央委員会と政治局の委員となり、ドイツ大使にもなったオールド・ボルシェヴィキである。

68 Carmichael, *Stalin's Masterpiece*, 64.

69 Schlogel, *Moscow* 1937, 463.

70 Vaksberg, *Prosecutor and the Prey*, 95.

71 Yuri Slezkine, *The House of Government: A Saga of the Russian Revolution* (Princeton: Princeton University Press, 2017), 78.

第3章

題辞：George Bimmerle, "'Truth' Drugs in Interrogation," Center for the Study of Intelligence, vol. 5, no. 2, approved for release by the CIA Historical Review Program, September 22, 1993, https://www.cia.gov/library/center-for-the-study-of-intelligence/kent-csi/vol5no2/html/v05i2a09p_0001.htm.

1 *Lancet*, May 14, 1853, 453.

2 F. W. N. Haultain and B. H. Swift, "The Morphine-Hyoscine Method of Painless Childbirth, or So-Called 'Twilight Sleep,'" *British Medical Journal*, October 14, 1916, 513.

3 "Twilight Sleep: The Dammerschlaf of the Germans," Canadian Medical A. ociation 5 (1915): 805-8.

4 「お前のはらみの苦しみを大きなものにする。お前は、苦しんで子を産む」。『創世記』三：一六。"'Twilight Sleep' Has Come to Stay," *New York Times*, October 19, 1914.

5 Robert E. House, "The Use of Scopolamine in Criminology" (paper presented at the Section on State Medicine and Public Hygiene of the State Medical Association of Texas, El Paso, May 11, 1922).

6 House, "The Use of Scopolamine in Criminology."

7 この場面は世界的な注目を集め、遠くスペインやラテン・アメリカに於いても、法廷精神医学のテキストに何度も登場している。学者 Alison Winter は、その最初期の事例を一九三二年にまで遡っている。Alison Winter, Memory: *Fragments of a Modern History* (Chicago: University of Chicago Press, 2012). を参照。

8 House, "The Use of Scopolamine in Criminology."

9 "'Truth Serum' Involves Five in Axe Murders, Clearing Up 44 Crimes in Birmingham, Ala.," *New York Times*, January 8, 1924.

10 "Cleared by Truth Serum: Suspects in Oklahoma Slaying Freed by 'Spite' Admission," *New York Times*, November 29, 1935.

11 自白剤に関するわれわれの理解に貢献してくれた故 Alison Winter に感謝する。"The Making of 'Truth Serum,'" *Bulletin of the History of Medicine* 79 (2005): 500-533. 等を参照。

12 Max Fink, "Rediscovering Catatonia: The Biography of a Treatable Syndrome," *Acta Psychiatrica Scandinavica* 127 (2013): 1-47.

13 緊張性昏迷はかつて統合失調症の指標とされていたが、今日ではこの症候群はさまざまな精神障害に於いて確認されている。

14 Elijah Adams, "Barbiturates," *Scientific American* 198 (1958): 60-67. 最初のバルビツール剤であるバルビタールは、商品名ヴェロナール。発見者である化学者が、ヴェローナこそ地上で最も平和な都市と考えてそう命名した。

15 W. J. Bleckwenn, "Production of Sleep and Rest in Psychotic Cases: A Preliminary Report," *Archives of Neurology and Psychiatry* 24 (1930): 365-72.

16 今日では、緊張性昏迷には一般にベンゾジアゼピンが処方される。

17 L. A. Kirshner, "Dissociative Reactions: An Historical Review and Clinical Study," *Acta Psychiatrica Scandinavica* 49 (1973): 698-711.

18 M. Kanzer, "Amnesia: A Statistical Study," *American Journal of Psychiatry* 96 (1939): 711-16.

19 薬物や頭部損傷は健忘を引き起こしうるが、解離性健忘の診断は頭部損傷、発作性疾患、薬物摂取のない患者のみに適用される。

20 *New York Times*, June 2, 1947; October 24, 2006; September 29, 2017.

21 Jonathan Shay, *Achilles in Vietnam: Combat Trauma and the Undoing of Character* (New York: Scribner, 1994).

22 E. Jones and S. Wessely, "Psychiatric Battle Casualties: An Intra- and Interwar Comparison," *British Journal of Psychiatry* 178 (2001): 242-47.

23 A. Kardner, with the collaboration of H. Spiegel, *War Stress and Neurotic Illness* (New York: Paul Hoeber Books, 1947), 35.

24 E. Jones and S. Wessely, "Battle for the Mind: World War 1 and the Birth of Military Psychiatry," *Lancet* 384 (2014): 1708-14.

25 Erich Lindemann, "Psychological Changes in Normal and Abnormal In. viduals under the Influence of Sodium Amytal," *American Journal of Psychiatry* 88 (1932): 1083-91.

26 J. S. Horsley, "Narco-Analysis," *British Journal of Psychiatry* 82 (1. 6): 416-22.

27 J. S. Horsley, "Narco-Analysis," *Lancet*, January 4, 1936, 55-56.

28 William Sargant, *Battle for the Mind: A Physiology of Conversion and Brain-washing* (1957; repr., Cambridge, MA: Malor Books, 1997).

29 R. R. Grinker and J. P. Spiegel, *War Neuroses in North Africa: The Tunisian Campaign (January—May 1943)* (New York: Josiah Macy Jr. Foundation, 1943).

30 軍はこの論文の配布を緊急と判断したため、テキストの訂正すらしなかった。慌てて印刷されたため、印刷ミスも満載で、どんな本にもある典型的なものだけでなく、文字通りテキスト上の取り消し線もある。戦時出版のため、紙質は古い新聞紙のようで、表紙は擦切れた薄いボール紙であった。

31 Grinker and Spiegel, *War Neuroses in North Africa*, 199-204.

32 ナチスは、当人が意図的に死のうとしている場合以外、偶然に作動しないような、確実な自殺薬を定式化しようとしていた。選ばれた兵士にシアン化物の自殺薬を持たせるという問題は、一九五七年に再浮上する。とあるアメリカ人科学者は言う、「暗号解読器が鹵獲された場合に備えて自爆装置を備えるように、……情報を持つ人間にも、自決の手段が与えられるだろう。可能性の一つは、生命ではなく記憶を消去する薬物である。もしそうした化合物が発見されれば、であるが」。James G. Miller, "Brainwashing: Present and Future," *Journal of Social Issues*, no. 3 (1957): 54.

33 U.S. Naval Technical Mission in Europe, technical report no. 331-45, "German Aviation Medical Research at the Dachau Concentration Camp," October 1945, Henry Beecher Papers, box 11, Countway Center for History of Medicine, Harvard Medical School, Cambridge, MA. 戦後、プレトナーは合衆国に連行され、戦争犯罪で裁かれないことを条件に、極秘の医療研究に従事させられた。彼は〈オペレーション・ペーパークリップ〉の一員であった。これはナチスの科学者を合衆国に連行して軍事研究を強化する冷戦時の対共産主義プログラムである。

34 J. H. Anslinger, "Marihuana—Assassin of Youth," *American Magazine*, July 1937, 18-19, 150-52.

35 Interoffice memo, June 21, 1943, Record Group 226, box 346, National Archives, College Park, MD.

36 Memorandum on T.D., June 21, 1943, Record Group 226, box 346, National Archives.

37 Memorandum on T.D., June 2, 1943, Record Group 226, box 346, National Archives.

38 Interoffice memo, June 4, 1943 Record Group 226, box 346, National Archives.

39 Bimmerle, " 'Truth' Drugs in Interrogation."

40 J. A. Brussel, D. C. Wilson, and L. W. Shankel, "The Use of Methedrine in Psychiatric Practice," *Psychiatric Quarterly* 28 (1954): 381-94.

41 J. Dimsdale, *Anatomy of Malice: The Enigma of the Nazi War Criminals* (New Haven: Yale University Press, 2016).

42 J. R. Rees, ed., *The Case of Rudolf Hess: A Problem in Diagnosis and Forensic Psychiatry* (New York: Norton, 1948), 88.

43 それから七〇年を経ても、その効果や合法性を問わず、法廷で用いる自白剤への要求は続いている。例えば二〇一三年、コロラド州の裁判官は起訴された大量殺人鬼ジェイムズ・ホームズに対し、映画館オーロラでの大量殺人について精神異常抗弁を訴えるなら、自白剤を用いると警告した。"Colorado: Massacre Suspect Could Get 'Truth Serum,'" Associated Press, March 11, 2013. ホームズの弁護人は当初、有罪を認める代わりに終身刑を提示していた。その後の交渉において、裁判官はアミタール処方を命じなかった。

44 フランク・セインはクック郡の保安官。

45 Oyez, https://www.oyez.org/cases/1962/8 (accessed January 7, 2018); Cornell Law School, Legal Information Institute, https://www.law.cornell.edu/supremecourt/text/372/293 (accessed January 7, 2018).

46 本件はイリノイ州に差し戻されたが、何度も上訴されて泥沼化する。第七巡回区控訴裁判所はこれを「ジャーンディス的」と評した。これはチャールズ・ディケンズの小説『荒涼館』に因むもので、そこではジャーンディス対ジャーンディスの果てしない裁判が繰り広げられる。https://law.justia.com/cases/federal/appellate-courts/F2/452/350/174800/ (accessed January 7, 2018). を参照。

47 *Acta Apostolicae Sedis*, November 30, 1953, 735-36, trans. Paul Kleinman.

48 " 'Truth Serum' Ban Is Dropped in U.N.," *New York Times*, April 1, 1950.

49 " 'Truth Serum' Test Proves Its Power," *New York Times*, October 22, 1924.

50 ラテン語の *In vino veritas* とは、「酒の中に真実あり」の意味。数多くの古典で言及されている。タキトゥス『ゲルマニア』第二二章によれば、ゲルマン部族は人は酔うと嘘をつく力が弱って正直になると信じていた。「彼らは祝祭の自由の中では、隠していた考えを明らかにする」。

51 F. Redlich, L. Ravitz, and G. Dession, "Narcoanalysis and Truth," *American Journal of Psychiatry* 107 (1951): 586-93.

52 L. D. Clark and H. K. Beecher, "Psychopharmacological Studies on Suppression," *Journal of Nervous and Mental Disease* 125 (1957): 316-21.

53 M. J. Gerson and V. M. Victoroff, "Experimental Investigation into the Validity of Confessions Obtained under Sodium Amytal Narcosis," *Clinical Psychopathology* 9 (1948): 359-75.

54 Louis Gottschalk, "The Use of Drugs in Interrogation," in *The Manipulation of Human Behavior*, ed. A. D. Biderman and H. Zimmer (New York: Wiley, 1961), 96-141.

55 Louis Gottschalk, "The Use of Drugs in Information-Seeking Interviews," in *Drugs and Behavior*, ed. L. M. Uhr and J. G. Miller (New York: Wiley, 1960).

第４章

題　辞：Joseph Stalin, "Inevitability of Wars between Capitalism Countries, in *Economic Problems of the USSR* (Moscow: Foreign Languages Publishing House, 1951), Marxists Internet Archive, https://www.marxists.org/reference/archive/stalin/works/1951/economic-problems/index.htm.

1 Winston Churchill, address at Westminster College, Fulton, MO, March 5, 1946.

2 Joseph Stalin, "Concerning the International Situation," in *Works*, January-February 1924 (Moscow: Foreign Language Publishing House, 1953), 6:293-314.

3 John Ranelagh, *The Agency: The Rise and Decline of the CIA* (London: Weidenfeld and Nicolson, 1986), 129.

4 John Dower, *Embracing Defeat: Japan in the Wake of World War II* (New York: Norton, 1999), 526.

5 "Aid Group for Hostages' Families Seeks to Help through 'Lonely Experience,'" NPR, November 23, 2018, https://www.npr.org/2018/11/23/670010389/aid-group-for-hostages-families-seeks-to-help-through-lonely-experience.

6 これらの冷戦時の誘拐については、Susan Carruthers, *Cold War Captives: Imprisonment, Escape and Brainwashing* (Berkeley: University of California Press, 2009). を参照。北朝鮮は停戦後にも、何千人もの韓国人と日本人を拉致した。拉致は北朝鮮にとって、注目を集めるための最も強力な手段であった。一九五〇年代にそのことを学んだ北朝鮮は、現在もなおそれを行なっている。

7 この庇護中に彼は何度も共産主義を糾弾し、ロシアとの和睦を図ろうとしていた合衆国を苛立たせた。ある意味、彼はエクアドル大使館を苛立たせた、ウィキリークスで有名なジュリアン・アサンジと同じであった。

8 Jozsef Cardinal Mindszenty, *Memoirs* (New York: Macmillan, 1974), 94.

9 Mindszenty, *Memoirs*, 152, 154.

10 "The Mindszenty Story," *Time*, December 17, 1956, 47.

11 Albert Hauck, ed., *The New Schaff-Herzog Encyclopedia of Religious Knowledge* (New York: Funk and Wagnalls, 1910), 6:148. 時折、Occasionally, *coactus feci* は法廷に登場する。例えば *State v.* Burke in Missouri, nos. 18181, 18947. John Burke は一九九〇年にスピード違反で捕まった。州警察の警官は彼に、車内を調べる同意書に署名を求めた。Burke は"John Burke C.F."と署名した。マリファナが発見された。Burke は、署名の後に付け足した略語の効力でこの捜索は強制であり向こうであると申立てた。彼は敗訴した。検察は、Burke が曖昧な中世の略語によって同意を拒絶していることなど、警官が理解できたはずはないと論じた。 https://www.leagle.com/decision/1994929896sw2d331927 (accessed November 26, 2018). を参照。

12 UK Parliament (Hansard), House of Commons sitting February 14, 1949, vol. 461, cc753.

13 "Mind-Control Studies Had Origins in Trial of Mindszenty," *New York Times*, August 2, 1977.

14 L. E. Hinkle and H. G. Wolff, 'Communist Interrogation and Indoctrination of 'Enemies of the State': Analysis of Methods Used by the Communist State Police (A Special Report)," *AMA Archives of Neurology & Psychiatry* 76 (August 1956): 147; Stephen Swift, "How They Broke Cardinal Mindszenty," Readers Digest, November 1949, 1-10. われわれのほとんどは、長い国際線の飛行の後に半分ゾンビ化する。鮨詰めの席、運動制限、不味い食事、多数の時間帯を飛び越えることによる時差ぼけがわれわれを消耗させる。何ヶ月にも及ぶ拷問と飢餓により、生命を失った自動人形のようにならないと信ずるのが何故難しいのか？

15 William Shakespeare, *Cymbeline*, act 5, scene 4.

16 Allyn Rickett and Adele Rickett, *Prisoners of Liberation* (1957; repr., San Francisco: China Books, 1981), 126.

17 Rickett and Rickett, *Prisoners of Liberation*, 131, 140.

18 Rickett and Rickett, *Prisoners of Liberation*, 307.

19 Robert Lifton, *Thought Reform and the Psychology of Totalism* (New York: Norton, 1961), 17, 397.

20 Robert Lifton, "Thought Reform of Chinese Intellectuals: A Psychiatric Examination," *Journal of Social Issues*, no. 3 (1957): 9.

21 Lifton, "Thought Reform of Chinese Intellectuals," 14.

22 この近さは、世界のもう一つのホットスポットであるエルサレムとアンマンとほぼ同じ。

23 南側に対する国連の支援に対してロシアが拒否権を行使しなかったのは、台湾を正式な中国とする件を巡って国連をボイコットしていたからである。

24 Congressional Research Service. American War and Military Operations Casualties: Lists and Statistics, updated September 24, 2019, https://crs reports.congress.gov <http://reports.congress.gov>, RL32492. 北は二五〇万人ほどを失った（六〇〇、〇〇〇の民間人が死亡または行方不明、四〇〇、〇〇〇の軍人が死亡またはは行方不明、一五〇万の軍人が負傷）。南は一六〇万人を失った（、〇〇万の民間人が死亡または行方不明、およそ二一〇、〇〇〇の軍人が死亡または行方不明、四三〇、〇〇〇ほどの軍人が負傷）。国連軍兵士、特にトルコ人兵士に多くの犠牲者が出た。アメリカ人死者の他、負傷者はおよそ一〇〇、〇〇〇に上った。

第5章

題　辞：Edward Hunter, *Brainwashing from Pavlov to Powers* (New York: Farrar Straus and Cudahy, 1956), 203.

1　Ludwig Wittgenstein, *Culture and Value*, trans. Peter Winch (Chicago: University of Chicago Press, 1984), 2.

2　Edward Hunter, *Brainwashing in Red China* (New York: Vanguard, 1951).

3　Edward Hunter, quoted in Lorraine Boissoneault, "The True Story of Brainwashing and How It Shaped America," Smithsonian.com, May 22, 2017.

4　洗脳という語のルーツは古く、二〇世紀初頭に社会改革を論じた中国人知識人にまで遡り、「脳を新しくする」「脳から過去の汚れを洗い流す」といった意味であった。この元来の意味では、偏見と不合理を克服するための合理的思考を表していたのである。これがハンターの手に掛かると、その意味はひっくり返され、個人はもはや独立した合理的思考を持てなくなり、事実上、他者にコントロールされてしまうことになる。Ryan Mitchell, "China and the Political Myth of 'Brainwashing,'" *Made in China Journal*, October 8, 2019, https://madeinchinajournal.com/2019/10/08/china-and-the-political-myth-of-brainwashing/. を参照。

5　Edward Hunter, *Brainwashing: The Story of Men Who Defied It* (New York: Farrar Straus and Cudahy, 1956), 257, 259, 22.

6　Hunter, *Brainwashing from Pavlov to Powers*.

7　Communist psychological warfare (brainwashing)—consultation with Edward Hunter, author and foreign correspondent, Committee on Un-American Activities, House of Representatives, 85th Congress, 2nd sess. (March 13, 1958).

8　Joost Meerloo, *The Rape of the Mind: The Psychology of Thought Control, Menticide, and Brainwashing* (Cleveland: World Publishing, 1956).

9　George Goodman Jr., "Dr. Joost Meerloo Is Dead at 73; Was Authority on Brainwashing," *New York Times*, November 26, 1976.

10　Meerloo, *The Rape of the Mind*, chapter 2.

11　David Halberstam, The *Coldest Winter: America and the Korean War* (New York: Hyperion, 2007), 138.

12　John W. Powell, "A Hidden Chapter in History," *Bulletin of the Atomic Scientist 37*, no. 8 (October 1981): 44-52.

13　S. Harris, *Factories of Death: Japanese Biological Warfare, 1932-45, and the American Coverup* (London: Routledge, 1994), 68-69.

14　John Dower, *Embracing Defeat: Japan in the Wake of World War II* (New York: Norton, 1999), 103.

15　Stephen Endicott and Edward Hagerman, *The United States and Biological Warfare: Secrets from the Early Cold War and Korea* (Bloomington: Indiana University Press, 1998).

16　Endicott and Hagerman, *The United States and Biological Warfare*, 163, 155.

17　Endicott and Hagerman, *The United States and Biological Warfare*, 155.

18　Endicott and Hagerman, *The United States and Biological Warfare*, 155.

19　Louis Jolyon West Papers, box 152, folder 10, UCLA Special Collections, Los Angeles.

20 Endicott and Hagerman, *The United States and Biological Warfare*, 157-59.

21 LaRance Sullivan, quoted in Virginia Pasley, *21 Stayed: The Story of the American GI's Who Chose Communist China—Who They Were and Why They Stayed* (New York: Farrar, Straus and Cudahy, 1955), 66.

22 Pasley, *21 Stayed*, 54, 119, 146.

23 Pasley, *21 Stayed*, 106, 100.

24 Pasley, *21 Stayed*, 182.

25 Pasley, *21 Stayed*, 58.

26 Peter Lowe, *The Korean War* (London: Macmillan, 2000).

27 捕虜の申立てを巡る対立する力を扱った David Cheng Chang の名著 *The Hijacked War: The Story of Chinese POWS in the Korean War* (Stanford: Stanford University Press, 2020). を参照。

28 当初帰国を望まなかった二人が帰還した時、いずれにせよ彼らは軍法会議に掛けられた。三人のベルギー兵と一人の英国兵もまた中国に留まることを選んだ。(Dominic Streatfeild, *Brainwash: The Secret History of Mind Control* [London: Hodder and Stoughton, 2006]).

29 Pasley, *21 Stayed*, 206, 204.

30 Pasley, *21 Stayed*, 206.

31 Pasley, *21 Stayed*, 37.

32 Pasley, *21 Stayed*, 43, 44, 50.

33 Pasley, *21 Stayed*, 54, 86.

34 Pasley, *21 Stayed*, 114.

35 Brandan McNally, "The Korean War Prisoner Who Never Came Home," *New Yorker*, December 9, 2013; H. G. Wolff, *Commitment and Resistance*, Special Report #3, ARDC Study SR 177-D, Contract AF 18(600)1797 (Washington, DC: Bureau of Social Science Research, 1959), 18.

36 Wolff, *Commitment and Resistance*, 13.

37 Interview with Major William E. Mayer, U.S. Army, "Why Did Many GI Captives Cave In?" U.S. *News and World Report*, February 24, 1956.

38 Major William E. Mayer, "Brainwashing: The Ultimate Weapon" (transcription of address given at the San Francisco Naval Shipyard in the Naval Radiological Defense Laboratory, October 4, 1956), 11.

39 Mayer, "Brainwashing," 9. メイヤーは中国の技術に関する優れた、理解力のある説明を提供しているが、私に言わせれば彼は寧ろ、貴重な体液を懸念する『博士の異常な愛情』の米空軍准将ジャック・D・リッパーを彷彿とさせる。メイヤーは軍で出世し、最終的には一九八三年に健康問題に関する国防次官補となった。

40 L. J. West, "Psychiatric Aspects of Training for Honorable Survival as a Prisoner of War," *American Journal of Psychiatry* 115 (1958): 335.

41 Eugene Kinkead, "The Study of Something New in History," *New Yorker*, October 26, 1957.

42 キンケイドは死因のほとんどが栄養失調、疾病、寒さ、負傷の放置であったことは考慮していないらしい。Edgar Schein's discussion "Epilogue: Something New in History?" *Journal of Social Issues*, no. 3 (1957). を参照。

43 Kinkead, "The Study of Something New in History," 129. お

そらく批判と報告に関する中国人の教えを兵士たちはよく理解していたいた。

44 Central Intelligence Agency, "CIA Interrogation Experts Wanted to Use Truth Drugs on American Prisoners of War Returning from the Korean Conflict," https://www.cia.gov/library/readingroom/document/cia-rdp88-01314r000100060010-8 (accessed February 21, 2019).

45 Eugene Kinkead, "Have We Let Our Sons Down?" *McCall's*, January 1959, 77.

46 Kinkead, "The Study of Something New in History," 160.

47 Kinkead, "The Study of Something New in History," 130, 133.

48 Kinkead, "The Study of Something New in History," 144.

49 George Winokur, "The Germ Warfare Statements: A Synthesis of a Method for the Extortion of False Confessions," *Journal of Nervous and Mental Disease* 122, no. 1 (July 1955): 65-72.

50 Kinkead, "The Study of Something New in History," 158, 169.

51 Dr. Charles W. Mayo, "Destroying American Minds—Russians Made It a Science—World Gets Horrible Truth on Germ-War 'Confessions,'" *U.S. News and World Report*, November 6, 1953, 99.

52 Mayo, "Destroying American Minds," 100.

53 Raymond Bauer, "Brainwashing: Psychology or Demonology?" *Journal of Social Issues*, no. 3 (1957): 47.

54 Julius Segal, "Correlates of Collaboration and Resistance Behavior among U.S. Army POWs in Korea," *Journal of Social Issues*, no. 3 (1957): 37, 36.

55 Edgar H. Schein, "Reaction Patterns to Severe, Chronic Stress in American Army Prisoners of War of the Chinese," *Journal of Social Issues*, no. 3 (1957): 26.

56 I. E. Farber, H. F. Harlow, and L. J. West, "Brainwashing and Conditioning, and DDD (Debility, Dependency, and Dread)," *Sociometry* 20 (1957): 271-85.

57 Albert Biderman, "Communist Attempts to Elicit False Confessions from Air Force Prisoners of War," *Bulletin of New York Academy of Medicine* 33 (1957): 619.

58 Edgar Schein provides an excellent overview of the influence of the social structure on POW behavior. See "Reaction Patterns to Severe, Chronic Stress," 21-30.

59 Segal, "Correlates of Collaboration and Resistance Behavior," 40.

60 Julius Segal は、捕虜の行動に関する軍の調査の記述の１つを提供している。"Correlates of Collaboration and Resistance Behavior," 31-40. を参照。

61 これらの矛盾する観察に関する短い議論については、Schein, "Epilogue," 51-60. を参照。

62 R. West, *The Meaning of Treason* (New York: Viking, 1945), 245.

63 L. E. Hinkle and H. G. Wolff, "Communist Interrogation and Indoctrination of 'Enemies of the State': Analysis of Methods Used by the Communist State Police (A Special Report)," *AMA Archives of Neurology & Psychiatry* 76 (August 1956): 166.

64 Albert D. Biderman, *March to Calumny: The Story of American POWs in the Korean War* (New York: Macmillan, 1963), 24.

65 Wolff, *Commitment and Resistance*, 11.

66 Lewis H. Carlson, *Remembered Prisoners of a Forgotten War: An Oral History of Korean War POWs* (New York: St. Martin's, 2002), 5.

67 Biderman, "Communist Attempts to Elicit False Confessions," 624.

68 Biderman, *March to Calumny*, 58.

69 Kinkead, "The Study of Something New in History," 102.

70 Biderman, *March to Calumny*.

71 Kinkead, "The Study of Something New in History," 154.

72 Carlson, *Remembered Prisoners of a Forgotten War*, 8; Wolff, *Commitment and Resistance*, 8.

73 Chang, *The Hijacked War*, 130.

74 Biderman, *March to Calumny*, 160.

75 Carlson, *Remembered Prisoners of a Forgotten War*, 13.

76 Wolff, *Commitment and Resistance*, 25.

77 West, "Psychiatric Aspects of Training for Honorable Survival," 329-36.

78 Wolff, *Commitment and Resistance*, 41.

79 Institute for Social Ecology の名称は長年の間に少し変った。

80 Hinkle and Wolff, "Communist Interrogation and Indoctrination of 'Enemies of the State,'" 169-70.

第6章

題辞：J. Doolittle, W. Franke, M. Hadley, and W. Pawley, report of the second Hoover Commission on Organization of the Executive Branch of Government, *Report on the Covert Activities of the Central Intelligence Agency*, submitted to President Eisenhower on September 30, 1954, page 3, https://www.cia.gov > library > readingroom > docs.

1 Allen Dulles, 1953, John Marks Papers, Central Intelligence Agency, MORI #146077, National Security Archives, Washington, DC, The Black Vault, https://www.theblackvault.com/.

2 Doolittle et al., *Report on the Covert Activities of the Central Intelligence Agency*.

3 Anonymous, quoted in John Ranelagh, *The Agency: The Rise and Decline of the CIA* (London: Weidenfeld and Nicolson, 1986), 203.

4 他にもQKHilltopやMKNaomiなど、無数のプログラムがあったが、これらのプログラムの名称は七〇年を経た現在、大して重要ではない。

5 John Marks Papers, Central Intelligence Agency, MORI #144829.

6 Christopher Simpson, *Science of Coercion: Communication Research and Psychological Warfare*, 1945-1960 (New York: Oxford University Press, 1994), 9. また、Alfred McCoy, *A Question of Torture: CIA Interrogation from the Cold War to the War on Terror* (New York: Metropolitan Books, 2006). も参照。

7 John Marks Papers, Central Intelligence Agency, MORI #144686.

8 Harold Wolff, proposal for collaboration between Human Ecology and CIA, Cornell Committee to Investigate CIA Activities, box 1, folder 2, Medical Center Archives of New York-Presbyterian/Weill Cornell, New York.

9 Carl Rogers, quoted in S. P. Demanchick and H.

Kirschenbaum, "Carl Rogers and the CA," *Journal of Humanistic Psychology* 48 (2008): 6-31.

10 John Marks, *The Search for the "Manchurian Candidate": The CIA and Mind Control* (New York: Times Books, 1979), 159.

11 Jo Thomas, "Extent of University Work for C.I.A. Is Hard to Pin Down," *New York Times*, October 9, 1977.

12 Marks, *The Search for the "Manchurian Candidate*," 160.

13 Helen Goodell, Cornell Committee to Investigate CIA Activities, box 2, Medical Center Archives of New York-Presbyterian/Weill Cornell.

14 Lawrence Hinkle, Cornell Committee to Investigate CIA Activities, box 1, folder 1, Medical Center Archives of New York-Presbyterian/Weill Cornell.

15 J. N. Blau, "Harold G Wolff: The Man and His Migraine," *Cephalalgia* 24 (2004): 215-22.

16 Rebecca Akkermans, "Harold G. Wolff," *Lancet Neurology* 14 (2015): 982-83.

17 Lawrence Hinkle, quoted in Marks, *The Search for the "Manchurian Candidate*," 131.

18 Harold Wolff, MD, Papers, 2008, Medical Center Archives of New York-Presbyterian/Weill Cornell.

19 L. E. Hinkle and H. G. Wolff, "Communist Interrogation and Indoctrination of 'Enemies of the State': Analysis of Methods Used by the Communist State Police (A Special Report)," *AMA Archives of Neurology & Psychiatry* 76 (August 1956): 159.

20 Carl Rogers, quoted in Demanchick and Kirschenbaum, "Carl Rogers and the CIA."

21 A. M. Gotto and J. Moon, *Weill Cornell Medicine: A History of Cornell's Medical School* (Ithaca: Cornell University Press, 2016), 115-18.

22 Hinkle, Cornell Committee to Investigate CIA Activities, box 1, folder 1.

23 Hinkle, Cornell Committee to Investigate CIA Activities, box 1, folder 1.

24 Hinkle, Cornell Committee to Investigate CIA activities, box 2, folder "Correspondence."

25 Correspondence between White and Wolff, Harold Wolff, MD, Papers, box 6.

26 Human Ecology Committee to Investigate CIA Activities, box 2, folder 1, Medical Center Archives of New York-Presbyterian/Weill Cornell.

27 Human Ecology Committee to Investigate CIA Activities, box 2, folder 1.

28 Christopher Tudico, *The History of the Josiah Macy Jr. Foundation* (New York: Josiah Macy Jr. Foundation, 2012).

29 H. M. Magoun, "Introductory Remarks," in *The Central Nervous System and Behavior: Transactions of the Third Conference* (New York: Josiah Macy Jr. Foundation, 1960), 13.

30 Harold A. Abramson, "Lysergic Acid Diethylamide (LSD-25): XXII. Effect on Transference," *Journal of Psychology* 42 (1956): 51-98.

31 Louis A. Gottschalk, *Autobiographical Notes of Louis A. Gottschalk* (New York: Nova Science, 2007), 10.

32 Senate Subcommittee on Health and Scientific Research of

the Committee on Human Resources, Human Drug Testing by the CIA, 95th Cong., 1st sess. (1977), 85, 90.

33 Marks, *The Search for the "Manchurian Candidate,"* 155.

34 Harold Wolff, Cornell Committee to Investigate CIA Activities, box 1, folder 1, Medical Center Archives of New York-Presbyterian/Weill Cornell. 引用文中の傍点は著者。

35 H. P. Albarelli Jr., *A Terrible Mistake: The CIA Murder of Frank Olson and the CIA's Secret Cold War Experiments* (Waterville, OR: Trine Da, 2009), 367.

36 Martin Lee and Bruce Shlain, *Acid Dreams: The Complete Social History of LSD: The CIA, the Sixties and Beyond* (New York: Grove Weidenfeld, 1992), 219.

37 Albarelli, *A Terrible Mistake*, 301.

38 Albarelli, *A Terrible Mistake*, 392.

39 Alexander Cockburn and Jeffrey St. Clair, *Whiteout: The CIA, Drugs and the Press* (London: Verso, 1998), 208.

40 Senate Subcommittee on Health and Scientific Research, Human Drug Testing, 115.

41 Memorandum from the CIA inspector general to the director, "Report on MKULTRA," July 26, 1963, cited in Project MKULTRA: The CIA's Program of Research in Behavioral Modification, joint hearing before the Select Committee on Intelligence and the Subcommittee on Health and Scientific Research, Human Drug Testing.

42 Stanley Lovell, quoted in Marks, *The Search for the "Manchurian Candidate,"* 14.

43 Gordon Thomas, Journey into Madness: The True Story of Secret CIA Mind Control and Medical Abuse (New York: Bantam Books, 1989), chapter 7.

44 Senator Edward Kennedy, U.S. Senate, joint hearings before Subcommittee on Health of the Committee on Labor and Public Welfare and Subcommittee on Administrative Practice and Procedure, Committee on the Judiciary, Biomedical and Behavioral Research, 94th Cong. (1975), 143-44.

45 Thomas, *Journey into Madness*, 156.

46 S. Kinzer, *Poisoner in Chief: Sidney Gottlieb and the CIA Search for Mind Control* (New York: Henry Holt, 2019), 3.

47 Albarelli, *A Terrible Mistake*, 225.

48 Marks, *The Search for the "Manchurian Candidate,"* 71.

49 Lee and Shlain, *Acid Dreams*, 296.

50 Sidney Gottlieb before Senate Subcommittee on Health and Scientific Research, Human Drug Testing.

51 Vernon Walters, quoted in Ranelagh, *The Agency*, 584.

52 読者諸君は、本書全体を通じて何度も登場する特定の名前に気づかれるだろう。Wolff, Abramson, Sargant, West, Gottschalk——彼らはいずれも、一九四〇年代末から互いに知り合い同士であり、終生、強圧的説得に関する研究に取り組んでいた。

53 L. J. West, C. Pierce, and W. D. Thomas, "Lysergic Acid Diethylamide: Its Effects on a Male Asiatic Elephant," *Science* 138 (1962): 1100-1103.

54 Louis Jolyon West Papers, box 103, UCLA Special Collections, Los Angeles.

55 L. J. West, "Group Interchange Following Symbolysis," in *The Use of LSD in Psychotherapy*, ed. Harold A. Abramson (New York:

Josiah Macy Jr. Foundation, 1960), 185.

56 Abramson, "Psychoanalytic Psychotherapy with LSD," in *The Use of LSD in Psychotherapy*, 62.

57 Abramson, "Psychoanalytic Psychotherapy with LSD" and "Appendix: Resolution of Counter-identification Conflict of Father during Oedipal Phase of Son," in *The Use of LSD in Psychotherapy*, 63, 273.

58 多くの資料があるが、特にオルソン事件と〈MKウルトラ〉に関しては、John Marks の優れた分析 *The Search for the "Manchurian Candidate."* を参照されたい。もう一つの優れた資料は、Albarelli, *A Terrible Mistake*. である。

59 E. Olson, personal communication, November 26, 2019. また、Netflix の傑作シリーズである *Wormwood* 及び Gordon Thomas が Eric Olson に宛てた一九九八年一一月三〇日のメモを参照。Frank Olson Legacy Project, http://frankolsonproject.org/_backup/Statements/Statement-G.Thomas.html.

60 John Marks Papers, Central Intelligence Agency, MORI #144972, MORI #144963.

61 例えば、J. Groves, B. Dunderdale, and T. Stern, "Celebrity Patients, VIPs, and Potentates," *Primary Care Companion to the Journal of Clinical Psychiatry* 4, no. 6 (2002): 215-23; および M. Davies, "Do You Know Who I Am? Treating a VIP Patient," British Medical Journal 353 (2016): i2857. を参照。

62 Harold A. Abramson, John Marks Papers, Central Intelligence Agency, MORI #144981.

63 Bob Vietrogoski, archivist, biographical note, Harold A. Abramson Papers, 2000, Archives and Special Collections, Columbia University Health Science Library, New York.

64 Project MKULTRA, The CIA's Program of Research in Behavioral Modification, 106. LSD 研究に関する Abramson のコンセンサス委員会については、例えば Abramson, *The Use of LSD in Psychotherapy*. を参照。

65 Allen Dulles, John Marks Papers, Central Intelligence Agency, MORI #146416.

66 Carl Rogers, quoted in Demanchick and Kirschenbaum, "Carl Rogers and the CIA."

第7章

題辞：Allan Dulles, Address to Princeton Alumni meeting in Hot Springs, Virginia, 1953, John Marks Papers, Central Intelligence Agency, MORI #146077. National Security Archives, Washington, DC, The Black Vault, https://www.theblackvault.com/.

1 ペンフィールドはこの作業について、恩師チャールズ・シェリントンに語っている。シェリントンは熱烈にコメントした、「『標本』に質問して、答えが返ってくるというのはさぞかし愉快だったろうね」。Stanley Finger, *Minds behind the Brain: A History of the Pioneers and Their Discoveries* (Oxford: Oxford University Press, 2000), 230.

2 Donald Hebb, "Conditioned and Unconditioned Reflexes and Inhibition" (MA thesis, McGill University, 1932), 1, McGill Library and Collections, http://digitool.library.mcgill.ca/R/-?func=dbin-jump-full&object_id=119257&silo_library=GEN01 4/5/19.

3 ミルナーの報告によれば、このような損傷は陳述記憶（事象と名称）に対して重大な衝撃を及ぼすが、手続記憶に対しては比較的影響がない。

4 P. Solomon, P. H. Leiderman, J. Mendelson, and D. Wexler, "Sensory Deprivation: A Review," *American Journal of Psychiatry*, October 1957, 357-63; A. H. Riesen, ed., *The Developmental Neuropsychology of Sensory Deprivation* (New York: Academic Press, 1975).

5 Donald Hebb, quoted in Alfred McCoy, "Science in Dachau's Shadow: Hebb, Beecher, and the Development of CIA Psychological Torture and Modern Medical Ethics," *Journal of the History of the Behavioral Sciences* 43, no. 4 (2007): 404.

6 J. C. Pollard, L. Uhr, and C. W. Jackson, "Studies in Sensory Deprivation," *Archives of General Psychiatry* 8, no. 5 (1963): 435-54.

7 Woodburn Heron, "Cognitive and Physiological Effects of Perceptual Isolation," in *Sensory Deprivation: A Symposium Held at Harvard Medical School*, ed. Philip Solomon, Philip Kubzansky, P. Herbert Leiderman, Jack Mendelson, Richard Trumball, and Donald Wexler (Cambridge, MA: Harvard University Press, 1961), 22-23.

8 W. Heron, "The Pathology of Boredom," *Scientific American* 196, no. 1 (1957): 52-57.

9 例えば P. Suedfeld, "Attitude Manipulation in Restricted Environments, I: Conceptual Structure and Response to Propaganda," *Journal of Abnormal and Social Psychology* 68, no. 3 (1964): 242-47. を参照。

10 Heron, "Cognitive and Physiological Effects of Perceptual Isolation," 15-16.

11 Jack Vernon, *Inside the Black Room* (New York: Clarkson Potter, 1963).

12 Lawrence Hinkle, quoted in McCoy, *Science in Dachau's Shadow*, 407.

13 Joshua Knelman, "Did He or Didn't He? The Canadian Accused of Inventing CIA Torture," *Globe and Mail*, November 17, 2007, updated April 26, 2018; McCoy, *Science in Dachau's Shadow*, 401-17.

14 D. O. Hebb, "Introduction to Cognitive and Physiological Effects of Perceptual Isolation by Woodburn Heron," chapter 2, in Solomon et al., *Sensory Deprivation*, 6.

15 ＬＳＤの研究が当初、訊問の研究として開始され、後に人間の成長可能性へと移行したように、同じことが感覚遮断の研究でも起った。浮揚タンクを用いた遮断の手法が発達したが、これに入ると人は安らぎ、リラックスし、場合によっては成長が高まる。

16 Heinz Lehmann, quoted in John Oldham, "Heinz Lehmann Obituary," *Archives of General Psychiatry* 58 (2001): 1178.

17 Alan Gregg, quoted in Anne Collins, *In the Sleep Room: The Story of the CIA Brainwashing Experiments in Canada* (Toronto: Key Porter Books, 1988), 104.

18 Rebecca Lemov, "Brainwashing's Avatar: The Curious Career of Dr. Ewen Cameron," *Grey Room* 45 (Fall 2011): 60-87.

19 Joel Dimsdale, *Anatomy of Malice: The Enigma of the Nazi War Criminals* (New Haven: Yale University Press, 2016).

20 Collins, *In the Sleep Room*, 88-89.

21 Collins, *In the Sleep Room*, 95.

22 Lehmann Collection, box 12, folder 50, UCLA Special Collections, Los Angeles.

23 キャメロンのスタイルについては、Don Gillmore の入念な研究に感謝する。*I Swear by Apollo: Dr. Ewen Cameron and the CIA-Brainwashing Experiments* (Montreal: Eden, 1987). を参照。

24 Gillmore, *I Swear by Apollo*, 321.

25 "Termed Heresy: Humanistic View Scored," Friday, *Windsor Daily Star*, April 27, 1951.

26 Dorothy Trainor, "Looking Back at 21 Years: D. Ewen Cameron, M.D., a Pioneer in Canadian Psychiatry," 1965, folder MG1098/10, 1205A, McGill University Archives, Montreal. キャメロンの同僚で先駆者であった Robert Cleghorn 博士によれば、教会に対するキャメロンの戦闘的な態度はペンフィールドに対する姿勢と共通していた。いずれの場合も彼は自律を確立するために闘う反抗的な少年であった。Robert Cleghorn Diaries ("A Search for Meaning in Hormones and Humans"), Lehmann Collection, box 13, UCLA Special Collections.

27 Gillmore, *I Swear by Apollo*, 5.

28 D. E. Cameron, "The Process of Remembering," *British Journal of Psychiatry* 109 (1963): 325-40.

29 Plato, *Theaetetus and Sophist*, ed. Christopher Rowe (Cambridge: Cambridge University Press, 2015), 191 d1.

30 ダレスは極めて押しが強くて快活であった。著述家レベッカ・ウェストは、彼と関係を持ったかと訊ねられると、「嗚呼、ありません。けれど、そうなっていればと思いますわ」と答えた。Stephen Kinzer, "When a C.I.A. Director Had Scores of Affairs," *New York Times*, November 10, 2012.

31 Gordon Thomas, *Journey into Madness: The True Story of Secret CIA Mind Control and Medical Abuse* (New York: Bantam Books, 1989), 90.

32 D. E. Cameron, presentation to third World Congress of Psychiatry, June 4, 1961, folder MG1098, item 5, 1205A, McGill University Archives.

33 Thomas, *Journey into Madness*, 152.

34 R. J. Russell, L. G. M. Page, and R. L. Jillett "Intensified Electroconvulsant Therapy: Review of Five Years' Experience," *Lancet*, December 5, 1953, 1177-79.

35 D. E. Cameron, "Production of Differential Amnesia as a Factor in the Treatment of Schizophrenia," *Comprehensive Psychiatry* 1 (February 1960): 26-34.

36 Collins, *In the Sleep Room*, 129.

37 Joseph Wortis, *Soviet Psychiatry* (Baltimore: Williams and Wilkins, 1950), 150-51.

38 Harold A. Palmer, "The Value of Continuous Narcosis in the Treatment of Mental Disorder," *Journal of Mental Science* 83 (1937): 636-78.

39 Gillmore, *I Swear by Apollo*, 57.

40 H. Azima, "Prolonged Sleep Treatment in Mental Disorders (Some New Psychopharmacological Considerations)," *Journal of Mental Science* 101 (1955): 593-603.

41 D. E. Cameron, "Psychic Driving," *American Journal of Psychiatry* 112 (1956): 502-9.

42 Aldous Huxley, *Brave New World* (1931; repr., New York: RosettaBooks, 2000), 30.

43 "Learn while You Sleep," https://sleeplearning.com/info/learn-while-you-sleep/(accessed April 19, 2019).

44 L. Leshan, "Breaking of a Habit by Suggestion during Sleep," *Journal of Abnormal and Social Psychology* 37, no. 3 (1942): 406-8.

45 D. E. Cameron, "Psychic Driving: Dynamic Implant," *Psychiatric Quarterly* 31, no. 4 (1957): 703-12.

46 時にテープは患者の声で録音された――精神療法のセッションからの抜粋である。これは「自律的心的駆動《オートサイキック・ドライヴ》」と呼ばれた。時には他者の声である（他律的心的駆動《ヘテロサイキック・ドライヴ》）。彼の助手の一人が、これらの他律的心的駆動のメッセージの多くを録音していたが、彼の酷いポーランド訛の所為でコミカルな効果を生み出していた。とある患者は、「おめは弱っちくてダメだぁ」と何度も反復された。彼女が文句を言うと、キャメロンは自分の有名なスコットランド訛で録音した。Gillmore, *I Swear by Apollo*, 53.

47 Harvey Weinstein, *Psychiatry and the CIA: Victims of Mind Control* (Washington, DC: American Psychiatric Publishing, 1990).

48 Cameron, "Psychic Driving: Dynamic Implant."

49 Dominic Streatfeild, *Brainwash: The Secret History of Mind Control* (London: Hodder and Stoughton, 2006), 227, 228.

50 Weinstein, *Psychiatry and the CIA*, 42.

51 Streatfeild, *Brainwash*, 229-30.

52 D. E. Cameron, L. Levy, and L. Rubinstein, "Effects of Repetition of Verbal Signals upon the Behavior of Chronic Psychoneurotic Patients," *Journal of Mental Science* 106 (April 1960): 742-56.

53 Cameron, Levy, and Rubinstein, "Effects of Repetition of Verbal Signals."

54 Ludwig Wittgenstein, *Culture and Value*, rev. ed., trans. Alois Pichler (Oxford: Blackwell, 1998), 39e.

55 Gillmore, *I Swear by Apollo*, 93.

56 L. Levi, D. E. Cameron, T. Ban, and L. Rubinstein, "The Effects of Long-Term Repetition of Verbal Signals," *Canadian Psychiatric Association Journal* 10 (1965): 265-71.

57 これは何も、このような態度は今日の環境では起らないと言っているのではない。COVID-19パンデミックが発生すると、一部研究者は競って、サンプル数の少なさにもかかわらず、クロロキンが治療効果を持つと報告し、試験段階で一部の患者を「勘定に入れない」という傲慢な決断を下し、患者は薬物の投与量やその組み合わせもばらばらであったりした。Michael Hiltzik, "The Shaky Science behind Trump's Chloroquine Claims," *Los Angeles Times*, April 2, 2020. を参照。

58 W. Sargant, quoted in memorandum from Gordon Thomas to Eric Olson, November 30, 1998, Frank Olson Legacy Project, http://frankolsonproject.org/_backup/Statements/Statement-G.Thomas.html.

59 Thomas, *Journey into Madness*, 244; Gillmore, *I Swear by Apollo*, 101.

60 D. E. Cameron, "Adventures with Repetition: The Search for Its Possibilities," presidential address delivered in 1963 and published in P. H. Hoch and J. Zubin, eds., *Psychopathology of Perception* (New York: Grune and Stratton, 1965), 312-22.

61 William Gladstone, quoted in Robert Cleghorn Diaries.
キャメロンの研究を評して、クレッグホーンは政府の働きに関するグラッドストーンの著名な言葉との興味深い類似を示している。「政府の仕事ぶりはとっ散らかっている、その結果はこの上ないほど不快だ」。

62 この報告書によれば、患者の六％は「深刻な合併症」を起していた。

63 A. E. Schwartzman and P. E. Termansen, "Intensive Electroconvulsive Therapy: A Follow-up Study," *Canadian Psychiatric Association Journal* 12 (1967): 217-18.

64 Donald Hebb, quoted in Joseph Rauth and James Turner, "Anatomy of a Public Interest Case against the CIA," *Hamline Journal of Public Law and Policy* 11 (1990): 336.

65 William Shakespeare, *Macbeth*, act 5, scene 3.

66 Margaret Somerville, "Psychiatry and Ethics: 'The Cameron Effect,'" Lehmann Collection, box 12, UCLA Special Collections.

67 Donald Hebb, quoted in Rauth and Turner, "Anatomy of a Public Interest Case against the CIA," 336.

68 William Sargant は彼の死亡記事を書いている。*British Medical Journal*, September 23, 1967, 803-4.

69 D. E. Cameron, subproject 68 proposal to MKUltra, as abstracted in Orlikow v. United States, court document in the U.S. Direct Court for the District of Columbia, civil action number 80-3163, filed by Joseph Rauh Jr., attorney for plaintiffs, Committee to Investigate CIA Activities, box 1, folder 11, 144F (1979), 9, Medical Center Archives of New York-Presbyterian/Weill Cornell.

70 Orlikow v. United States, court document in the U.S. Direct Court for the District of Columbia, civil action number 80-3163, filed by Joseph Rauh Jr., 2.

71 Michael E. Parrish, *Citizen Rauh: An American Liberal's Life in Law and Politics* (Ann Arbor: University of Michigan Press, 2010), 273-74.

第8章

題辞：Jan-Erik Olsson, interviewed by Kathryn Westcott, "What Is Stockholm Syndrome?" *BBC News Magazine*, August 21, 2013, http://www.bbc.com/news/magazine-22447726.

1 Diane Cole, "Why a Hostage Cannot Forget," *Newsweek*, May 19, 1980, 17.

2 Kristin Ehnmark, quoted in Daniel Lang, "A Reporter at Large: The Bank Drama," *New Yorker*, November 25, 1974, 64.

3 Lang, "A Reporter at Large," 63-64, 77.

4 Lang, "A Reporter at Large," 65.

5 Lang, "A Reporter at Large," 73, 74.

6 Lang, "A Reporter at Large," 92, 96.

7 Lang, "A Reporter at Large," 115.

8 Brian Jenkins, Janera Johnson, and David Ronfeldt, "Numbered Lives: Some Statistical Observations from 77 International Hostage Episodes," P-5905, RAND, Santa Monica, July 1977.

9 A. Speckhard, N. Tarabrina, V. Krasnov, and N. Mufel, "Stockholm Effects and Psychological Responses to Captivity in

Hostages Held by Suicide Terrorists," *Traumatology* 11, no. 2 (2005): 121-40.

10 "Russian Captives Latest Evidence of 'Stockholm Syndrome,'" *Christian Science Monitor*, June 30, 1995.

11 Interview with Frank Ochberg, "A Case Study: Gerard Vaders," in *Victims of Terrorism*, ed. F. Ochberg and D. Soskis (Boulder: Westview, 1982), 25.

12 "Bombs for Croatia," *Time*, September 20, 1976.

13 Richard Brockman, "Notes while Being Hijacked," *Atlantic*, December 1976.

14 Office of the Inspector General, Special Report: The California Department of Corrections and Rehabilitation's Supervision of Parolee Phillip Garrido, State of California, November 2009, https://www.google.com/url?sa=t&rct=j&q=&esrc=s&source=web&cd=1&cad=rja&uact=8&ved=2ahUKEwi1tZ_8tu_jAhWGJTQIHbbaA5UQFjAAegQIABAB&url=https%3A%2F%2Fwww.oig. ca.gov%2Fmedia%2Freports%2FARCHIVE%2FBOI%2FSpecial%2520Report%2520on%2520CDCRs%2520Supervision%2520of%2520Parolee%2520Phillip%2520Garrido.pdf&usg=AOvVaw2W2jGzk_ct03t4N-VjUuMJ

15 Sean Dooley, Tess Scott, Christina Ng, and Alexa Valiente, "Jaycee Dugard, Her Daughters Today, and if They Ever Want to See Their Father," *ABC News*, July 18, 2016, https://abcnews.go.com/US/jaycee-dugard-daughters-today-father/story?id=40279504.

16 Jaycee Dugard, interview with Diane Sawyer, *ABC News*, July 9, 2016, https://www.youtube.com/watch?v=C520Vwryn6s.

17 Elizabeth Smart, *Where There's Hope: Healing, Moving Forward, and Never Giving Up* (New York: St. Martin's, 2018), 123, 124.

18 M. Haberman and J. MacIntosh, *Held Captive: The Kidnapping and Rescue of Elizabeth Smart* (New York: Avon Books, 2003), 302.

19 Elizabeth Smart, quoted in Margaret Talbot, "Gone Girl: The Extraordinary Resilience of Elizabeth Smart," *New Yorker*, October 14, 2013.

20 Martin Symonds, "Victim Responses to Terror: Understanding and Treatment," in Ochberg and Soskis, *Victims of Terrorism*.

21 Quoted in Thomas Strentz, "The Stockholm Syndrome: Law Enforcement Policy and Hostage Behavior," in Ochberg and Soskis, *Victims of Terrorism*, 156.

22 Cole, "Why a Hostage Cannot Forget," 17.

23 M. Namnyak, N. Tufton, R. Szekely, M. Toal, S. Worboys, and E. L. Sampson, " 'Stockholm Syndrome': Psychiatric Diagnosis or Urban Myth?" *Acta Psychiatrica Scandinavica* 117 (2008): 4-11.

24 A. Favaro, D. Degortes, G. Colombo, and P. Santonastaso, "The Effects of Trauma among Kidnap Victims in Sardinia, Italy," *Psychological Medicine* 30 (2000): 975-80.

25 A. A. Slatkin, "The Stockholm Syndrome and Situational Factors Related to Its Development" (PhD diss., University of Louisville, 1997).

26 G. D. Fuselier, "Placing the Stockholm Syndrome in Perspective," *FBI Law Enforcement Bulletin* 68 (1999): 22-25.

27 N. De Farique, V. Van Hasselt, G. M. Vecchi, and S. J.

Romano, "Common Variables Associated with the Development of Stockholm Syndrome: Some Case Examples," *Victims and Offenders* 2 (2007): 91-98.

28 Brian M. Jenkins, "Hostages and Their Captors—Friends and Lovers," Defense Technical Information Center, ADA022136, October 1975, RAND, Santa Monica.

29 Frank Ochberg, "The Victim of Terrorism: Psychiatric Considerations," *Terrorism: An International Journal* 1, no. 2 (1978): 160.

30 Thomas Strentz, "The Stockholm Syndrome: Law Enforcement Policy and Ego Defenses of the Hostage," *Annals of the New York Academy of Sciences* 347 (1980): 140.

31 F. Ochberg, personal communication, August 11, 2019.

第9章

題　辞：Patricia Campbell Hearst with Alvin Moscow, *Every Secret Thing* (New York: Doubleday, 1982), 1.

1 Bryan Burrough, *Days of Rage* (New York: Penguin, 2015), 275.

2 Stephen Gaskin, quoted in David Talbot, *Season of the Witch: Enchantment, Terror, and Deliverance in the City of Love* (New York: Free Press, 2012), 142.

3 Burrough, *Days of Rage*, 277.

4 Donald DeFreeze, quoted in Hearst and Moscow, *Every Secret Thing*, 66.

5 Burrough, *Days of Rage*, 286.

6 Hearst and Moscow, *Every Secret Thing*, 32.

7 Patricia Hearst, excerpts made by Department of Justice in response to her request for pardon, 2008-1268-F, box 1, folder 4, William J. Clinton Presidential Library, Little Rock, AK.

8 Hearst and Moscow, *Every Secret Thing*, 40.

9 Hearst and Moscow, *Every Secret Thing*, 333, 67.

10 Burrough, *Days of Rage*, 283.

11 Hearst and Moscow, *Every Secret Thing*, 84.

12 Hearst and Moscow, *Every Secret Thing*, 54.

13 皮肉なことに、間もなく彼自身の悪の説得術のスキルで知られるようになるジム・ジョーンズ師は、自らこの件に割り込んで知名度を上げようと、自分がパトリシアの代わりに人質になると宣言し、さらに身代金の調達が困難なら自分が二〇〇〇ドル出すとハースト家に申し出た。Jeffrey Toobin, *American Heiress: The Wild Saga of the Kidnapping, Crimes, and Trial of Patty Hearst* (New York: Doubleday, 2016), 77; and George Klineman, Sherman Butler, and David Conn, *The Cult That Died: The Tragedy of Jim Jones and the Peoples Temple* (New York: G. P. Putnam's Sons, 1980), 141.

14 Hearst and Moscow, *Every Secret Thing*, 86.

15 Hearst and Moscow, *Every Secret Thing*, 206.

16 Toobin, *American Heiress*, 213.

17 著述家ジェフリー・トゥービンは寛大にも、ハースト事件に関する膨大な文書を閲覧させてくれた。Jeffrey Toobin Papers, research material for "American Heiress: The Wild Saga of the Kidnapping, Crimes and Trial of Patty Hearst," box 138, folder "Patty Hearst Statements (Full Set) for Soliah Trial," Harvard Law Library Special Collections, Cambridge, MA.

18 Transcript of taped conversation, September 20, 1975, Jeffrey Toobin "American Heiress" Research Collection, box 117, "PCH Docs, Section 17," Harvard Law Library Special Collections.

19 Hearst and Moscow, *Every Secret Thing*, 369.

20 Toobin, *American Heiress*.

21 Toobin, "American Heiress" Research Collection, box 107, folder "Kidnap Case—Harris Case." 結局のところ、彼女が拉致された初期の頃に関する証人で生存しているのは三名のみである。パトリシア、ビル、そしてエミリーだ。ビルとエミリーはパトリシアに対する虐待を最小化していたのか、あるいはパトリシアが誇張していたのか？　法廷はこのような問題に取り組むこととなった。

22 Toobin, "American Heiress" Research Collection, box 11.

23 Emily Harris, probation officer report filed with County of Alameda, September 22, 1978, Toobin Papers, box 19.

24 Patricia Hearst, shootout statement of Bill, Emily, and Patty, Toobin Papers, box 138, folder "Post 5/17/74."

25 Hearst and *Moscow*, *Every Secret Thing*, 250, 405, 385. 二〇〇〇年に於ける本件の再審理において、司法省はウォルフがハーストを強姦したか否かに拘った。「中立人が強姦されたとの主張に関しては見解の相違があり、……だがこの主張は実質的なものと言うよりも語義上のもののようであり……［ハーストは］裁判において、誘拐犯が彼女をクローゼットに監禁している間に、彼らの二人に性交を強いられたと証言した。通常、行為能力を奪われた者は性交に同意する能力があるとは考えられず、……［彼女］は拉致被害者であり、彼女が性行為を表すのに「強姦」という用語を用いるのは適切であると思われる。……しかしながら検察は、「強姦」という言葉を、身体的な力の行使によって被害者を圧倒することにより達成しうる性行為という、狭い意味において用いているように思われる。……［ハーストは］彼女に対する性行為は誘拐犯の彼女を圧倒する身体的な力の行使の結果であると発言したことはない」。Department of Justice, 2000, report to the president on proposed denial of executive clemency for Patricia Campbell Hearst Shaw, 2008-1268-F, box 1, folder 4, Clinton Presidential Library.

26 Steven Weed with Scott Swanton, *My Search for Patty Hearst* (New York: Crown, 1976), 235, 298.

27 R. Hearst, quoted in Burrough, Days of Rage, 349.

28 Hearst and Moscow, *Every Secret Thing*, 412.

29 F. L. Bailey, "Patty Hearst: The Untold Story," Toobin, "American Heiress" Research Collection, box 117, "PCH Psych Binder."

30 Trial transcript, March 18, 1976, in *The Trial of Patty Hearst* (San Francisco: Great Fidelity, 1976).

31 William Sargant, "How 60 Days in the Dark Broke Patty Hearst," *Times* (UK), January 29, 1976.

32 William Sargant, quoted in Malcolm Macpherson, "A Psychiatrist's Notes," *Newsweek*, February 16, 1976.

33 William Sargant, quoted in F. Hauptfuhrer, "Her British Psychiatrist Says Patty Hearst Is Recovering from 'Conversion,'" *People*, March 15, 1976.

34 L. J. West, testimony in criminal case 74-364, *U.S. v. Patricia Campbell Hearst*, February 23, 1976, trial transcript, in The Trial

of Patty Hearst.

35 West, testimony, February 24, 1976, in *The Trial of Patty Hearst*.

36 M. Orne, testimony in criminal case 74-364, *U.S. v. Patricia Campbell Hearst*, February 26, 1976, trial transcript, in The Trial of Patty Hearst.

37 P. Hearst, quoted in testimony in criminal case 74-364, *U.S. v. Patricia Campbell Hearst*, February 26, 1976, trial transcript, in The Trial of Patty Hearst.

38 彼は全く正しい。前章に登場したルイス・ゴットシャルクは、NIH、退役軍人管理局、国防総省原子力支援局などから莫大な政府資金を受け取り、発話分析の研究に当たっていた。L. A. Gottschalk and G. C. Gleser, *The Measurement of Psychological States through the Content Analysis of Verbal Behavior* (Berkeley: University of California Press, 1969).

39 D. Bourget, P. Gagne, and S. Wood, "Dissociation: Defining the Concept in Criminal Forensic Psychiatry," *Journal of the American Academy of Psychiatry and Law* 45 (2017): 147-60.

40 American Psychiatric Association, *Diagnostic and Statistical Manual of Mental Disorders*, 5th ed. (Washington, DC: American Psychiatric Publishing, 2013), 306.「洗脳」という用語がDSM5の無味乾燥な概論に収録されたという事実は、ハースト裁判以後の四五年間に、人々がしばしば致死的な行為を行なうよう説得された多くの事例に関する経験を反映している。

41 R. Lifton, quoted in testimony in criminal case 74-364, *U.S. v. Patricia Campbell Hearst*, February 27, 1976, trial transcript, in The Trial of Patty Hearst.

42 Lifton, testimony, February 27, 1976.

43 フォート博士はハースト裁判を茶番と見做し、当初からハースト家の人々に減刑のための司法取引をすべきだと助言していた。曰く、弁護人である「ベイリは裁判で争うのが好きで、［検察官］ブラウニングは連邦判事になりたがっている」。Testimony in criminal case 74-364, *U.S. v. Patricia Campbell Hearst*, March 4, 1976, trial transcript, in *The Trial of Patty Hearst*.

44 Testimony in criminal case 74-364, *U.S. v. Patricia Campbell Hearst*, March 5, 1976, trial transcript, in *The Trial of Patty Hearst*.

45 J. Fort, testimony in criminal case 74-364, *U.S. v. Patricia Campbell Hearst*, March 8, 1976, trial transcript, in *The Trial of Patty Hearst*.

46 Fort, testimony, March 8, 1976.

47 H. Kozol, testimony in criminal case 74-364, *U.S. v. Patricia Campbell Hearst*, March 15, 1976, trial transcript, in *The Trial of Patty Hearst*.

48 Kozol, testimony, March 15, 1976.

49 Kozol, testimony, March 15, 1976.

50 N. Groth, testimony in criminal case 74-364, *U.S. v. Patricia Campbell Hearst*, March 16, 1976, trial transcript, in *The Trial of Patty Hearst*.

51 A. Johnson, testimony in criminal case 74-364, *U.S. v. Patricia Campbell Hearst*, March 16, 1976, trial transcript, in *The Trial of Patty Hearst*.

52 Robert Jay Lifton, *Witness to an Extreme Century: A Memoir* (New York: Free Press, 2011), 212, 213.

53 O. Carter, testimony in criminal case 74-364, *U.S. v. Patricia Campbell Hearst*, March 19, 1976, trial transcript, in *The Trial of*

Patty Hearst.

54 C. Browning, testimony in criminal case 74-364, *U.S. v. Patricia Campbell Hearst*, March 18, 1976, trial transcript, in *The Trial of Patty Hearst*.

55 Browning, testimony, March 18, 1976.

56 F. L. Bailey, testimony in criminal case 74-364, *U.S. v. Patricia Campbell Hearst*, March 18, 1976, trial transcript, in *The Trial of Patty Hearst*.

57 L. Fosburgh, "Hearst Jurors Hoped to Believe," *New York Times*, March 22, 1976.

58 Fosburgh, "Hearst Jurors Hoped to Believe."

59 Hearst and Moscow, *Every Secret Thing*, 441.

60 Toobin, *American Heiress*.

61 John Wayne, quoted in "Miss Hearst's Clemency Pleas Gains Wide Support," *New York Times*, December 17, 1978.

62 "Major Issues in Current Presidential Adult Mail," weeks ending February 2, 1979, February 9, 1979, and February 16, 1979, Toobin, "American Heiress" Research Collection, box 19, folder unlabeled.

63 David Bancroft, footnote to report to the president on proposed denial of executive clemency for Patricia Campbell Hearst Shaw, September 24, 1976. 2008-1268-F, box 1, folder 4, Clinton Presidential Library.

64 Nancy Manners, letter to President Clinton, November 9, 1999, 2008-1268-F, box 1, folder 1, Clinton Presidential Library.

65 Robert Mueller, letter to Roger Adams, pardon attorney, U.S. Department of Justice, March 12, 1999, 2008-1268-F, box 1, folder 4, Clinton Presidential Library. 一九八八年、検察官のデイヴィッド・バンクロフトもまた恩赦に反対した。曰く、「逮捕後ですら……ハーストは依然として反抗的な感情を顕わにしていた。そして彼女の背景は彼女に侮蔑的・反抗的な性向を涵養した。SLAは単に、その性向の奇妙な乗物であったに過ぎない」。Bancroft, report to the president on proposed denial of executive clemency for Patricia Campbell Hearst Shaw.

第10章

題辞：William Shakespeare, *The Merchant of Venice*, act 1, scene 3.; Jim Jones, last words on "Death Tape," FBI no. Q042, November 18, 1978, transcription in D. Stephenson, ed., *Dear People, Remembering Jonestown: Selections from the Peoples Temple Collection at the California Historical Society* (Berkeley: California Historical Society Press and Heyday Books, 2005), 142.

1 理由は不明だが、Peoples Temple の Peoples にはアポストロフィが付かない。本章でもこの伝統に倣う。

2 生き残った者についての詳細は、"How Many People Survived November 18?" Alternative Considerations of Jonestown & Peoples Temple, https://jonestown.sdsu.edu/?page_id=35419 (accessed June 27, 2019). を参照。奇蹟的に、一人の年輩の女性がジョーンズタウンで生き延びた。三時間に及ぶ虐殺中、ずっと寝ていたのである。

3 Jim Jones, quoted in Tim Reiterman with John Jacobs, *Raven: The Untold Story of the Rev. Jim Jones and His People* (New York: E. P. Dutton, 1982), 149.

4 この見積については、"How Many People Belonged to Peoples Temple?" Alternative Considerations of Jonestown & Peoples Temple, https://jonestown.sdsu.edu/?page_id=35340 (accessed June 27, 2019). を参照。

5 Reiterman and Jacobs, *Raven*, 214.

6 Annie Moore, quoted in Rebecca Moore, *The Jonestown Letters: Correspondence of the Moore Family, 1970-1985*, Studies in American Religion, vol. 23 (Lewiston, NY: Edwin Mellen, 1986), 83.

7 Interview with Laura Johnson Kohl, "Jonestown Survivor: 'Wrong from Every Point of View,'" CNNAccess, November 17, 2003, http://www.cnn.com/2003/US/West/11/17/cnna.kohl/.

8 Jim Jones, sermon, annotated transcript Q987, Alternative Considerations of Jonestown & Peoples Temple, https://jonestown.sdsu.edu/?page_id=63129 (accessed June 26, 2019).『使徒言行録』2：44－45「信者たちは皆一つになって、すべての物を共有にし、財産や持ち物を売り、おのおのの必要に応じて、皆がそれを分け合った」

9 Jim Jones, sermon, transcript Q1053-4, Alternative Considerations of Jonestown & Peoples Temple, https://jonestown.sdsu.edu/?page_id=63365(accessed June 27, 2019).

10 George Klineman, Sherman Butler, and David Conn, *The Cult That Died: The Tragedy of Jim Jones and the Peoples Temple* (New York: G. P. Putnam's Sons, 1980), 64.

11 クレアモント・マッケナ大学のとある教授は、クルマのタイヤが切り裂かれ、窓が割られ、クルマにレイシストの落書きをされたと称して偽の事故証明を出したとして有罪となった。Arlene Martinez and Monte Morin, "Conviction in False Hate Crime Case," *Los Angeles Times*, August 19, 2004. もっと最近では、俳優のジャシー・スモレットがレイシスト・反ゲイ的な攻撃を受けたと自作自演した。Megan Crepeau, Jason Meisner, and Jeremy Gorder, "Judge Scolds Jussie Smollett over Allegations He Staged Racist, Anti-gay Attack: 'Vile and Despicable,'" *Chicago Tribune*, February 21, 2019.

12 Reiterman and Jacobs, *Raven*, 202.

13 Advertisement, *Indianapolis Recorder*, May 19, 1956, Alternative Considerations of Jonestown & Peoples Temple, https://www.flickr.com/photos/peoplestemple/sets/72157706000175671.

14 Klineman, Butler, and Conn, *The Cult That Died*, 145.

15 Deborah Layton, *Seductive Poison: A Jonestown Survivor's Story of Life and Death in the Peoples Temple* (New York: Anchor Books, 1998), 113.

16 Stephenson, *Dear People*, 26.

17 George Moscone, Endorsement of Peoples Temple, FBI RYMUR documents 89-4286-I-1-a-5a-I-1-a-5y, FBI Records: The Vault, https://vault.fbi.gov (accessed June 27, 2019).

18 Moscone, Endorsement of Peoples Temple.

19 Q962 transcript, July 4, 2014, last modified on March 12, 2019, Alternative Considerations of Jonestown & Peoples Temple, https://jonestown.sdsu.edu/?page_id=60680.

20 James Reston Jr., *Our Father Who Art in Hell* (New York: Times Books, 1981), 56.

21 Reiterman and Jacobs, *Raven*, 110.

22 Klineman, Butler, and Conn, *The Cult That Died*, 191.
23 Reiterman and Jacobs, *Raven*, 125, 173.
24 Klineman, Butler, and Conn, *The Cult That Died*, 281.
25 Government of Guyana, "Findings, Analysis and Inventory of the Peoples Temple Agricultural Settlement," appendix K, 1979, Alternative Considerations of Jonestown & Peoples Temple, https://jonestown.sdsu.edu/?page_id=69387.
26 Nate Thayer, "Comrades in Mass Murder: The Secret Alliance between Suicide Cult Leader Jim Jones and North Korea," October 22, 2018, Alternative Considerations of Jonestown & Peoples Temple, https://jonestown.sdsu.edu/?page_id=80857.
27 Reston, *Our Father Who Art in Hell*, 148.
28 Jim Jones, quoted in Reiterman and Jacobs, *Raven*, 405.
29 Larry Schacht on cyanide, RYMUR document 89-4286-EE-1-S-55—EE-1-S-56, Alternative Considerations of Jonestown & Peoples Temple, https://jonestown.sdsu.edu/?page_id=13207 (accessed June 26, 2019).
30 Jonestown tape transcript Q734, December 18, 2014, Alternative Considerations of Jonestown & Peoples Temple, https://jonestown.sdsu.edu/?page_id=27567.
31 "What Were the Disciplines and Punishments in Jonestown?" May 24, 2014, Alternative Considerations of Jonestown & Peoples Temple, https://jonestown.sdsu.edu/?page_id=35333.
32 Jonestown tape transcript Q734, December 18, 2014, Alternative Considerations of Jonestown & Peoples Temple, https://jonestown.sdsu.edu/?page_id=27567.
33 Layton, *Seductive Poison*, 175.
34 Annie Moore, quoted in Moore, *The Jonestown Letters*, 78.
35 Advertisement from Concerned Relatives, reprinted in Stephenson, *Dear People*, 93-94.
36 Charles Garry, quoted in Stephenson, *Dear People*, 95.
37 Charles Garry, "I Have Been to Paradise," *Sun Reporter*, November 10, 1977, Alternative Considerations of Jonestown & Peoples Temple, https://jonestown.sdsu.edu/?page_id=86603.
38 Angela Davis, radio broadcast, September 10, 1977, Alternative Considerations of Jonestown & Peoples Temple, https://jonestown.sdsu.edu/?page_id=19021.
39 Layton, *Seductive Poison*, 278.
40 Stephenson, *Dear People*, 86.
41 Ryan, quoted in Reiterman and Jacobs, *Raven*, 494.
42 彼女の悲惨な体験、および数発の銃創からの長引いた回復の詳細については、Jackie Speier, *Undaunted: Surviving Jonestown, Summoning Courage, and Fighting Back* (New York: Little A, 2018).を参照。教祖が死んだり降りたりしてもカルトはすぐに消滅するわけではない。ジョーンズタウン銃撃事件から数週間後ですら、スパイアは警察庁による二四時間の警備を要求した。〈人民寺院〉の孤立集団からの脅迫が続いていたからである。(80).
43 書き起こしについては、Alternative Considerations of Jonestown & Peoples Temple, https://jonestown.sdsu.edu/. を参照。
44 Jim Jones, quoted in Stephenson, *Dear People*, 129.
45 Stephenson, *Dear People*, 131, 132.
46 Dianne Wilkinson, Q245 transcript, FBI Records: The Vault,

Alternative Considerations of Jonestown & Peoples Temple, posted August 31, 2020, https://jonestown.sdsu.edu/?page_id=27394.

47 FBI audiotape Q245, transcribed in Rebecca Moore, *Understanding Jonestown and Peoples Temple* (Westport, CT: Praeger, 2009), 85.

48 Tish Leroy, FBI FOIA doc. 89-4286-484, cited in Moore, *Understanding Jonestown and Peoples Temple*.

49 RYMUR 89-4286-1894, FBI Records: The Vault; Rebecca Moore, "The Forensic Investigation of Jonestown Conducted by Dr. Leslie Moo-too: A Critical Analysis," May 18, 2020, Alternative Considerations of Jonestown & Peoples Temple, https://jonestown.sdsu.edu/?page_id=80811.

50 Klineman, Butler, and Conn, *The Cult That Died*, 363.

51 Excerpts from the tape in Stephenson, *Dear People*, 137-41.

52 Richard Tropp, FBI FOIA doc. X-1-A-54, also published in Stephenson, *Dear People*, xv-xvii.

53 Reston, *Our Father Who Art in Hell*, 41.

54 Elazer ben Yair, as recounted by Josephus, *The Jewish War*, trans. G. A. Williamson, rev. E. Mary Smallwood (New York: Dorset, 1981), 398-403.

55 Annie Moore, quoted in Moore, *The Jonestown Letters*, 286.

56 ジョーンズタウンの生活状況は原始的で、食糧は不足していたが、このコロニーにカネがなかったと考えるのは誤りである。実際、ジョーンズは不動産取引と信者への社会保障によって何百万ドルというカネを貯め込んでいた。彼は明らかに、この資金によって必要とあらばコミュニティをガイアナから他所に移すことを考えていた。

57 Michael Prokes, RYMUR document 89-8286-2035, February 8, 2018, 3, FBI Records: The Vault, Alternative Considerations of Jonestown & Peoples Temple, https://jonestown.sdsu.edu/?page_id=13683.

58 Laura Johnston Kohl, *Jonestown Survivor: An Insider's Look* (Bloomington, IN: iUniverse, 2010).

59 United States v. Laurence John Layton, 855 F.2d 1388 (9th Cir. 1988) Court of Appeals, docket number 87-1071, https://www.courtlistener.com/opinion/510998/united-states-v-laurence-john-layton/.

60 Larry Layton, as quoted in "Former Aide of People's Temple Confessed 5 Killings at Guyana Airstrip," *New York Times*, April 2, 1981.

61 Reston, *Our Father Who Art in Hell*, 25.

62 Jay Matthews, "Layton Is Called 'Inside' Man as Peoples Temple Trial Opens," *Washington Post*, August 19, 1981.

63 U.S. v. Layton 90 F.R.D. 520 (N.D. Cal. 1981), https://casetext.com/case/us-v-layton-11/.64. U.S. v. Layton, https://casetext.com/case/us-v-layton-6.

65 Moore, *The Jonestown Letters*, 62.

66 "Layton, Jones Had Sexual Relationship, Lawyer Says," *Los Angeles Times*, April 24, 1987.

67 Matthews, "Layton Is Called 'Inside' 'Man'"; "Cult Member Cries over Plea to Jury," *New York Times*, September 17, 1981.

68 Charles Garry, quoted in Spencer Sherman, "Jones Statements Not Admitted," United Press International, August

1, 1981.

69 Robert Strand, "Jonestown Survivor Goes to Prison," United Press International, June 16, 1987.

70 Dan Morain, "Layton Sentenced to Life in Ryan's Death," *Los Angeles Times*, March 4, 1987.

71 Moore, *Understanding Jonestown and Peoples Temple*, 108.

72 "Larry Layton Released from Federal Prison," January 15, 2020, Alternative Considerations of Jonestown & Peoples Temple, https://jonestown.sdsu.edu/?page_id=32946.

73 John Moore, quoted in Moore, *The Jonestown Letters*, 365-70.

第11章

題辞：Eugene Zamiatin, We, trans. Gregory Zilboorg (New York: Dutton, 1924), 171.

1 カルトへの注目度を否応なしに駆り立てるものは近さである。ケベック州、スイス西部、フランスの〈太陽伝説国際騎士団〉の隣人たちにとっては、同教団の殺人と自殺は忘れがたいものであろう。同様に、東京の地下鉄の乗客は、オウム真理教によるサリン攻撃を常に思い起こすであろう。

2 R. W. Balch and D. Taylor, "Seekers and Saucers: The Role of the Cultic Milieu in Joining a UFO Cult," *American Behavioral Scientist* 20, no. 6 (1977): 839-60.

3 様々な機会に彼らは別の名前を用いた。例えばボーとピープである。これは彼らが宇宙時代の司牧であることを示している。

4 "The Next Level," *Newsweek*, April 7, 1997, 31.

5 Barry Bearak, "Eyes on Glory: Pied Pipers of Heaven's Gate," *New York Times*, April 28, 1997.

6 Stmody, quoted in Benjamin Zeller, *Heaven's Gate: America's UFO Religion* (New York: New York University Press, 2014), 187.

7 James Brooke, "The Day a Cult Shook a Tiny Town," *New York Times*, March 30, 1997.

8 Gibson, quoted in Douglas E. Kneeland, "500 Wait in Vain on Coast for 'The Two,' UFO Cult Leaders," *New York Times*, October 10, 1975.

9 "Statements That Heaven's Gate Released over the Years," *New York Times*, March 28, 1997, https://www.nytimes.com/1997/03/28/us/statements-that-heaven-s-gate-released-over-the-years.html.

10 "Overview of Present Mission," by Jwnody, a student, Heaven's Gate, April 1996, http://heavensgate.com/misc/ovrview.htm.

11 このような千年王国思想は、西暦二〇〇〇年の接近と共に一般的となった。Y2K問題が社会全般の関心を集め、全てのコンピュータが暴走すると予測された――一種の現世的千年王国思想である。

12 Bearak, "Eyes of Glory."

13 "'88 Update—The UFO Two and Their Crew—A Brief Synopsis," October 18, 1988, http://heavensgate.com/book/3-3.htm

14 Robert Balch and David Taylor, "Salvation in a UFO," *Psychology Today*, October 1976, 61.

15 "Do's Intro: Purpose—Belief," Heaven's Gate, http://heavensgate.com/misc/intro.htm (accessed September 19,

2017).

16 "Last Chance to Advance beyond Human," Heaven's Gate, January 16, 1994, http://heavensgate.com/misc/lastchnc.htm.

17 "'95 Statement by an E.T. Presently Incarnate," section 9, Heaven's Gate, January 1977, https://www.psywww.com/psyrelig/hg/95upd96.htm.

18 Joshuah Bearman, "Heaven's Gate: The Sequel," LA Weekly, March 21, 2007.

19 George Johnson, "Comets Breed Fear, Fascination and Web Sites," *New York Times*, March 28, 1997.

20 Quoted in Barry Bearak, "Time of Puzzled Heartbreak Binds Relatives," *New York Times*, March 30, 1997.

21 "Earth Exit Statement," by Chkody, a student, Heaven's Gate, http://heavensgate.com/misc/exitchk.htm (accessed September 19, 2017).

22 "Earth Exit Statement," by Glnody, a student, Heaven's Gate, http://heavensgate.com/misc/exitgln.htm (accessed September 19, 2017).

23 Heaven's Gate Class Exit Videos, Heaven's Gate, https://video.search.yahoo.com/search/video?fr=yset_chr_syc_ora cle&p=heaven%27s+gate+cult#action=view&id=20&vid=d9305e905b2dcca26bef49388bd61b1b (accessed August 12, 2017). 以下のお別れヴィデオからの引用は全てこのソースより。

24 GAP Report for the Advancement of Psychiatry, formulated by the Committee on Psychiatry and Religion, report number 132, *Leaders and Followers: A Psychiatry Perspective on Religious Cults* (Washington, DC: American Psychiatric Press, 1992).

25 Mark Muesse, "Religious Studies and 'Heaven's Gate': Making the Strange Familiar and the Familiar Strange," in *Heaven's Gate: Postmodernity and Popular Culture in a Suicide Group*, ed. G. K. Chryssides (Burlington, VT: Ashgate, 2011), 54.

26 Values and Beliefs Poll, Gallup Poll Social Series, Gallup Organization, Princeton, March, 2004.

27 Claire Gecewicz, " 'New Age' Beliefs Common among Both Religious and Nonreligious Americans," Pew Research Center, October 1, 2018, https://www.pewresearch.org/fact-tank/2018/10/01/new-age-beliefs-common-among-both-religious-and-nonreligious-americans/.

28 主要宗教ですら、時に奇妙で有害な教えを説く。二〇一七年六月一五日、教皇フランシスはグルテンフリーの聖餅は化体することがなく、故に聖体拝領には使えないと宣言した。そのため、小児脂肪便症を持つカトリック（約一%）は苦しいジレンマを課されることとなった。

29 Zeller, *Heaven's Gate*, 57.

30 Winston Davis, "Heaven's Gate: A Study of Religious Obedience," in Chryssides, *Heaven's Gate*, 78.

31 Benjamin Zablocki: "Exit Cost Analysis: A New Approach to the Scientific Study of Brainwashing," *Nova Religio: The Journal of Alternative and Emergent Religions* 1, no. 2 (1998): 216-49.

32 Benjamin Zablocki, "The Blacklisting of a Concept: The Strange History of the Brainwashing Conjecture in the Sociology of Religion," *Nova Religio: The Journal of Alternative and Emergent Religions* 1, no. 1 (1997): 96-121.

33 彼が実際に自己去勢したかどうかについては論争がある。

34 Daniel F. Caner, "The Practice and Prohibition of Self-Castration in Early Christianity," *Vigiliae Christianae* 51 (1997): 396-415. 因みに、二〇〇〇年前には宗教にインスパイアされた去勢はカトリック教会の専売特許ではなかった。ヘレニズムのユダヤ教の著述家アレクサンドリアのフィロン（ＢＣ二〇－ＡＤ五〇）は、去勢者は「不品行を避け、熱情を忘れる」ことができるので去勢には価値があると考えた。Sean D. Burke, "Eunuchs," in *Queering the Ethiopian Eunuch: Strategies of Ambiguity in Acts* (Minneapolis: Fortress, 2013), 111.

35 Frank Rich, "Heaven's Gate-gate," *New York Times*, April 17, 1997.

36 American Psychiatric Association, *Diagnostic and Statistical Manual of Mental Disorders*, 5th ed. (Washington, DC: American Psychiatric Publishing, 2013), 93.

37 Daniel Freeman and Philippa Garety, Paranoia: *The Psychology of Persecutory Delusions* (Hove, UK: Psychology Press, 2004), 2.

38 Freeman and Garety, *Paranoia*, 4; M. Olson et al., "Psychotic Symptoms in an Urban General Medicine Practice," *American Journal of Psychiatry* 159 (2002): 1412-19.

39 David Laporte, *Paranoid: Exploring Suspicion from the Dubious to the Delusional (No, This Book Is Not about You)* (Amherst, NY: Prometheus Books, 2015).

40 Freeman and Garety, *Paranoia*, 82

41 Richard Mullen, "The Problem of Bizarre Delusions," *Journal of Nervous and Mental Disease* 191 (2003): 546-48.

42 Michael Flaum, Stephen Arndt, and Nancy Andreasen, "The Reliability of 'Bizarre' Delusions," *Comprehensive Psychiatry* 32 (1991): 59-65.

43 二人以上の人が関連している場合、名称は *folie plusieurs*.

44 American Psychiatric Association, *Diagnostic and Statistical Manual of Mental Disorders*, 122.

第12章

題辞：Soren Kierkegaard, *Works of Love*, trans. Howard V. Hong and Edna H. Hong (Princeton: Princeton University Press, 1995), 5.

1 B. Spinoza, *Tractatus Theologico-Politicus* (1670), trans. R. H. M. Elwes (New York: Dover, 1951), 257.

2 Protagonists referred to Pavlov in every chapter in this book.

3 スキナーですら、パヴロフ信徒であった。スキナーは元来、小説家志望であったが、一九二七年にパヴロフに関する論文を読んで気が変った。スキナーはオフィスに、パヴロフの署名入り肖像写真を誇らしげに飾っていた。M. Specter, "Drool: Ivan Pavlov's Real Quest," *New Yorker*, November 24, 2014.

4 B. F. Skinner, quoted in Peter Schrag, *Mind Control* (New York: Pantheon Books, 1978), 10.

5 この洗脳からの脱プログラミングの問題は繰り返し登場する。元来は朝鮮帰りのアメリカ人捕虜に用いる戦略とされていた。元捕虜やカルト信者の「脱プログラミング」は全く同じ洗脳であり、単により伝統的な信仰を叩き込むだけであると考えられる。

6 Joseph H. Fichter, *Autobiographies of Conversion*, Studies in Religion and Society, vol. 17 (Lewiston, NY: Edwin Mellen, 1987), 86-87.

7 Report of the Task Force on Deceptive and Indirect Techniques of Persuasion and Control, November 1986, Center for Studies on New Religions, https://www.cesnur.org/testi/DIMPAC.htm.

8 APA Memo to Members of the Task Force on Deceptive and Indirect Methods of Persuasion and Control, May 11, 1987, Center for Study of New Religions, https://www.cesnur.org/testi/APA.htm.

9 M. Dittmann, "Cults of Hatred," *APA Monitor* 33 (November 2002): 10.

10 The lengthy Hoffman report is summarized in an APA document dated July 10, 1015: "Press Release and Recommended Actions: Independent Review Cites Collusion among APA Individuals and Defense Department Official in Policy on Interrogation Techniques," https://www.apa.org/news/press/releases/2015/07/independent-review-release.

11 ハンバーグは米国医学研究所所長で，カーネギー財団総裁。

第13章

題辞：W. B. Yeats, "The Second Coming" (1921), in *Modern Poetry*, 2nd ed., ed. M. Mack, L. Dean, and W. Frost (Englewood Cliffs, NJ: Prentice-Hall, 1961).

1 T. Holbrook, J. Anderson, W. Sieber, et al., "Outcome After Major Trauma: 12-Month and 18-Month Follow-up Results from the Trauma Recovery Project," *Journal of Trauma and Acute Care Surgery* 46, no. 5 (1999): 765-73.

2 M. Stein, C. Kerridge, J. Dimsdale, and D. Hoyt, "Pharmacotherapy to Prevent PTSD: Results from a Randomized Controlled Proof-of-Concept Trial in Physically Injured Patients," *Journal of Traumatic Stress* 20, no. 6 (2007): 923-32.

3 W. Qi, M. Gevonden, and A. Shalev, "Prevention of Post-traumatic Stress Disorder After Trauma: Current Evidence and Future Directions," *Current Psychiatry Reports* 18 (February 2016): 20; S. Horn, D. Charney, and A. Feder, "Understanding Resilience: New Approaches for Preventing and Treating PTSD," *Experimental Neurology* 284 (2016): 119-32.

4 P. Broks, M. Preston, M. Traub, et al., "Modelling Dementia: Effects of Scopolamine on Memory and Attention," *Neuropsychologia* 26, no. 5 (1988): 685-700.

5 G. Preston, C. Brazell, C. Ward, et al., "The Scopolamine Model of Dementia: Determination of Central Cholinomimetic Effects of Physostigmine on Cognition and Biochemical Markers in Man," *Journal of Psychopharmacology* 2, no. 2 (1988): 67-79.

6 G. Preston, C. Ward, P. Broks, M. Traub, and S. Stahl, "Effects of Lorazepam on Memory, Attention and Sedation in Man: Antagonism by Ro 15-1788," *Psychopharmacology* 97 (1989): 222-27.

7 H. Nomura, H. Mizuta, H. Norimoto, et al., "Central Histamine Boosts Perirhinal Cortex Activity and Restores Forgotten Object Memories," *Biological Psychiatry* 86, no. 3 (2019): 230-39.

8 シェイクスピアは，エリザベス朝の鷹狩りで用いられていた古典的な技術に言及している。成鳥の鷹を従順にさせるために睡眠遮断を用いる方法である。指南書によれば、鷹は「夜も寝かさないように監視すると、やがて完全に疲労困憊して大人しくなり従順になる」。G. Lascelles, "Falconry," in *Shakespeare's England: An Account of the Life & Manners of His Age* (Oxford: Clarendon, 1950), 2:351-66.『オセロウ』のデズデモーナはキャシオウを慰め、自分がオセロウに働き掛けてあなたを復職させますと言う。彼を「口説く」という言葉は、鷹を躾ける技術に言及している。

夫を決して寝かしやしません。聴いてくれるまでは起しておきます、迚も辛抱がしきれなくなるまで口説きます。寝床を稽古場に、食卓を懺悔臺のやうにします。夫が何をしてゐても、必ず貴下の請願を持ち出すことにします。（第三幕第三場）

J. Dimsdale, "Sleep in *Othello*," *Journal of Clinical Sleep Medicine* 5, no. 3 (2009) :280-81.

9 S. Diekelmann et al., "Sleep Loss Produces False Memories," *PLoS One* 3, no. 10 (2008): e3512.

10 S. Frenda et al., "Sleep Deprivation and False Memories," *Psychological Science* 25, no. 9 (2014): 1674-81; J. C. Lo et al., "Sleep Deprivation Increases Formation of False Memory," *Journal of Sleep Research* 25 (2016): 673-82.

11 J. A. Hausser et al., "Sleep Deprivation and Advice Taking," *Scientific Reports* 6 (2016): 24386.

12 例えば E. F. Loftus and K. Ketcham, *Witness for the Defense: The Accused, the Eyewitness, and the Expert Who Puts Memory on Trial* (New York: St. Martin's, 1991). を参照。

21 R. G. Heath, "Electrical Self-Stimulation of the Brain in Man," *American Journal of Psychiatry* 120, no. 6 (1963): 571-77.

22 R. G. Heath, "Pleasure and Brain Activity in Man," *Journal of Nervous Mental Disease* 154, no. 1 (1972): 3-18.

23 R. G. Heath, quoted in L. Frank, *The Pleasure Shock: The Rise of Deep Brain Stimulation and Its Forgotten Inventor* (New York: Dutton, 2018), 142.

24 M. P. Dandekar et al., "Deep Brain Stimulation for Treatment-Resistant Depression: An Integrative Review of Preclinical and Clinical Findings and Translational Implications," *Molecular Psychiatry* 23, no. 5 (May 2018): 1094, 1112; Frank, *The Pleasure Shock.* 重度のＯＤＣと不安障害の治療にＤＢＳを用いる現代の報告がある。例えば、M. Synofzik, T. Schlaepfer, and J. Fins, "How Happy Is Too Happy? Euphoria, Neuroethics, and Deep Brain Stimulation of the Nucleus Accumbens," *AJOB Neuroscience* 3, no. 1 (2012): 30-36. を参照。

25 Margaret Thaler Singer with Janja Lalich, *Cults in Our Midst* (San Francisco: Josey-Bass, 1995), 114.

26 P. Cappellen et al., "Effects of Oxytocin Administration on Spirituality and Emotional Responses to Meditation," *Social Cognitive and Affective Neuroscience* 11, no. 10 (2016): 1579-87.; J. Jouret, "The Sport Hormone?" *Lancet Diabetes & Endocrinology*, August 1, 2013, S8-S9; M. Nagasawa et al., "Oxytocin-Gaze Positive Loop and the Coevolution of Human-Dog Bonds," *Science* 348, 6232 (2015): 333-36.

27 K. Carsten et al., "Oxytocin Promotes Human

"Ethnocentrism," Proceedings of the National Academy of Science 108, no. 4 (2011): 1262-66.

28　ジョージ・ハンター・ホワイトの幻覚剤吸入実験が、風があらぬ方に吹いて失敗したことを想起されたい。

29　アッシュの報告によれば、このアイデアを思いついたのは、子供の頃にセーデル・シェル・ペサハに参加した体験を思い起こしていた時だったという。エリヤのために一杯のワインが注がれ、七歳のソロモンはエリヤは本当に来るのかと訊ねた。叔父は答えた、「ああ、来るとも。見てて御覧」。ソロモンは見ていて、グラスのワインが少し減ったと思った。David Tout, "Obituary—Solomon Asch Is Dead at 88: A Leading Social Psychologist," *New York Times*, February 29, 1996.

30　Singer and Lalich, *Cults in Our Midst*, 76.

31　S. Milgram, *Obedience to Authority: An Experimental View* (New York: Harper and Row, 1974).

32　V. Packard, *Hidden Persuaders* (New York: David McKay, 1957), 4.

33　パッカードはプルーン農家の話を紹介している。市場の縮小を懸念した農家は、モティヴェーションの研究家を雇って、売上向上の方法を理解しようとした。彼らは単語連想法を用いて、「プルーン」という単語は何らポジティヴな含意を持たないことを知った。そこから連想するものは「老いた女中」「しわくちゃ」「老いて冴えない顔」、「黒い液体に浸けた安物の下剤」などで会った。パッカードによれば、解決策はプルーンの「味」を語り、躍動的な若者のための奇蹟のフルーツとしてのプルーンを強調する色鮮やかな広告を打つことであった。(Packard, *Hidden Persuaders*, 136).

34　S. Matz, M. Kosinski, G. Nave, and D. Stillwell, "Psychological Targeting as an Effective Approach to Digital Mass Persuasion," *PNAS* 114, no. 48 (2017): 12714-19.

35　タキストスコープは凄まじい速度で画像を投影するので、意識的には知覚できない。このような装置を用いて広告を投影し、見る者に影響を与えることができるのではないかと懸念する人が大勢いた。サブリミナル広告が脅威なのは、意図的かつ方法論的なものでありながら、ターゲットはそれに気づかないという点である。だが実際にはタキストスコープによる広告はあまり有効な洗脳手段ではない。何故なら効果がほとんどないからである。例えばC. Trappey, "A Meta-analysis of Consumer Choice and Subliminal Advertising," *Psychology and Marketing* 13, no. 5 (1996): 517-30; and William M. O'Barr, "Subliminal Advertising," *Advertising & Society Review* 13, no. 4 (2013), https://muse.jhu.edu/article/193862. などを参照。それでもなお、広告には乳房やペニスの隠し画像が含まれていると信ずる者もいる——視聴者を興奮させ、顧客に会社の製品と性を結びつけさせようとするためのメッセージである。トルティーヤに聖母マリアの姿を見出したり、雲を動物に見立てたりするのに近い。私は、文学や出版物に関するスターリンの統制官を思い出した。検閲官に対して、全ての芸術作品を拡大鏡で調べ、反革命的内容を見出せと命令したのだ。Yuri Slezkine, *The House of Government: A Saga of the Russian Revolution* (Princeton: Princeton University Press, 2017), 818. を参照。インターネットはもはや、説得にタキストスコープを必要としない。

36　N. Cousins, "Smudging the Unconscious," *Saturday Review*, October 5, 1957, 20.

37 A. Bandura, D. Ross, and S. A. Ross, "Transmission of Aggression through the Imitation of Aggressive Models," *Journal of Abnormal and Social Psychology* 63, no. 3 (1961): 575-82.

38 "Boy Who Tried to Fly 'Like Superman' Dies," *New York Times*, February 12, 1979; and "5-Year-Old Dies After Falling from 10th Floor while Pretending to be Superman," January 13, 2019, https://www.news24.com/World/News/5-year-old-dies-after-falling-from-10th-floor-20190113.

39 American Psychiatric Association, "Suicide Deaths, Calls to Hotlines Increased Dramatically Following Robin Williams' 2014 Suicide," *Psychiatric News Alert*, May 1, 2019.

40 Serah Wanza, "Countries That Drink the Most Gin," World Atlas, May 16, 2018, https://www.worldatlas.com/articles/countries-that-drink-the-most-gin.html.

41 似たような話は、新たな酩酊薬の導入には付き纏いがちである（例えば新世界へのアルコール、中国への阿片）。このような場合、人々は死に物狂いで生活様式を新たな北極星に合せ、実際には破滅的なものに慰藉を見出す。炎の周囲の蛾のようにドラッグの周りを回り続けるのだ。

42 L. M. Maruschak, "DWI Offenders under Correctional Supervision," Bureau of Justice Statistics, June 1999, https://www.bjs.gov/content/pub/ascii/dwiocs.txt. 同様の発見を報告しているより新しい分析としては、Office of Behavioral Safety Research, Traffic Safety Facts Research Note, "Results of the 2013-2014 National Roadside Survey of Alcohol and Drug Use by Drivers," DOT HS 812 118, February 2015, https://www.nhtsa.gov/behavioral-research/2013-14-national-roadside-study-alcohol-and-drug-use-drivers. を参照。減少はしたが、飲酒運転は依然として極めてありふれた問題である。二〇一〇年の時点で、合衆国では飲酒運転の逮捕者が一四〇万人。M. Chambers, M. Liu, and C. Moore, "Drunk Driving by the Numbers," Bureau of Transportation Statistics, 2017, https://www.bts.gov/archive/publications/by_the_numbers/drunk_driving/index.

43 H. Cash et al., "Internet Addiction: A Brief Summary of Research and Practice," *Current Psychiatry Reviews*. 8, no. 4 (November 2012): 292-98.

44 例えば、the Brookings Report "How to Combat Fake News and Disinformation," December 18, 2017, htts://www.brookings.edu/research/how-to-combat-fake-news-and-disinformation/. を参照。

45 S. Vosoughi, D. Roy, and S. Aral, "The Spread of True and False News Online," *Science* 359 (2018): 1146-51.

46 Callum Borchers, "A Harsh Truth about Fake News: Some People Are Super Gullible," *Washington Post*, December 5, 2016.

47 Catherine Rampell, "Americans—Especially but Not Exclusively Trump Voters—Believe Crazy, Wrong Things," *Washington Post*, December 28,2016. See also K. Frankovic, "Belief in Conspiracies Largely Depends on Political Identity," YouGov, December 27, 2016, https://today.yougov.com/topics/politics/articles-reports/2016/12/27/belief-conspiracies-largely-depends-political-iden.

48 二〇〇〇年以上前にトゥキディデス（460-400 BC）は指摘した。「人間の常とするところで、人は欲望には盲となって望みにかまけてしまって、知性を頼りに好まないことでも受け入れるという態度をとらないものなのである」Thucydides, *The Peloponnesian War*, trans. Richard Crawley, book IV, 108. より最近では、ヨギ・ベラはこう述べている。「もしも信じていなければ、それを見ていなかったかもしれない」。

49 G. King, J. Pan, and M. Roberts, "How the Chinese Government Fabricates Social Media Posts for Strategic Distraction, Not Engaged Argument," *American Political Science Review* 111, no. 3 (2017): 484-501. トロール・ファーム〔訳注：偽情報や虚偽の陰謀説をツイッターやSNSに書き込んで、大量に拡散させる拠点〕を営んでいるのは中国だけではない。フィリピン、トルコ、ロシアその他多くの国もまたこの件に関しては傑出しており、自らの国を持ち上げたり、傭兵業務をこなしている。Shibani Mahtani and Regine Cabato, "Why Crafty Internet Trolls in the Philippines May Be Coming to a Website Near You," *Washington Post*, July 25, 2019, https://www.washingtonpost.com/world/asia_pacific/why-crafty-internet-trolls-in-the-philippines-may-be-coming-to-a-website-near-you/2019/07/25/c5d42ee2-5c53-11e9-98d4-844088d135f2_story.html を参照。また、Fruzsina Eordogh, "The Russian Troll Army Isn't the Only One We Need to Worry About," Forbes, April 11, 2018, https://www.forbes.com/sites/fruzsinaeordogh/2018/04/11/the-russian-troll-army-isnt-the-only-one-we-need-to-worry-about/#2d2446602334. を参照。

50 U.S. Senate, Report of the Select Committee on Intelligence, Russian Active Measures Campaigns and Interference in the 2016 U.S. Election, 116th Cong., 1st sess. 1:5.

51 Jane Mayer, "How Russia Helped Swing the Election for Trump," *New Yorker*, September 24, 2018.

52 U.S. Department of Justice, *Report on the Investigation of Russian interference in the 2016 Presidential Election* (Washington, DC, 2019), https://www.justice.gov/storage/report.pdf.

53 P. Beinart, "The U.S. Needs to Face Up to Its Long History of Election Meddling," *Atlantic*, July 22, 2018.

54 Jason LeMiere, "Who Is Michelle Carter? Verdict Reached in Texting Suicide Trial Involving Death of Conrad Roy III," *Newsweek*, June 16, 2017, https://www.newsweek.com/michelle-carter-verdict-conrad-roy-626649.

55 Dalton Main, " 'Such Unusual Circumstances': Here's What Michelle Carter's Appeal Hinges On," *Boston25 News*, updated July 8, 2019, https://www.boston25news.com/news/-such-unusual-circumstances-here-s-what-michelle-carter-s-appeal-hinges-on/846074193.

56 Joey Garrison, "Former Boston College Student Charged in Suicide Death of Boyfriend, Echoing Michelle Carter Case," *USA Today*, October 28, 2019, https://www.usatoday.com/story/news/nation/2019/10/28/former-boston-college-student-charged-suicide-death-boyfriend/2484454001/.

57 Mark Pratt, "Woman in 'Total Control' of Boyfriend Charged in His Suicide," Associated Press, October 28, 2019.

58 L. Coviello, Y. Sohn, A. Kramer, C. Marlow, M. Franceschetti, N. Christakis, and J. Fowler, "Detecting Emotional Contagion in Massive Social Networks," *PLOS One* 9, no. 3 (March 2014): e90315; R. Bond, C. Fariss, J. Jones, A.

Kramer, C. Marlow, J. Settle, and J. Fowler, "A 61-Million-PersonExperimentin Social Influence and Political Mobilization," *Nature*, September 13, 2012, 295-98.

59 William Shakespeare, *Henry IV, Part 2*, Induction.

60 C. Paul and M. Matthews, "The Russian 'Firehose of Falsehood' Propaganda Model," RAND Corporation Perspectives, 2016, https://www.rand.org/pubs/perspectives/PE198.html.

61 Plato, *The Republic*, chapter IX.

あとがき

1 例えば D. Seed, *Brainwashing: The Fictions of Mind Control—A Study of Novels and Films since World War II* (Kent: Kent State University Press, 2004). を参照。

2 George Orwell, 1984 (1949; repr. in ebook edition, Columbus, OH: Biblios, 2017), part 3, chapter 3.

3 H. G. Wells, "What This World Might Be Were Men United in a Common Peace and Justice," in *Outline of History: Being a Plain History of Life and Mankind* (New York: Macmillan, 1920), 2:594.

DARK PERSUASION
by Joel Dimsdale

Japanese translation published by arrangement with Joel Dimsdale
c/o Sandra Dijkstra Literary Agency through The English Agency (Japan) Ltd.

洗脳大全

パブロフからソーシャルメディアまで

著者——ジョエル・ディムズディール
訳者——松田和也

2022 年 2 月 10 日　第 1 刷発行
2022 年 2 月 25 日　第 1 刷発行

発行者——清水一人
発行所——青土社

〒101-0051　東京都千代田区神田神保町 1-29　市瀬ビル
［電話］03-3291-9831（編集）　03-3294-7829（営業）
［振替］00190-7-192955

印刷・製本　ディグ
装丁　大倉真一郎

ISBN978-4-7917-7449-4
Printed in Japan